2015年西北民族大学中央高校基本科研项目

话语、建构与认同：少数民族新闻研究

李　欣◎著

中国社会科学出版社

图书在版编目（CIP）数据

话语、建构与认同：少数民族新闻研究/李欣著．—北京：
中国社会科学出版社，2016.9
ISBN 978 - 7 - 5161 - 8973 - 3

Ⅰ.①话…　Ⅱ.①李…　Ⅲ.①少数民族—新闻学—研
究　Ⅳ.①G210

中国版本图书馆 CIP 数据核字（2016）第 227456 号

出 版 人	赵剑英
责任编辑	郭晓鸿
特约编辑	席建海
责任校对	季　静
责任印制	戴　宽

出　　版	中国社会科学出版社
社　　址	北京鼓楼西大街甲 158 号
邮　　编	100720
网　　址	http://www.csspw.cn
发 行 部	010 - 84083685
门 市 部	010 - 84029450
经　　销	新华书店及其他书店

印　　刷	北京君升印刷有限公司
装　　订	廊坊市广阳区广增装订厂
版　　次	2016 年 9 月第 1 版
印　　次	2016 年 9 月第 1 次印刷

开　　本	710×1000　1/16
印　　张	20.5
插　　页	2
字　　数	309 千字
定　　价	76.00 元

序　言

　　民族新闻传播在我国传媒学术领域一直是一个薄弱环节。四年前，在西北民族大学举办的一次学科发展座谈会上，我谈到了我国民族新闻传播研究上的许多缺失。会后李欣和我谈了一些想法，她想以"我国少数民族新闻话语变迁与国家民族认同"这一论题，作为博士研究的课题，当时我十分赞成她的观点，鼓励她做下去。经过一年多的努力，李欣高质量地完成了博士学位论文。论文评审专家和答辩委员会都给予了高度评价，论文评审答辩顺利通过，作为导师的我备感欣慰！李欣曾在媒体工作多年，有着丰富的传播实践，进入高校以后很快以满腔的学术热情，投入理论研究，成功地实现了一个媒体人的学术转型。她在做访问学者的一年间，修读完导师指定的课程并出版了一部专著，还发表了一系列学术论文。这使我感觉到，李欣除了具备基础扎实和刻苦努力的学术素养之外，在她执着追求的过程中，还体现着理论研究的学术灵气。

　　本书的选题是有一定难度的。国家民族认同涉及个体或者群体实现自身同一性的过程，在认同生成的层面上，认同是与人们的观念构成的差异性相对立的，正所谓没有差异就没有认同。既然认同源于差异化的社会存在，现在人们认同的动力已经大大转向消费领域，转而寻求自我认同。现代人的认同感在同一的、稳定的表象背后，是一种分化的、游移的心理状态。文化认同、民族认同和国家认同都是在差异化的"场域"中被界定的。面对全球化和现代化进程，少数民族新闻建构的国家认同"场域"，正处在各种差异化力量并置和混杂竞争的局面。在这样的背景下，李欣的研究以主流媒体对少数民族题材的新闻报道，以少数民族地区传媒和少数民族受众作为研究范畴。通过借鉴非语言学的话语分析方法，沿着微观、中观与宏观的研究路径，解读少数民族新闻话语的生产过程、蕴含思想和话语功能等深层结构，探寻少数民族新闻话语与国家认同之间的思路和对策，选题具有显著的学术价值和现实意义。

首先，作者拓展了少数民族新闻研究领域。近些年来我国少数民族新闻传播研究成果大多偏重于史论范畴，具有新闻传播理论思路和跨学科的研究方法应用相对薄弱，少数民族新闻传播研究的系统性和深入性仍有待提升。本书以少数民族新闻话语作为概念工具，尝试改变当前少数民族新闻研究中主流领域与少数民族领域"二元分隔"的现状，在研究过程中将二者融合为一个统一的体系，研究视角和方法层面有一定创新，分析多民族国家如何运用话语的力量建构国家认同的问题意识，提出了诸多有价值的思考和建议。

其次，本书既有纵向的新闻史探讨，如第三章"少数民族新闻话语的规范和多元化时期（1978—2000）"和第四章"少数民族新闻话语的网络化和微传播时期（2001—2014）"。又兼容了具体的文本分析，在第五章以《中国民族》杂志为典型，囊括 1980—2014 年共 35年间每年第 10 期的新闻报道议题，针对新闻话语行为与分类和新闻话语的意义建构展开研究，研究思路清晰，论述结构严谨，显示了作者较强的理论功底和专业素养。

再次，作者准确归纳少数民族新闻话语变迁的转变过程，研究思路较为细致，亦有不少新的发现，对进一步改进我国少数民族新闻报道具有一定启发意义。与传统宣传方式有所不同，少数民族新闻话语建构向"新宣传"形态转型的特征主要有：面对市场的细分化受众，用事实说话；采用统计数字和对某种事实的阐释来说明问题；传播内容往往以轻松的娱乐形态出现；公众常常通过个体"参与式接受"新内容，进而理解新闻话语的意义。少数民族新闻话语的历史转型，带来的是显著升级后的"新宣传"一体化，少数民族新闻宣传的刻板模式不断遭到摒弃，话语的呈现更加尊重受众的需要，更具有公正、客观等新闻专业主义色彩。

最后，作者从宏观文本语境和微观文本视角两方面，进一步反思少数民族新闻话语与国家认同的间距影响因素。宏观文本语境包括政治因素的显性影响、经济因素的隐性影响、科技因素的替代影响、消费社会与感性文化形态生成、少数民族受众媒介接触行为的局限、民族地区基层传媒的困境等方面。微观文本视角归纳了关于新闻的主体性与"主体间性"、新闻强化与忽略的"断点"透视、典型报道的叙事功能危机等方面。无论社会宏观文本语境的间隔，还是微观文本视角的间隔，少数民族的新闻建构都存在某些导致象征意义衰减的间距因素。

本书的不足之处是对少数民族受众的调查不够深入广泛，从选题所指向的研究目标来看，如果增加受众分析，论述会更加充分扎实，也更有说服力。

总之，这是一部有理论价值和创新意义的学术著作，是作者多年来对少数民族新闻传播的思考。凭着李欣对民族新闻传播的学术理想和执着追求，她还会有更多的成果出现，我们拭目以待！

欧阳宏生

2016 年 6 月于四川大学

前　　言

　　全球化不断席卷而来的时代背景之下，随着现代通信技术的迅猛发展，无论是个人、群体乃至国家之间网络交流空间的边界都在不断地变化与超越，信息交流的无限性正在狂飙突进，即使民族国家作为最稳固的组织载体，也被淹没在社会不确定性和复杂危机的混乱之中。

　　由于人们生活的时间和空间不停地快速转换，社会个体所能感知的生活确定性不断降低，加之中国处于全面转型等社会背景因素，这一切的变化都使得当代国人的时间概念、空间概念和文化概念在一定程度上被相对置换，高速运转和规模庞大的社会本身所负载的高危风险因素日趋增多，使得个人认同的基础已经由本体性安全坠入本体性焦虑之中，由此国家认同就会遭遇认同主体的模糊缺失与客体上的无从参照。

　　当今世界各国在不同程度上普遍存在的认同危机，不仅涉及处于劣势的发展中国家，同样也包括美国等西方发达国家。于是，构建国家认同，首先应该直面"国家认同何以成为可能"的前提叩问，在社会发展不确定性因素的影响下探寻社会公众确定性归属感的高层定位，国家认同的问题已经被提升到一个至关重要的位置。少数民族新闻话语与国家认同建构，这二者之间的逻辑关联在于国家认同的基础性支撑体系，即国家的政治价值系统主要通过新闻传媒进行主流观念的大范围普及和内化，因而运用少数民族新闻话语促进政治价值观念的社会化过程，始终在主流政治文化生产中起到重要的作用。少数民族新闻话语与公众舆论是相互影响的两个系统，一方面，少数民族新闻话语系统在主流意义语境中选择事件并提供信息；另一方面，社会个体在特定的认知图式基础上，利用媒体建构自身关于民族事务与国家认同之间的意义。

本书主要研究改革开放以来我国少数民族新闻话语建构与国家认同之间的深层意义指向。从 1978 年到 1990 年，少数民族新闻报道在整个社会以改革整顿为背景的基调下，党报和各级各类少数民族语言广播成为主要的话语载体，少数民族新闻话语的信息内涵日渐丰富，表现出平易和富有亲和力的语态。1991 年到 2000 年的少数民族新闻话语，在国家对新闻媒介进行宏观调控管理的背景下，多类别多语种系统化的话语载体繁荣发展，"经济话语"明显成为新闻报道的核心指向。与之对应的是中国社会主义市场经济体制的逐步建立，整个社会的政治、经济以及社会心理等诸多方面都发生了急剧变革。

1978—2000 年，中国社会处于转型的初期，少数民族新闻话语转向"大众化"话语的动力机制，主要是因为媒体处于高速、多元化发展时期，大众文化传播的广泛性所构成的社会趋同机制，有助于融合地域性的文化认同与民族认同，形成"和而不同"的统一的社会文化基础，整合并构建民族国家文化的共同性。大众文化的传播赋予社会行为以规范性和文化意义，并且因为传播活动的重复性和累积性，使得遵循社会规范和文化意义成为一种集体无意识心理，所以大众文化对文化认同整合民族认同，并将其提升为国家认同起着非常重要的作用。

大众文化不可避免地会带来少数民族文化的急剧变迁，一方面，我们应该秉持乐观合理的认识，反对某些人士打着保护民族文化的口号，将少数民族的文化认同、民族认同封闭固化的错误观念；另一方面，大众文化的广泛传播，以及"大众化"社会语境对于公民国家认同的形成也会产生一些负面影响。第一，不可否认，"大众化"话语内部的确存在着某些低俗化的倾向，若不加以适当地引导和管控，文化趣味的低俗化势必影响公民素质的提升，甚至影响到公民国家认同的文化根基。第二，大众文化的易变性、流动性、多样性和碎片化的特征，往往冲击着相对稳定的国家主流文化的主导位置，来自不同根源的特质文化，在大众文化的裹挟之下进入社会文化洪流之中，不可能形成稳定的文化内涵，显然使受众的心灵无法归依、认同。国家不应无视大众文化流变性的巨大影响，必须有针对性地适时调整文化政策，以适应大众口味的多样性和趣味性的变化。在这种情况下，主流文化不仅仅要力图引导大众文化，还应该适应大众文化的流变性，扩大与大众文化的重构领域，才能够有利于国民文化认同的形成，进而促进和巩固国家认同。2001—2009年，我国少数民族新闻话语进入网络化发展时期，在国家对少数民族地区新闻媒介投入大量资金及对媒介产业化转为弹性管理的社会背景下，突破传统话语载体并转向网络化空间，少数民族新闻话语的传播理念日益贴近实际、贴近百姓、贴近生活，话语类型体现为超文本特征，导向化语态引领社会舆论。2010—2014年，少数民族新闻话语建构开始进入"微传播"时期，轻型便捷交互的话语载体日益深入人心，聚合话语理念包括主题建构、情感交际、参考评述、身份认同等各个层面，话语类型向多模态和更为亲切融合的语态方向转变。

"新宣传"话语在增强汉族同少数民族之间国家认同的"共生互补"关系方面，其话语功能和传播价值不断凸显，在自然灾害和社会危机事件报道中表现出全民族团结的爱国主义国家话语，社会稳定时期表现出少数民族谋求发展的自省式话语，以及作为策略吸引受众的娱乐消遣话语等，它所体现的民族主义的复杂性和多样性在历史的变迁中，必然受制于国家的政治控制，同时与国家主导的民族主义、不同地域的民族主义、国际分裂民族主义等社会力量博弈，越来越多地显现出国家传播以及不断深入大众生活的双重话语特征。少数民族新闻向"新宣传"话语体系转型，当前中国社会更需要的是不同民族的共性存在，而非突出某个族别意义上的"他性"和差异。国家认同是在历史时空中形成和凝聚起来的，不同时期人们的认同感根据社会变革而随之变化。中国社会转型的进程中新闻传媒要积极发挥"文化装置"的作用，积极构造中华民族共同的文化基础，以文化认同的中介基础作用，扩大文化认同与民族认同、国家认同的交叉重叠领域，进而提升、强化公民的国家认同感。

本书以 1980—2014 年这 35 年间每年第 10 期《中国民族》杂志作为典型个案，对《中国民族》杂志的新闻议题、新闻话语行为与分类、新闻话语的意义建构进行具体、充分的内容分析，《中国民族》杂志在"国族"意识的建构方面，符合并体现了我国的实际国情，体现了民族政策实施的结果，反映了我国长期的民族政策。

认同涉及个体或者群体实现自身同一性的过程，在认同生成的意义上，认同是与能够形成区别的差异性相对立的，正所谓没有差异就没有认同，既然认同源于差异化的社会存在，现在人们认同的动力已经大大转向消费领域从而寻求自我认同，现代人的认同感在同一的、稳定的表象背后，是一种分化的、游移的心理状态。文化认同、民族认同和国家认同都是在差异化的"场域"中被界定的。面对全球化和现代化进程，少数民族新闻建构国家认同的"场域"，正处在各种社会差异化层面并置和混杂竞争的环境之中。

综上所述，本书以创建国家认同为至高研究目标，涉及在社会文化层面提出拓展少数民族新闻的"共义"空间策略，主要包括文化间性的历史性与时代感；从分离建构到共享意义；解构群体之间语言的异化现象；达成少数民族新闻的伦理共识四个方面。本书认为建构强有力的"国族"精神是少数民族新闻报道的总体价值观，在新闻价值取向方面强调了求同取向与国家认同的首要高度，认为在调控民族自治地区的权利与义务、协调民族与国民意识等方面，少数民族新闻报道必须持以审慎和前瞻的意识。

目　录

绪　　论

从人类历史来看，民族是一个比国家更为基本和久远的概念，中国拥有 2000 多年绵延不绝的历史，这样的统一多民族国家在世界历史上都是唯一的。中国历朝历代的皇帝、思想家和封疆大吏都在想尽办法处理中央皇朝与边疆少数民族间的关系，从成书于公元前的《史记》中《匈奴列传》《南越列传》《东越列传》《西南夷列传》等对边疆少数民族的描写，再到《汉书》的《匈奴传》《西南夷两粤朝鲜传》等卷帙浩繁的著述，我国历代史书对民族关系问题进行了不断的反思。我国古代历史上民族关系是否得到妥善的处理，在中国历史进程中发挥着极其重要的作用，其中盛唐的衰败、宋朝的灭亡和明朝的覆灭都与边疆少数民族入侵有着某种直接的关系。

1950 年 12 月云南 26 个少数民族代表在普洱屠牛立誓，宣誓在中国共产党领导下，为建设平等友爱幸福的大家庭而奋斗，这是新生的共和国政权在民族地区受到拥护的真实故事。20 世纪 60 年代初期的三年自然灾害时期，上海、安徽等一些孤儿院的孩子们就快要被活活饿死时，在周恩来、康克清、乌兰夫等国家领导人关怀下，孩子们被送上了开往草原的列车，这些被草原上普通牧民抚养长大的孩子不仅都有一个蒙古族名字，也都怀有深深的草原情结和民族认同，他们共同的名字是"国家的孩子"。进入 21 世纪初期，新疆的维吾尔族大妈阿尼帕收养了汉、回、哈萨克和维吾尔共 4 个民族的 10 个孤儿，加上她自己的 9 个亲生儿女，共有 19 个孩子，她让每个孩子都感受到家的温暖，阿尼帕大妈在国务院第六次民族团结进步表彰大会上受到嘉奖。回溯历史的纵深和现实的境况，民族团结不是一句空洞的说辞，而是深刻体现了不同民族之间血浓于水、生死相依的人间真情，反映了各民族和睦相处，同舟共济的生活愿景。

民族团结的故事在生活的具象中是非常质朴感人的，但是换个角度从国家和世界的层面来看，民族问题则颇为复杂深刻。20世纪发生的两次世界大战，所带来的世界政治格局的重大变化，深刻影响着当代世界的民族问题。第一次世界大战结束之后，英法控制的"凡尔赛体系"改变了帝国主义在欧洲、中东和非洲的政治格局，其分赃不均的后果加剧了战胜国之间的矛盾，同时对战败国的掠夺不断加深着战胜国与战败国之间的仇恨，弱势民族的利益遭到践踏和侵占，英法列强霸权支配下重构的国家边界，埋下了民族分裂的无穷隐患。第一次世界大战后，在欧洲大约有1700万人脱离了原有的国家，莫名变成其他国家的少数民族。比如，法国和德国之间的冲突集中在"阿尔萨斯—洛林"地区，在"凡尔赛体系"主导的新的国家边界确定之后，欧洲反而新增了许多类似的问题，导致苏联、东欧地区出现了尖锐复杂的民族问题。

二战结束后，社会主义与资本主义两大阵营对抗，全球民族问题的态势又产生了新的变化，美苏两个超级大国的霸权争夺一方面掩盖了某些地区的民族问题和宗教问题，但另一方面"冷战"格局还制造了一些新的民族问题。尤其是20世纪90年代苏联解体之后，这个问题的"盖子"一下揭开之后，民族问题的矛盾愈加尖锐，以致波及更加广泛的地区。20世纪末以来，世界上其他国家因民族问题所引发的动荡与局部战争，从巴尔干半岛到中东和北非，从我国的"3·14"事件到"7·5"事件，国际国内民族之间的冲突事件都被打上"区域化危机、全球化牵涉"的烙印。

我国复杂的民族问题交织着各种矛盾："民族与宗教问题；历史

与现实问题；国际与国内问题；物质贫困与精神贫困问题；优秀的传统文化与落后的生活方式；合法的宗教活动与非合法的宗教活动；政治与社会问题；敌我与人民内部矛盾。"① 目前我国民族问题在国际领域的延伸、宗教问题政治化、经济问题全球化已经成为国际社会关注的重要问题，对于一个统一的多民族国家而言，民族问题是"牵一发而动全身"的社会焦点所在，牵涉到国家主权的稳固、社会的安定团结和边疆地区的长治久安等重大安全层面。

目前我国少数民族人口已经达到 1.1 亿，少数民族自治地区占到我国国土面积的 64%。全球化时代是引发民族主义活动高涨的一个时期，多民族国家的族际政治整合和民族融合面临一定挑战，多民族国家的文化认同、民族认同和国家认同处于动荡、重构的游移状态。特别是近年来我国新疆、西藏地区民族分裂主义行为有增多的趋势，对国家的统一构成了某种程度的威胁，所以我国的民族问题绝不是一般的问题，它的特殊性包含历史的长期复杂性、国内国际领域相互交织等各方面的棘手因素。

新中国成立以来，我国的民族政策在实施过程中具有很大的优越性，随着中国社会不断转型变革，影响各少数民族发展的因素已经呈现多样化与复杂化的态势。当前少数民族地区与全国同步建成小康社会而努力奋斗的历史关头，如何更好地促进各族群众之间"守望相助"，实践"圆好团结梦""实现发展梦""共铸中国梦"的宏伟目标，在国家认同建构方面，新闻媒介作为"文化装置"，具备积极的社会协调与整合功能，能够促进少数民族公民的身份认同及其对国家认同的归属感。通过不同民族的价值观相融、民族心理相融和社会活动目标相融，少数民族新闻话语提升不同民族之间相融的关系，建构媒介

---

① 李德洙：《当代世界民族问题的基本特点和发展趋势之二》，《中国民族》2000 年第 10 期。

与社会和谐的舆论环境，形成社会公众的向心力，这种积极的因素将会而且正在起到维系社会的稳定，减少社会冲突的重要作用，必然成为社会发展的重要前提。

一 研究目的及意义

（一）研究问题的提出

当前，我国新闻传播学界的主流与少数民族新闻事业两个研究领域，存在着"少数民族领域"与"主流领域"之间的"二元分立"结构。近年来我国少数民族新闻事业研究成就主要集中于史论与区域特色研究层面，新闻学与传播学领域在学术研究的话语权配置方面，对于少数民族新闻事业领域的重视程度不高，由此导致学术研究主流与分支领域的交融与互动比较欠缺，少数民族新闻领域跨学科研究方法的应用较为薄弱，少数民族新闻传播研究的系统性和深入性仍有待提升。如果这种研究领域的"二元区隔"无法得到充分融合与延展，研究者彼此极少跨越这种研究的"断层"，我们将无法对有关民族问题的新闻研究领域进行整体的、科学的分析，由此导致的"盲人摸象"的研究后果将难以想象。

（二）实践与理论研究意义

1. 少数民族新闻话语的实践与理论研究意义

不同国家的阶级性、意识形态不同，对于民族问题的认识和处理方式不同，与 20 世纪初期的民族主义宣传话语不同，进入 20 世纪 90 年代之后，新的民族主义宣传话语并非只针对某一国家内部的政治，以美国为首的西方国家为了在全世界推行霸权主义，打着"人权高于主权"的幌子到处蛊惑。仅以"3·14"事件和"7·5"事件为例，在美国"新干涉主义"思潮的支配下，美国的一些媒体对中国形象的塑造是在妖魔化中国，起码是对中国不友好或不了解。

"妖魔化中国"的论调本身，在一定程度上反映了美国宣传主义话语甚嚣尘上的思潮，随着中国经济实力的不断增长，由此引发的贸易不平衡问题、领土和领海的争议、境外极端势力的破坏、海外资源的竞购、争取国际影响力等因素引起的利益冲突，都正在或者将持续出现在中国和周边各国的交往之中。西方国家的一些政府机构为了谋求世界霸权和各种利益，可能利用中国国内的"民族矛盾"制造祸端，煽动"藏独""疆独""台独"等民族分裂势力，遏制中国在 21 世纪的崛起。有研究者指出美国的文化传统之一，就是需要在商业和政治上树立"对敌"，从而为自身的发展提供动力。苏联解体之后我国在意识形态上与美国差异很大，同时经济实力、国际政治地位上升很快，美国国会两党的共同战略目标，就是要对中国这个"假想敌"进行围堵和遏制，中国的国家形象于现在及未来都不可避免地会遭受损害。加强中国国家形象建设，以文化"软实力"助推中国崛起之路任重而道远。所以，审慎处理国内牵涉少数民族政治和意识形态领域的问题，警惕外部势力的挑拨离间，我们必须做好充分的思想准备。

许多西方学者就苏联解体的原因进行深刻分析，其共识之一就是在苏联面临的所有问题中，最紧迫、最棘手的显然是它的民族问题。苏联正如在它之前的统治政体——沙俄帝国一样无法走出民族问题的梦魇。它的解体无疑给全世界多民族国家留下意味深长的启示，如果族际政治整合失败，多民族国家就难逃解体的厄运。我国民族学研究者周平曾于 2005 年首先提出"族际政治整合"的概念，以政治整合作为概念工具，对多民族国家如何运用国家政权的力量维持国家政治共同体的统一和稳定问题进行了论证。

政治为何能够统摄新闻传播活动？因为传播的社会化过程本质上就是一种政治化的过程，社会传播活动是一个与自然的、文化的、技术的等客观环境逐层对应的关系，而且它还反映了一种创造性的映射关系，体现了人与人之间的交往活动以及社会政治秩序规约。新闻客体、社会关系和政治秩序是传播活动的应有之义，新闻话语之所以重要，是因为它关联社会政治、经济和文化等关系结构的一种途径。

新闻的建构主要是一种话语实践活动，一种话语的特定设置形式。新闻话语对于新闻事件进行解释和评论，形成并影响着人们感知到的社会舆论。从这个角度看，新闻话语的社会影响具有双重结构性的特征，除在微观层面构建人们的知识，左右人们的态度之外，在宏观层面新闻话语控制着社会认知的整体途径。

基于不同文化背景的充分理解是建构新闻真实的必要前提，如果记者与异文化的采访对象缺乏充分信任，那么采访中的互动交流注定是匮乏的，新闻报道中的偏见和操纵将无从避免。面对国际风云变幻，迎接国内的多元化社会变革，主流媒体关于少数民族的新闻报道，必须调适固化、单一的信息取向和新闻价值标准，以尽可能增进不同民族之间、不同文化背景族群之间的交流。如何从话语分析视角探讨同一议题的多样化表达观点，怎样消解族群之间刻板的偏见，如何扩展主流受众和少数民族受众共同感兴趣的新闻报道空间，如何改变以传者自我为中心俯视他者，转向以受众"他者"的角度来选择新闻事实？如何在传者自我文化实践的积极反思中避免新闻话语的缺失与倾斜？如何提升少数民族新闻在跨文化新闻传播中的理性话语以提升国家认同力量？这些问题涉及跨文化新闻研究等广泛领域，目前是国际国内最具前沿性的话题之一。

少数民族新闻话语分析，其核心目标是要把新闻事件所包含的社会价值与受众的需要联系起来，不单要维护中央政府和汉族的利益，也并非维护在行政结构中处于弱势的任何一个少数民族群体的利益，而是必须站在全体中国国民共同利益的立场上思考和提出问题，以促进社会共同进步和民族团结为宗旨。

中共中央在深化文化体制改革等重要文件中指出，要建立面向未来现代化和世界的，民族科学大众的社会主义文化，培养全社会高度的文化自觉和文化自信。构建社会主义核心价值体系离不开多元异质文化的构成要素，作为一个多民族国家，以主流文化建设和主流意识形态建构为核心，兼容多种民族文化和谐共生、相互交融的稳定局面具有重要意义。总之，以少数民族新闻话语分析作为视域，是展开上述相关研究不可或缺的一个思考途径。

2. 国家认同的实践与理论研究意义

（1）个人认同是国家认同的物质和精神基础。认同强调的是个人或者群体的归属感，包括地域性的、经济的、文化的、政治的、社会的、国家的等方面，伴随各种影响因素的变化，认同的各个组成方面有时互相联系，有时又会发生冲突断裂。无论个人或群体认同都必须凭借一个想象的共同体而存在，这种想象包含矛盾又统一的两个部分：其一，自我归类，与其他个体或者群体共有的归属或者相互确认；其二，多元差异，与其他个体或者群体的不同区别，或者是个体或群体之所以成为"我者"，而非"他者"的内在规定性。"求同"与"存异"构成了认同内涵的对立统一整体，甚至可以这样认为，只有"存异"的前提存在，想象出与"他者"的区别差异化，才能建构"我者"的认同。认同是一个人或一群人自我意识的产物，同时它也是社会文化环境构建的结果，认同的建构形成于个体或者群体的文化特质之上，它是行动者意义的来源和动力机制，认同作为一个构建的概念，它建立于个体或者群体对外部环境的认知，是经过自我解读之后所形成的一种选择性接纳与归属感。

全球化不断席卷而来的时代背景之下，随着现代通信技术的迅猛发展，个人、群体乃至国家之间网络交流空间的边界不断变化与超越，信息交流的无限性正在狂飙突进，即使民族国家作为最稳固的组织载体，也被掩盖在社会不确定性和复杂危机的混乱之中。当社会个体所能感知的确定性不断减少，人们生活的时间和空间快速转换，叠加了中国社会的全面转型等背景压力，这一切都使得当代国人的时间概念、空间概念和文化概念在一定程度上被相对置换。"国家的文化内涵面临着被抽空、再填充和再生产的危机，加之高危社会的风险因素增多，个人认同的根基已经由自我感知安全感坠入自我的焦虑困惑之中，这样一来国家认同就会遭遇个人认同基础的模糊缺失，以及个人认同目标的无法寄托。"① 当今世界各国在不同程度上普遍存在的认同危机，不仅涉及处在劣势的发展中国家，同样也包括了美国等西方发达国家。面对全球化的挑战和社会畸变危机，对于世界上诸多地区而言，历史上"如何构建国家认同的问题"，已经转变为"国家认同何以可能"的叩问和反思，在社会发展不确定性的情形下探寻至高意义的归属感，国家认同的问题日益被提升到一个至关重要的位置。

国家认同所建构的非凡力量，在社会个体层面有助于一个人在国家赋予的身份认同基础上进行自我构想、自我判断，不断调适自身的行为以遵守国家法律法规和道德体系。传统国家中一以贯之的"传统思想"构成公民认同的基础，一旦国家进入快速变革转型的轨道，人们习以为常的生活样态被打乱之后，人们对于未来不确定性的认识，伴随着社会诚信遭到毁坏的下坠过程，个体的心理安全就会陷入不安焦灼之中。随着社会个体认同危机的弥漫，紧随其后的就是国家认同所依存的整个社会心理精神层面的脆弱无力之感。总体来看，个人认同危机形成的主要原因有社会转型因素、经济"粗放型"增长的恶性后果、政治体制改革的障碍、社会道德文化的沦落、自然与人为的危机灾难等，社会个体的认同感在存疑和忧虑之间徘徊不定，社会个体

---

① 金太军、姚虎：《国家认同：全球化视野下的结构分析》，《中国社会科学》2014 年第 6 期。

如何能够走出认同危机就成为一道未解的难题。

（2）民族认同创造了特定文化共同体的归属感，培养了民族成员共同的忠诚感，为国家认同提供了集体认同的基础。在族裔多元化日渐突出的情况下，多民族国家建构国家认同必须重视民族认同的问题，"民族认同建立在忠诚于章程和原则并参与集体归属感的自我理解基础上，对某一特定共同体保持道德和情感的认同"①。

辩证认识民族认同与国家认同之间的关系，首先要厘清民族国家这种国家制度架构。按照民族主义的主张，民族国家就是某个民族的国家，"一个民族一个国家"是极端错误的认识，民族与国家在范畴上的绝对重合，从世界历史的形成和当今来看，情况远非如此单一。追溯最早建立的西欧民族国家，到如今世界上的大多数民族国家，如何恰当处理由国家整合而生成的民族与国家的关系是根本问题，解决的方式是在民族认同的基础上，实现和保证民族对于国家的认同，即"民族将国家看作是自己的遮风挡雨的政治屋顶"②。民族对国家的认同，需要通过一整套完善的制度架构来实现，所以民族国家的真正内涵是这样一套有利于民族认同的国家制度机制。在民族认同的基础上形成国家认同的凝聚力。

世界上众多选择民族国家模式的多民族国家，将国家内部多个民族整合成一个统一的民族而构建民族国家，"国族"构成国家的主体，比如中华人民共和国就是中华民族的国家，再如印度非常谨慎地反对用印地语来界定其民族认同，国歌、国徽等认同都来自多数人认同的印度传统。

民族认同是民族的形成和存在到一定阶段的历史产物，随着人类交往手段和方式的变革，以往在相对受限的环境下结成的群体形式，

---

① ［英］爱德华·莫迪默主编：《人民民族国家——族性与民族主义的含义》，刘泓等译，中央民族大学出版社 2009 年版，第 94 页。

② 周平：《多民族国家的族际政治整合》，中央编译出版社 2012 年版，第 206 页。

终究要被更大的群体形式所取代，政治民族由于依托的是国家外壳，其命运按照国家发展的规律演变，而传统的作为历史文化的少数族群，民族之间的相互融合是总体发展趋势。因此，多民族国家一方面要保障少数民族群体的合法权益，将其作为国家共同体价值平等的成员接纳他们，同时要通过"国族"建设积极促进各民族之间的融合。要防范两方面的错误做法：其一，打着维护整体利益的幌子，强制迁徙个别少数民族，破坏少数民族的自然演进过程；其二，从维护某些少数民族的自身利益出发，刻意将族际界限凝固化。前一种做法侵害少数民族利益，严重损害国家形象，后一种做法阻碍民族融合，破坏民族之间相互融合与依存的关系。

民族作为人类的群体形式而存在，而国家是社会治理的政治架构，由于民族具有社会组织和国家治理的基础意义，所以总体上来看，国家认同要依托于民族认同，民族认同对于个体认同也是十分重要的，个体只有归属于某个民族，才能获得生存和发展的庇护。

（3）国家认同具有维护个体层面的归属安全，推动国家层面和谐发展的协调力量，当前重构全球化层面的国家认同势在必行。

其一，个体层面。个体通过积极维系国家认同来提高心理和情感的归属安全感，国家认同来源于个体对于自身国家与其他国家在社会福祉方面的比较，试想如果一个国家保证其国民利益的能力较强，那么国民的忠诚感、凝聚力和国家认同感怎么会不够充分。

其二，国家层面。国家认同依照国家规划和社会要素，设置权力机器运转、道德价值判断和经济的生产与再生产制度等体系。全球化时代国家认同的意义更加突出，曼纽尔·卡斯特洞察了全球化背景下民族主义的崛起力量、非政府组织的活跃因素、各种社会运动等迅速增长的力量，国家认同对这些力量起到不可或缺的支撑作用。他还提出国家认同是伴随具体的历史阶段而动态演进的观点，一般会经历国家初始发展阶段的"拒斥性认同"，到转型过渡时期的"规划性认同"

以至最终转型成功的"合法性认同"。

其三，全球化层面。全球化进程中资本的无限扩展，使得发达国家的意识形态和文化价值观念对弱势地位国家和地区的民族认同产生很大的冲击，侵蚀并动摇着弱势地位的国家认同。此外，与全球化如影随形的是全球化风险社会，传统社会的诸多确定性因素大为减弱，个体与群体发展的稳定性预期被打破，国家认同的社会生态基础被削弱、悬置，甚至剥离。与此同时，历史和现实各种背景支撑下的社会思潮大行其道，现代通信技术的瞬时传播以及交通设施的高效便捷，个体和群体对于国家寄托认同的传统时代已经一去不复返。正是在全球化的加速进程中，弱势地区与国家主体意识被唤醒并复苏，进而强化了某些民族国家对于自身政治价值、文化传统等内在特性的认同。总之、全球化背景下国家认同形态的表征是退化与觉醒、削弱与重构的对立与统一。

国家认同所需要的基础性支撑体系主要由三方面的内容组成："经济激励系统、政治价值系统和制度组织系统。"①

首先，政治价值系统与国家认同之间的逻辑关联最为紧密，国家主体通过新闻传播和组织传播等方式，将主流价值观念内化为社会公众的政治思想，社会公众在长期的潜移默化中接受并认同意识形态的观念，从而实现了政治价值的社会化普及过程。但是，任何个体或者群体的内省与反思都会逐渐萌生，当民众的质疑和批判的意识一旦成熟，主流观念无可避免地遭遇分歧与对立，国家认同的离散状态就会不断增强。涂尔干进一步指出，政治价值系统只有经过社会个体的理性反思与合理批判的过滤之后，再回归于个体的国家认同范畴，才能够发挥支撑国家认同的效力。反之，如马克思所说的"虚假意识"及

---

① 金太军、姚虎：《国家认同：全球化视野下的结构性分析》，《中国社会科学》2014年第 6 期。

涂尔干所提到的"机械团结"都不足以构建坚实稳定的国家认同。

其次，经济激励系统涉及如何创建丰富的公共领域资源，如何满足民众在经济利益方面的基本诉求，经济激励系统的优劣与完善深刻影响着社会公众的国家认同，有效的经济激励能够积极促进国家认同，原因在于它使得国家成为向民众提供生存与发展安全感的母体依托。

最后，国家认同的支撑体系中，制度组织系统既包括国家的基本制度，亦指涉单位制度等微观内容。制度组织系统之所以成为支撑国家认同体系的组成部分，原因在于制度是由社会管理者所制定出来的一整套政治秩序、社会规则和道德伦理规范，实质上制度的因素直接决定了社会个体获益的基本格局。

如果以改革开放作为国家认同演变的分界线，那么1978年以前国家认同的三个基本支撑体系是高度匹配的，在一个封闭的社会中经济激励系统和制度组织系统完全受到政治价值体系的单一支配，社会公众处于闭塞和愚昧状态之中的同一性反而较强。从改革开放初期到90年代中期，社会阶层分化逐步显现，消费主义倾向在市民生活中不断滋长，这种消费文化对政治价值的消解，使得社会公众的国家认同感遭到一定程度的削弱，但总体上这一阶段政治价值体系、经济激励体系和制度组织系统这三者之间的关系仍是较为协调对应的。从20世纪90年代中后期至今，由于国家产权改革的快速推进，产业结构的快速调整，教育、医疗、住房、就业等各项社会改革，造成社会资源的非均衡配置，贫富分化不断加剧。同时在全球化的进程中，上述三个支撑国家认同的基础体系都直接处于与国际化的视野参照之中，政治价值系统受到日趋多元化观念的冲击，经济激励系统不断失衡，制度组织系统复杂变异，这三个支撑体系之间的协调和匹配关系已经到了重构的关键期。

综上所述，少数民族新闻话语与国家认同，这二者的逻辑关联在于国家认同的基础性支撑体系，即首要的政治价值系统主要通过新闻传播进行观念的普及和内化，运用少数民族新闻话语促进政治价值观念的社会化过程，始终在主流政治文化生产中起到重要的作用。少数民族新闻话语与公众舆论是相互影响的两个系统，一方面，少数民族新闻话语系统在主流意义语境中选择事件并提供信息；另一方面，社会个体在特定的认知图式基础上，利用媒体建构自身关于民族事务与国家认同之间的意义。少数民族的新闻报道与国家认同之间存在着诸多的实践和理论问题，迫切要求这方面的研究者提供有价值的对策与理论。改革开放以来我国少数民族新闻报道的深入研究，将会进一步丰富我国少数民族新闻学的内涵，有利于创造少数民族新闻研究领域新的学术增长点。

二 概念辨析及研究背景

我国社会语境中的"民族"概念包括："第一个层面是与欧洲的'Nation'概念相近的'中华民族'，第二个层面是 56 个民族，这个概念与美国的'族群'（Ethnic Groups）比较相近，本书中多民族国家、民族新闻、民族政策所指的都是第二个层面。"[1]

（一）"民族"概念起源内涵

在中国古籍里"族"这个字早有出现，它也被"民""人""种""部""类"等字替代使用，直到近代"民"和"族"才被合起来使用。"1903 年中国近代资产阶级学者梁启超把瑞士—德国的政治理论家、法学家 J. K. 布伦奇利的'民族'概念介绍到中国之后，民族一词就此在中国普遍使用，其含义与种族或国家概念相混淆，这与西欧

---

① 马戎：《族群、民族与国家构建》，社会科学文献出版社 2012 年版，第 145 页。

的'民族'概念影响有密切关系。"① "有学者考证汉文'民族'一词最早出现于《南齐书》（约为公元 8 世纪），用于表示中原的汉人与'夷狄'相对应。之后'民族'一词便很少见诸历代文献，直到 19 世纪末年在汉文里再次出现了今天意义上的'民族'，它的再次广泛使用，有可能是参照当时日文对于西方文献的译法来表示引入的欧洲概念。"②

具有现代政治意义的"民族"（Nation）的概念产生于欧洲，中世纪在欧洲出现的文艺复兴、宗教改革和启蒙运动为资本主义生产关系与共和政治体制的出现提供了条件且做了必要的思想和舆论准备。当时，随着资本主义和西欧一些国家的发展，代表自由工商业者利益的"第三等级"和市民阶级希望建立新的国家体制，使得资金、原材料、劳动力、产品能够根据市场需求自由流动。"为了建立一个王权和封建统治的替代物，从自由工商业者中成长起来的第三等级代表人物和思想家们提出了'民族'（Nation）概念，为推动社会运动，参照原有的国家疆域范围，以语言和宗教作为民种的认同基础，建立独立的'民族国家'，在地理和人口方面以'民族'为单元体现共和精神的新政治实体国家，这就是 18 世纪首先兴起于西欧的'民族主义'运动（Nationalism）。英国民族主义学者安东尼·史密斯认为'民族'包括的四个要素是：第一，历史形成的领土；第二，法律和政治共同体；第三，成员在法律和政治上的平等权利；第四，共同的文化和意识形态。"③

（二）"民族"与"族群"之辨

20 世纪初，"族群"（Ethnic Group）的称谓最早在美国流行。"用于表示统一的多民族国家内部，在历史发展、语言文化、种族特

---

① 《中国大百科全书》，中国大百科全书出版社 1986 年版，第 306 页。
② 马戎：《族群、民族与国家构建》，社会科学文献出版社 2012 年版，第 3 页。
③ 同上书，第 36 页。

质和宗教信仰等方面与主体民族有区别差异，而且自身保持内部认同的群体，这些群体在一定程度上被视作'亚文化群体'。现在欧洲和其他地区也开始普遍使用'Ethnic Group'称谓国内各群体，20 世纪60 年代，一些台湾留美学者把英文社会学著作翻译成汉文时，将'Ethnic Group'翻译成'族群'，此后这个词才逐渐出现在汉文出版物中，并从港台地区传到大陆。"①

"民族"（Nation）的含义主要体现在政治和领土内涵上，"族群"（Ethnic Group）反映文化层面的特征，这两者之间存在重要差异。国内民族学研究者马戎提出："我们讲到中国的 56 个'民族'和'民族主义'，并把这些词汇译成英文的 Nations（Nationalities）和 Nationalism 时，国外的读者容易从对照的英文词汇中联想到有权利实行'民族自决'并建立'民族国家'的'民族分裂运动'，这将造成危害极大的概念误读和理解上的误导。"② 因此，马戎建议保留"中华民族"（Chinese Nation）的提法，同时把 56 个"民族"在统称时改为"族群"或者"少数族群"，主要是为避免"中华民族"与下属"各民族"在使用同一语汇时所造成的概念混乱。

与此观点完全相反，中国社科院民族学与人类学研究所朱伦教授认为，"族群"和"民族"这两个类似却有差异的词汇，"都可以指一个国家内部居于少数地位的异质群体，族群主要指散居在主体社会中的外来群体，民族指聚居在传统地域上的人民。"③ 西方学术界和社会公共用语中，Nation（国族）及其派生概念 Nationality（民族）是政治科学的研究概念，而 Ethnos（族种）及其派生概念 Ethnic Group（族群）则是族类学的（Ethnology）的专业词汇。我国社会语境中，

---

① 马戎：《族群、民族与国家构建》，社会科学文献出版社 2012 年版，第 4 页。
② 同上。
③ 朱伦：《西方的"族体"概念系统——从"族群"概念在中国的应用错位说起》，《中国社会科学》2005 年第 4 期。

"民族"既指中华各民族，也可以特指中华民族之内的各单一民族，因而有些学者指出，既然现状如此就不宜将"族群"概念扩大化，去替代"民族"已经固化而且是约定俗成的内涵。

为避免研究概念的歧义和误读，在已经约定俗成的社会语境中，本书对于"民族新闻"的界定是：特指"少数民族新闻"。目前学术界对民族新闻约有 12 种定义，大多是按照传播地域、传播内容、传播对象进行界定。影响较为广泛的是："民族新闻即具有民族特殊性的新闻。"①

（三）研究背景

思考分析关于我国少数民族新闻报道的领域，首先要注重分析西方社会深层次的文化和意识形态对我国民众的认同结构和民族关系所产生的潜移默化的影响。20 世纪 90 年代以来，世界盛行的思维集中于"历史的终结""文明的冲突"和"全球化"三方面，冷战后的意识形态领域被这三种话语体系迅速填补，迄今为止"全球化"肯定是最受关注和影响最为深远的话语体系。21 世纪新一轮的全球化浪潮中，新的信息传播手段和互联网普及使得外部势力对各国民众的渗透和影响都在不断扩大。

1. 全球化社会文化生态

全球化进程中西方"民族观"和"民族主义"的意识形态，与我国马列主义"民族观"以及历史上的少数民族治理思路、少数民族自身传统文化、各类差异化观念形成"镶嵌"式文化生态格局。"全球化"是属于政治、经济和传播学的概念。1980 年美国未来学者阿尔温·托夫勒出版了《第三次浪潮》一书，提出了"全球意识"的概念："正像第二次浪潮造就一部分人拥有大于地方利益的国家主义意

① 王晓英：《对民族新闻定义的评析》，《当代传播》2008 年第 1 期。

识形态的基础一样，第三次浪潮促使那些拥有比国家利益更大的利益集团纷纷兴起，这些集团正在形成全球主义意识形态的基础。"①

如同后现代主义是 20 世纪 80 年代的概念一样，全球化是 20 世纪 90 年代的概念，是我们赖以理解人类社会向第三个千年过渡的关键概念。全球化趋势的突出特点是："社会结构正在跨国化，经济全球化建构了其物质基础，跨国组织和政治运作及全球文化不再从单一国家的外部与一个更广大的体系联系在一起，而是从内部与一个单一的全球社会联系在一起。"② 20 世纪 90 年代以来，伴随世界各地爆发的政治冲突，族群民族主义运动不断高涨，似乎取代了公民民族主义，成为身份认同和政治冲突的显著刺激因素，族群民族主义在全世界已经成为普遍存在、难于对付且最具破坏性的一股力量。以往历史进程中产生的民族国家中心论范式，正在经历现存格局下潜藏的世界社会结构和历史变迁的冲击。

与我国历史上传统的东方认同体系完全不同的是，"民族"（Nation）和"民族主义"（Nationalism）是源于西方的意识形态话语。近代欧洲的民族主义运动目标是以"民族"为单元建立民族国家（Nation State），反对封建世袭王权并创建新兴资本主义的革命中产生的，"自由、民主、平等、共和、人权"等新的政治理念成为政治家组织革命运动的思想武器，"民族主义"在欧洲起源于资产阶级启蒙学者的大力倡导，是与资本主义发展相适应的意识形态。

反观中国历史上传统的"民族观"，这是一种与西方相悖的本土意识形态。"主要思想和特点是强调中原核心群体'华夏'，与边缘群体'蛮夷'之间的差别主要是文化差异，中原王朝的使命是向周边

---

① ［美］阿尔温·托夫勒：《第三次浪潮》，朱志洪等译，生活·读书·新知三联书店 1984 年版，第 426 页。

② 刘建明：《全球化的终极与国际传播架构》，尹鸿、李彬主编《全球化与大众传媒——冲突·融合·互动》，清华大学出版社 2002 年版，第 55 页。

'蛮夷'推行教化，使'八方之民'都能接受和共享中华文明，从而达到'天下大同'，中国历代封建王朝传统上对各族群实行'区别对待'的基本策略。费孝通教授提出'中华民族多元一体'格局的思想，也是从各民族之间几千年的交往和融合视角来解读分析中国的族群关系。"① 西方的"民族观"与中国历史传统的东方"民族观"的差异相悖，是当代中国少数民族新闻话语分析必须正视的基本历史逻辑。

全球化时代，世界各国在科学技术、制造业和管理理念的标准化、趋同化是现代化进程中不可避免的，但是传统文化的本土化反弹也值得我们深思。比如，各国传统的语言文字、价值观念、宗教信仰、基层社会组织等，这种多样化文化传统会长久保留下来。各个族群内部的人们总有继承自身文化传统的愿望，所以全球化和本土化是同时并存，彼此互融互动的态势。

费孝通的"差序格局"理论体现了全球化浪潮中个体与其他群体的社会交往在三个"圈子"中进行，"第一个是传统族群内部的圈子，维系它的是传统文化、语言宗教和其他历史记忆，内部成员主要依靠血缘和文化认同；第二个是'民族—国家'内部的圈子，维系它的是共同的社会文化发展历史、核心政治认同与国际竞争中的共同命运；第三个是国际化交流的圈子，是不同'民族'圈子之间的交流，维系它的是对彼此文化的尊重理解和交往中的共同规则。第一个和第二个圈子是本土化内部的文化心理调适，是第三个圈子快速发展后对国家内部文化传统形成冲击后的自然反弹。第一个圈子和第二个圈子内部依然存在本土化的土壤和反对趋同化的思潮，第二个圈子（民族国家）内部是在不同区域和不同族群的政治、经济、文化、认同意识的整合发展到一定程度后产生的，第一个圈子（族群）也会出现延续本

---

① 马戎：《族群、民族与国家构建》，社会科学文献出版社 2012 年版，第 108 页。

族群、本区域传统的诉求和本土化反弹"①。

2. 政治与文化政策导向

20 世纪 90 年代初期苏联解体、东欧剧变之后，引发了新一轮的世界民族主义浪潮，民族分裂势力在世界多民族国家日益活跃，加之我国的改革开放不断深入，干扰社会稳定和民族团结的因素有所滋长。针对这种情况，中共中央强调以经济建设为中心，重视加强民族团结，保持社会稳定和维护祖国统一，国家出台了一系列相关政策法规，极大地促进了少数民族地区各项事业及少数民族地区新闻传播事业的发展。1992 年 1 月 14 日，江泽民同志在中央民族工作会议上指出，为了维护祖国的统一，必须同极少数分裂分子进行坚决斗争。1994 年 6 月 7 日，国家民族事务委员会、中共中央宣传部、中共中央统战部、文化部、广播电影电视部、新闻出版署、国务院宗教局发布了《关于严禁在新闻出版和文艺作品中出现损害民族团结内容的通知》。1995 年 1 月，中共中央办公厅发布了在新闻舆论宣传方面的指导意见，指出新闻舆论工作的根本任务，正确的舆论就是为改革开放及社会主义现代化建设创造良好的舆论环境。1996 年 9 月，江泽民同志视察《人民日报》，提出了舆论导向"祸福论"，以"正确的舆论引导人"引起全党和全国的高度重视。1998 年 2 月，国务院新闻办公室发布了《西藏自治区人权事业的新进展》，规定指出西藏的报刊、广播、电视均使用藏、汉两种文字。

2000 年 2 月，文化部、国家民委在关于加强少数民族文化工作的文件中指出，今后要进一步办好少数民族音乐、舞蹈、戏剧"孔雀奖"和少数民族题材电影、电视、文学"骏马奖"的评奖活动，以推出优秀作品和优秀人才，促进全国少数民族艺术创作的繁荣。2004 年 7 月，国务院办公厅转发《广电总局等部门关于巩固和推进村村通广

① 马戎：《族群、民族与国家构建》，社会科学文献出版社 2012 年版，第 112 页。

播电视工作意见的通知》，国家发展改革委员会、广电总局安排专项资金，对中部地区国家扶贫开发工作重点县和西部地区予以必要支持。2008年中宣部和国家民委发布《党和国家民族政策宣传教育提纲》，对新闻、出版、文艺、学术研究等有关单位和从业人员提出明确要求，以防止发生侵犯少数民族风俗习惯的事件。2009年7月国务院发布了繁荣发展少数民族文化事业的指导意见，提出要积极促进并大力发展少数民族新闻出版事业以及少数民族广播影视事业和边疆民族地区文化建设。按照国家在2012年颁布的"十二五"时期文化改革发展规划纲要，民族地区公共文化服务体系、重点民族新闻网站、民族语言网站等媒体都将受到国家的大力支持，同时在文化改革发展规划纲要内容中，提高网站服务少数民族受众的水平，加大民族地区公共文化产品和服务的供给力度，积极弘扬中华传统优秀文化，大力扶持少数民族地区文化产品创作，实施新闻出版"东风工程"和新疆文化建设"春雨工程"，支持基层出版物发行网点建设等项目都被列为重要发展目标。此外，继续办好全国性的少数民族重大文化体育活动，依靠少数民族重大节庆活动和民族民间文化资源，广泛开展群众文化体育活动等事项也成为主要议题。

1999—2009年的十年间，我国政府先后发布了三个关于民族政策的白皮书，国务院于1999年发布了《中国的少数民族政策及其实践》白皮书，2005年发布了《中国的民族区域自治》白皮书，2009年9月发布了《中国的民族政策与各民族共同繁荣发展》白皮书。这三份白皮书均从不同程度强调与申明：《中华人民共和国宪法》规定，中华人民共和国各民族一律平等，国家保障各少数民族的合法权利和权益，维护和发展各民族的平等、团结、互助关系，禁止对任何民族的歧视和压迫；自治地方的自治机关自主地发展具有民族形式和民族特点的文学、艺术、新闻、出版、广播、电影、电视等民族文化事业；国家不断加强民族团结的宣传教育，注重对新闻媒体、从业人员进行相关培训，引导鼓励他们准确理解并积极宣传民族宣传政策、民族法律法规和民族基本知识，又好又多地推出宣传民族团结和祖国统一的作品，注意加强对出版物、广播影视作品和互联网的管理，防止出现伤害民族感情、损害民族团结的内容。尽管上述法规对新闻媒体的权利和义务并未做出具体阐述，但是在"新闻法"缺位情况下这些政策法规的时代感、导向性与规约性都非常明确。

3. 少数民族新闻事业发展成就

（1）20 世纪初期，我国民族新闻传播事业发展极为落后，表现为单一性和跳跃式发展轨迹。

我国少数民族新闻传播事业兴起于 20 世纪初叶，最初的十年内，在内蒙古地区出版发行《婴报》（1905，蒙汉合璧），在拉萨出版的《西藏白话报》（1907），在东北地区出版的朝鲜文的《月报》（1909），在新疆地区出版的辛亥革命时期唯一的少数民族文字报纸《伊犁白话报》（1910，汉、维、蒙古、满四种文字出版），是最早的一批少数民族文字报刊。这批报刊与中国近代最早的报刊——1815 年《察世俗每月统记传》的创办晚了近一个世纪。1925 年 4 月 28 日在北京创刊的《蒙古农民》报（蒙文、汉文版）作为第一次国共合作时期出版的少数民族刊物，具有鲜明的时代进步性和革命精神。新中国成立之前，我国少数民族新闻传播事业除了报刊作为单一的媒体，就再无其他媒体。虽然我国少数民族新闻传播事业在新中国成立之前发展极为缓慢，品种单一，但是自其诞生之日起，就跨过古代报纸的原始雏形，径直进入近代报刊的发展阶段，表现了我国少数民族新闻传播事业发展的跳跃式特征。

（2）20 世纪三四十年代至七十年代，少数民族新闻传播事业打破单一性，少数民族广播电视事业诞生并且逐步发展。

1949 年 11 月 5 日，《回族大众》在北京创办，这是中华人民共和国成立后中国共产党创办的第一份回族刊物。1955年2月，《民族画报》作为中华人民共和国第一份全国性少数民族文字大型画报在京创刊。1957年，中国伊斯兰教协会主办的综合性刊物《中国穆斯林》创刊，1959年出版了第24期后停刊。1950年5月22日，中央人民广播电台的藏语节目正式开播，这是中央人民广播电台历史上开办的第一个少数民族语言广播。1970年10月，新疆电视台用维、汉两种语言试播，1985年试播哈萨克语节目。1973年，内蒙古电视台正式播出，1976年10月，该台开始试办蒙古语电视节目，每周一次，主要节目有新闻、专题译制片、天气预报等共35分钟的节目。西藏电视台于1976年开始筹建，1978年正式播出黑白电视节目。

（3）20世纪八九十年代是我国少数民族新闻传播事业蓬勃发展的快速多元化阶段，开始完善并建构现代化的传播体系。

1979年7月15日，《民族团结》复刊。2000年10月《民族团结》开始主办中国民族网，2001年《民族团结》正式更名为《中国民族》。1981年9月25日，《中国穆斯林》汉文版复刊，该刊在反映宗教活动动态、交流思想、沟通信息和横向联系等方面发挥着重要作用。1995年1月，中共中央宣传部委托新华通讯社主办的时事政治期刊《半月谈》，在拉萨和乌鲁木齐分别出版藏文版、维吾尔文版。1995年1月1日，《人民日报》扩版，这是该报继1956年7月1日以来的第二次扩版。扩版后的《人民日报》由8版增加到12版，并在11版开设"民族大家庭"专版，1998年改为周四出版。2000年1月1日由国家民族事务委员会主管，国内外公开发行的、面向全国各民族读者及宗教界人士的中央级综合性报纸《中国民族报》创刊，每逢周二、周五出版，周二为对开8版，周五为对开12版。《中国民族报》开设"民族经济""民族论坛""民俗风情"等专版，设有近百个独具民族特色的栏目。20世纪80年代，少数民族地区的新闻事业得到广泛普及，90年代又有了进一步的提高。内蒙古、新疆、西藏等自治区早已形成以首府为中心，形成辐射状的民族报刊网络，建成以党报为核心的多层次、多地区、多种类、多种文字的报刊体系。

1981 年 6 月 1 日，中央人民广播电台汉语"民族专题"节目创办。1998 年中央人民广播电台民族部升级为民族广播中心，下设蒙古、藏、维吾尔、哈萨克、朝鲜、汉 6 个民族语言节目部。中央人民广播电台"民族之声"采用蒙古、维吾尔、哈萨克、朝鲜 4 种民族语言播出节目，是专门针对民族地区的专业化广播频率，主要覆盖中国内蒙古、新疆、吉林、辽宁、黑龙江及北京等地，与我国相邻的朝鲜、韩国、日本、蒙古、哈萨克斯坦、乌兹别克斯坦、俄罗斯等国也能收听到该频率的节目。中国国际广播电台开设了"中国少数民族"栏目，由各语言部根据各自节目特点不定期播出，主要介绍中国 55 个少数民族的经济、文化、生活习惯和民族风情等各方面情况。从 1978 年起中央电视台加强了对民族新闻的报道，播出了一批具有时代意义、真实反映少数民族文化风俗的节目。如 1996 年 10 月 15 日中央电视台海外中心播出的 100 集大型连续报道《边疆行》，《中华民族》栏目是中央电视台与国家民委共同主办的专题栏目。《走进西部》大型系列节目长达 54 集，是中国电视史上第一次大规模、全方位、系统化地对中国西部的集中报道，也是《中华民族》栏目发展中的一个里程碑，在中央发布关于西部大开发战略决策的初期开播，起到积极的宣传作用。

各民族地区的广播电视事业在发展与提高过程中十分重视转播中央人民广播电台和中央电视台的节目，同时努力办好本民族语言节目以及兴建覆盖本地区的传输网络工程。这一时期，内蒙古、新疆、广西、宁夏、西藏五个自治区广播事业进入前所未有的大发展阶段，围绕以经济建设为中心，集中力量完成党和政府的重大宣传任务，维吾尔语、汉语、蒙古语、壮语、藏语等少数民族语言广播的新闻、服务、文艺、社教等类型栏目经过调整，播音时间、次数、栏目设置和内容，更加完善丰富，进入全面发展的新时期，截至 1998 年年底，全国大约有 24 种少数民族语言广播节目，其中新疆电台已经形成了卫星、短波、中波、调频、网络五位一体的交叉覆盖网，成为全国开办语种最多、覆盖面最广的广播电台。内蒙古、新疆、西藏三个自治区的电视台，除了办有汉语电视节目，都办有当地主要少数民族语言的电视节目。广西电视台鉴于壮语地区间语言差异很大，彼此难以听懂，而绝大多数壮族群众都能听懂汉语普通话和白语，从实际出发用汉语普通话和白语为壮族群众播出。2001 年，内蒙古广播电影电视局对现有频率、频道资源进行优化重组，合并内蒙古有线电视台、内蒙古经济电视台与内蒙古电视台。1997 年 1 月，内蒙古电视台蒙语和汉语电视实现了卫星传输，不仅解决了整个自治区的新闻传播覆盖问题，同时还把内蒙古电视台的蒙古语和汉语两套节目传送到亚洲太平洋地区、澳大利亚与新西兰、西北非洲、东欧等 53 个国家和地区，为世界各国人民全方位了解内蒙古提供了一个窗口。西藏于这一时期完成了现代传播格局的完整构建，以西藏广电中心、传输中心建成为标志，西藏实施了诸如"村村通"工程、600 座乡级太阳能广播电视收转站工程、"西新工程""三区工程"（新疆、西藏、内蒙古等少数民族自治区）、西藏自治区"大庆工程"等重大工程建设，广播电视事业建设取得历史性的辉煌成就。

少数民族新闻网站出现于 20 世纪 90 年代中后期，目前已经形成了一个以国家重点新闻网站为主，中央与各地方新闻网站协同共建的体系。"人民网"创办于 1997 年 1 月 1 日，设有蒙古文、藏文、维吾尔文、哈萨克文、朝鲜文、彝文、壮文等少数民族语言文字版本，开通了西藏、新疆、广西、内蒙古、宁夏五个少数民族自治区的新闻频道。2000 年 3 月新华通讯社网站更名为"新华网"，2008 年 11 月 25 日，新华网"多语种西藏频道"正式推出，主要开展关于西藏的国际化报道。2000 年 5 月 25 日，中国西藏信息中心成立并正式推出汉文版，此后又先后于 2001 年 1 月和 9 月推出英文版和藏文版。该网站现有汉、英、藏三种文字版本，设立西藏各地区子网站，向全世界展现西藏的历史面貌和现代化发展的各项成就。由《中国民族报》社主办的"中国民族宗教网"也于这一时期开通，该网站是公益性网站，主要开设有新闻、理论、民族宗教工作、民族文化、宗教文化、民族宗教知识、书籍、学者等 10 多个频道。

（4）21 世纪初互联网的普及再次助推少数民族新闻传播事业繁盛发展，带动少数民族地区新闻传媒卷入全球化进程之中，但是发展进程中的非均衡问题不容忽视。

2003 年 3 月，由国家民委主办的《中国民族》英文版正式创刊发行，这是新中国成立以来第一本全面展示中国 56 个民族文化传统和社会生活的国家级英文刊物。2009 年 8 月 1 日，《人民日报》（藏文版）正式创刊，《人民日报》（藏文版）是我国第一份用少数民族文字出版发行的党中央机关报。2002 年 5 月 12 日至 2004 年 10 月 28 日，中央电视台专门开辟的西部频道，全面报道了西部大开发战略。2009 年 3 月 1 日 5 时 55 分这一刻，中央人民广播电台藏语频率正式开播，主要任务是报道国内外重大新闻，以西藏和其他藏区农牧民生活面貌的改善和现代化建设的发展成就作为主要内容，宣传西藏的历史文化，为听众提供生活信息、文化娱乐等方面的服务。

2005 年 12 月 20 日，西藏人民广播电台创办的网络广播"中国西藏之声网站"以藏语、汉语两种语言报道西藏。2008 年 11 月西藏人民广播电台继续拓展了网络平台，把"中国西藏之声"延伸为汉语、藏语、英语三种语言网站，实现电台四套广播节目的在线实时传播，并于 2009 年 6 月 3 日正式开通在线广播。自 2009 年 5 月 8 日进行网上测试以来，先后有美国、欧洲、日本、东南亚等近 20 多个国家，约 100 万人次上网访问。2010 年元月 1 日起新疆卫视在全国各省会城市实行免费落地，这是新疆电视事业发展史上具有划时代意义的大事，同年 10 月，国家总投资 1 亿多元的"西藏广播电影电视藏语节目译制中心"建成使用，大大提高了西藏广播影视的译制数量和质量。

国家总体采取倾斜性的均衡协调发展战略，缩小少数民族地区新闻传媒与其他发达地区之间的差距，但受到区域经济文化发展水平制约，自然地理条件客观限制，新闻传播人才缺乏等因素影响，少数民族地区新闻传媒竞争力与舆论引导能力不足的状况有待完善和进一步提升。

4. 受众群体异质性

我国少数民族地区受众群体的异质性，主要表现为不同民族的受众基于宗教信仰、生活方式、文化偏好、民族心理等方面的差异，以及由此所形成的受众多样性异质特征。

（1）不同民族受众之间社会交往的疏离性。由于语言、文字、文化传统、生活习俗、民族心理、宗教信仰的差异，少数民族和汉族有各自的社会交往圈子，民族地区各少数民族之间、少数民族与汉族之间依然存在着一些传播隔阂和障碍，所以双方交流的机会及广泛性、深入性相对较少，不同民族群体之间社会交往体现出疏离的状态。当一部分人与另一部分人对某一问题看法不一致，遇事往往各抒己见、相互对立，舆论形成的两个"意见圈"可能引发局部舆论的对峙。

（2）不同民族受众群体公共事务的多元化。社会公共事务涉及社会公众的共同利益，也包括社会公众共同感兴趣的政治、经济和其他社会问题。我国少数民族地区存在的经济矛盾，是民族问题产生的基础因素。民族地区公共事务的多元化主要表现在：第一，汉族主要是定居从事农耕生产劳动，而少数民族以畜牧业作为传统生计，以农业为主的汉族与以畜牧业为主的少数民族，在生产和生活方式、社会文化等社会公共事务方面的多元化差异比较明显。第二，各民族之间的语言文字、文学艺术等文化现象之间存在的多元化。第三，各民族之间宗教信仰方面存在的多元化。第四，各个民族传统教育形式存在的多元化。汉族传统教育一般以学校教育和家庭教育为主，而某些少数民族传统教育除了这两者之外，还有寺院教育等方面存在的多元化。第五，汉族与其他少数民族工业化发展程度之间存在的多元化。

上述种种差异化的现象说明，民族地区的社会公共事务极具多元复杂性，造成不同民族受众所关注的社会公共事务呈现出离散化的态势。

（3）不同民族受众所代表舆论意见的情感化色彩。舆论意见是信念、情绪、态度、意见构成的总和，从传媒心理学角度来看，信念包括受众的认知情感和受众对于某种思想和事物坚定不移的心理意志。受众对于任何信息的接受都经过包括信念在内"认知基模"的过滤，才能形成特定的态度和意见。态度是建立在信念之上的外在表征，由于不同民族受众所持有的信念在受众预存立场，也就是说在认知的"基模"结构中存在一定差异，由此所形成的态度和意见自然不同，具体表现在对信息的接受理解不同，最终形成迥然有异的社会舆论。情绪是认知过程的情感体验，渗透于舆论形成的每个环节。

面对民族关系、民族问题事件时，不同受众个体对于自己所属民族的归属感，决定了各自情绪化的支持倾向，舆论意见在同一民族内部相互接近融合，情感因素发挥着显著的聚合作用，反之则会起到离散的作用。

（4）不同民族舆论领袖评价指导的作用。一般来说，舆论的形成包括三个阶段：首先，社会变动或社会事件产生信息刺激，这是舆论开始产生的萌发期；其次，经过社会公众预存立场的过滤，各种社会意见在社会互动中形成交流、对峙或是整合的态势，这是舆论的积蓄期；再次，经过主流意见权威发声，社会公众形成大体一致的意见，最终构建了舆论的形成。舆论从积蓄期到构建期的阶段内，有一部分在少数民族社会公众中，享有崇高威望、富有感召力的政治领袖或其他知名人士，以及默默无闻、不被世人所知道的潜在的舆论领袖，通过他们丰富的知识与阅历、精辟的分析，对社会中众说纷纭、莫衷一是的各类意见做出评价、指导，就会把相当多本民族的人群吸引过来，使之相继自觉接受他们的意见。少数民族"舆论圈"中的舆论领袖，起到对社会各种意见进行过滤或中介的独特作用，有可能发挥消除各类"舆论圈"差异的积极作用，也有可能起到加剧和扩大各类"舆论圈"差异的消极作用。

总之，少数民族受众群体层面的异质性，以及在少数民族地区复杂环境的传播活动，传播内容的可信度、空间维度、时间长度和受众接受效度，都必然因社会意见环境本身的差异而发生一定的变异，主流媒体构筑的信息环境往往存在着被消解的可能性。

（四）文献综述及相关研究

1. 新闻传播与国家认同研究

近些年来关于"认同"的学术研究，引发了各种学术领域的广泛关注，成为全球化社会发展背景下的一种理性的叩问。在一个多民族国家，对于国家认同的研究，具体指向民族认同、公民认同、政治认同、文化认同、地域认同和制度认同等诸多层面。国家认同的概念承载了从民族属性到国族属性的延伸过程，不仅是公民对于社会制度、国家政策、传统文化的自觉认可，而且包含公民对国家共同体的情感归属和理想寄托。关于新闻传播与国家认同的研究，研究成果目前主要集中于微观领域，例如有些研究者从仪式传播的视角出发，建构了一种较为典型的研究思路：如《传播仪式与中国文化认同的重塑》（邵培仁、范红霞，2010）、《全球化时代的仪式传播与国家认同建构——论国庆阅兵仪式的传播意义及价值》（张兵娟，2010）、《国家仪式的视觉转向及其传播路径转型》（汤筠冰，2010）、《仪式传播视域下电视新闻与"中国梦"的传播》（王玲、徐俊，2013）、《纪录片的仪式传播与国家形象构建——以"舌尖上的中国2"为例》（卢颖，2014），这些论文从不同层面分析仪式活动借助各种符号的表征意义，通过仪式的视觉化奇观渲染并赋予国家—民族性的内涵，对内强化国家—民族的集体记忆，对外则焕发出国家文化的新含义，以得到更多的外部世界的接纳和认可。另外，有研究者选择从媒介产业化发展的角度，来探讨某一地域范围内媒介经营与国家认同之间的关联，如《西北地区少数民族报业市场化传播与国家认同》（南长森，2013），由于受到新闻传播的市场化与国家认同之间各种因素的影响，西北少数民族的国家认同处于模糊甚至下滑的危机之中。南长森的专著《西北地区少数民族新闻传播与国家认同》（2014），以"三股势力"和国外反华势力对我国少数民族传播和国家新闻传播的渗透为切入点，论述西北地区少数民族新闻传播与国家认同的辩证关系。

总体来看，新闻传播与国家认同领域的中观和宏观研究层面甚为缺失和薄弱，这种研究现状与中国作为一个人口数量庞大的多民族国家的实际国情并不相符。其中一个重要的原因在于，国家认同知识范畴的抽象性和复杂性与新闻传播学科的应用性和即时性特点这两者之间的矛盾性，必须通过系统性的研究才有可能达到契合的程度，一般零散化的研究则很难使研究者在宏大的范畴和微观应用之间找到恰当的通路，学科壁垒所带来的理论的抽象与新闻实践之间必然存在相当大的真空，如何建构科学的研究路径，并提供具有说服力的阐释和建设性的策略，对于研究者而言的确颇具挑战。

2. 民族认同与少数民族新闻特性

所谓认同涉及个体与群体、群体与群体之间的关系，实质上在政治理论的范畴内，本质上就是关于社会秩序的概念。民族认同是"依赖于相互承认而存在的共同体，是一个体现了历史延续性的认同，把一群人与特定的地理位置联结在一起，共享共同的公共文化"①。本书中提到的民族认同，在国内范畴特指中国各个少数民族，对外传播则指中华56个民族多元一体。民族认同存在广义和狭义之分，广义指的是对某一主权民族国家的认同，即国家认同；狭义指的是一个国家内部各个少数民族对自身民族文化的认同，即族群认同。

新闻传播领域内对于民族认同的侧重考察，在狭义层面包含了对于少数民族新闻内涵的特殊性分析。

第一，少数民族新闻理论的特殊性。

1997年，白克信与蒙应合著的《民族新闻学导论》是奠定学科构建的开山之作，该书界定了少数民族新闻学的一些基本概念，探讨民族新闻研究对象，梳理民族新闻活动的各个组成方面，强调民族新闻工作者的独特意识与特殊素质等问题，阐明民族新闻事业的经营管理，民族新闻与党的民族政策、地方民族工作的特殊情况。

近十多年来，许多研究者对民族新闻的特殊性、民族新闻的发展趋向、少数民族新闻工作者的特殊素质等问题继续深入探讨。《民族新闻理论构架的形成与发展》（李成连，1999）一文，初步探讨了民族新闻理论的建构问题，《民族新闻理论的研究现状与发展路径》（金石，2010）一文，作者详细阐述了从1993年至2009年，国家社科基金涉及民族新闻学与传播学的科研立项达到20项（包含西部项目、青年项目、自筹经费项目），呈现逐步增多的趋势，其中民族新闻研究领域共11项，主要为民族新闻史研究6项，新闻理论研究3项，新闻业务2项，新疆地区3项为最多，其次是内蒙古和云南分别为2项，最后是北京、西藏、青海、吉林各1项。

近几年一批博士和硕士的毕业论文集中体现了某些较为重要的研

① ［英］戴维·米勒：《论民族性》，刘曙辉译，译林出版社2010年版，第24页。

究成果，尤其是在应用研究层面硕果累累，反映出研究者对民族新闻实践快速发展的密切关注，主要的博士论文有：《电视下乡：社会转型期大众传媒与少数民族社区——独龙江个案的民族志阐释》（郭建斌，2003）、《中国少数民族群体性事件及治理机制研究》（吴亮，2011）、《媒介素养与少数民族发展》（林晓华，2008），《中国当代民族出版研究》（廖健太，2008）等。硕士论文有：《民族新闻网站发展问题及对策》（罗韦，2012）、《中国少数民族新闻传播政策研究》（刘珊珊，2012）、《从媒介文本角度看"中国少数民族年度十大新闻"评选》（杨向蕊，2012）、《民族地区省级卫视新闻栏目传播能力研究》（刘波，2012）、《体育报道与民族情结研究》（宋琦，2011）、《文化多样新背景下中国少数民族地区报纸功能研究》（荆琰清，2011）、《民族新闻报道的理论探索与实践》（范悦怡，2010）等。尽管这些学者在民族新闻理论研究领域都有不同侧重的积极探索和建树，但是这一支力量仍然需要各个研究领域的有效整合，以推动民族新闻理论整体研究水平的提升。

相比新闻传播学科其他研究领域的兵多将广，我国从事民族新闻理论研究的学者数量并不多。当前各个民族地区的研究者往往倚重所在区域的特定状况展开研究，这种现状客观地造成研究者各自埋头耕耘"自留地"，导致研究者视域受到一定局限，难以形成观点的互动和争鸣，不利于在学科层面深入沟通交流。长期以来我国的历史与现状等各方面因素制约少数民族新闻理论研究，归纳起来：一是少数民族地区新闻事业发展起点不高，媒介竞争实力有待提升，理论研究所依托的社会实践基础较为薄弱；二是研究者大多为新闻学与传播学知识背景，对民族学、政治学、社会学等其他体系的认知不够充分，这项具有较高难度的挑战对学者意味着更全面的专业素质要求，但是目前多数研究者学科背景的单一，难以在研究视域和方法上实现跨越，制约着多元化研究成果的形成；三是近年来少数民族地区社会转型过程中，若干重大突发事件引人深思，各级各类课题的立项，往往围绕而且强化了危机传播的应用研究，无形之中忽视基础理论构建的科学系统化；四是许多高端学术传播平台要么对这个研究领域关注较少，要么出于对"民族性"敏感因素的多方顾虑，无法起到推广研究成果的作用；五是某些以少数民族语言完成的新闻理论著作，如《新闻学导论》（藏文）及朝鲜文《新闻学理论》等，虽然填补了少数民族语言文字撰写新闻理论教材的空白，但是由于语言的障碍，其他民族的学者倘若想要研究借鉴上述成果，势必存在语言沟通的种种困难。凡此种种因素都导致了在民族新闻理论研究领域，近些年内未出现具有较大学术影响力的成果。

第二，少数民族新闻报道的特殊性。

关于传统媒体报道研究的论文有：《少数民族地区党报新闻资源开发现状与对策——对五家民族自治区党报的抽样分析》（蔡雯、李勤，2004），该文对《新疆日报》《内蒙古日报》《广西日报》《宁夏日报》《西藏日报》汉文版进行抽样分析，并且与《解放日报》进行比较，指出少数民族地区党报新闻资源匮乏，其中一个很重要的方面是对于国际、国内重大新闻，尤其是受到资金和实力限制较大的资源获取不足，单靠少数民族地区报业自身资源的积累，难以在短期内做到深入开发新闻资源，报纸水平很难得到提高，所以还需要政府在政策和资金上给予大力支持。《浅析主流媒体的少数民族新闻报道——以〈人民日报〉为例》（刘眷歌、金林，2009），该文认为《人民日报》报道主题自1978年以来呈现多样化趋势，集中于政府政策、经济建设和风俗文化方面，在体育、医疗、历史、地理等方面处于不平衡状态。《喀什电视台〈社会传真〉栏目文本分析》（封兴中，2009），分析民族地区电视专题栏目兼具真实性、时代性和民族性的特点。《关于改进少数民族地区新闻报道的思考》（张通生，2010），提出要在尊重民族文化和民族心理，尊重宗教信仰自由，培养一批高素质懂业务的新闻队伍，报道内容向经济发展领域倾斜等层面探索。《少数民族地区典型报道探析》（黄琳颖，2011），认为具有统领性、权威性的典型报道逐渐增多，报道力度由弱到强，报道主题由单调到多样，报道对象由单一到多元，典型人物的选择要更有针对性，符合时代主题与社会环境需求。《如何把握民族体育新闻报道精髓——以第九届全国少数民族传统体育运动会报道为例》（李晓东，2012），具体探讨民族体育新闻报道特殊性，重在塑造和谐比赛氛围，突出宣传脱胎于各民族生产生活的民族传统体育的独特功能，发掘展现民族体育的精彩内涵。

新媒体关于少数民族的新闻报道，主要集中于对少数民族文化传播的影响，是近年来一个颇受关注的热点话题，研究者的态度可谓毁誉参半。中央民族大学自 2008 年起连续举办了三届"新媒体与民族文化论坛"，主要论文有《从村民到网民——进入壮乡调查》（刘洪，2008）、《新媒体与人口较少民族文化传承研究》（王新兰、郑晓强、王海飞，2008）、《论新媒体语境下甘肃藏文化传播》（李欣，2008）、《新媒体与民族文化传播》（林晓华，2008）、《对川西藏区新媒体发展的思考》（钟克勋，2008）、《新媒体与北方"三少"民族传统文化传承与传播影响》（李慕杨、王瑶、李亦楠，2008）等，相关研究者都尝试提出多元化建议，研究者的共识在于新媒体技术的突破或传播形式特性，远远不能简单等同于其社会影响力，关键取决于驾驭它的管理者与媒介组织，取决于传者生产和传播的内容，取决于保障并促进少数民族文化发展的文化氛围和社会环境。

3. 少数民族与国家形象、跨文化传播

把少数民族问题与国家形象和文化认同、跨文化传播结合起来探讨，是一个独特视域和学术高地，代表性的论文主要有：《文化认同与边疆民族地区和谐社会的构建》（赵世林，2006）、《对跨文化传播理论两类、四种理论研究分野的廓清尝试》（姜飞、黄廓，2009）、《论国家认同、民族认同与文化认同——一种基于历史哲学的思考》（韩震，2010）、《民族认同与国家认同之比较研究》（张宝成，2010）、《两种公民身份与国家认同之比较研究》（肖滨，2010）、《民族认同的核心是"国家认同"问题》（沈桂萍，2010）、《动态匹配、多元认同、双向建构——再论公民身份与国家认同的关系》（郭忠华，2011）、《当代边疆地区的民族认同与国家认同》（郑晓云，2011）、《全球化语境中民族认同的省思》（徐代云、盛琳颖，2013）、《民族认同的逻辑、机制及其建构》（王雷、余晓慧，2014）、《全球化时代族裔的复兴与国家认同问题》（朱军，2014）等。在此范畴内涉及少数民族新闻传播与国际传播的代表论文主要有：《新疆对外传播媒体的策略思考》（李玲瑞，2006）、《西藏事件与国际舆论导向》（毕研韬，2008）、《权力话语、意义输出与国家公共关系的基本问题》（胡百精，2008）、《西方某些媒体"3·14"报道的话语分析》（曾庆香，2008）、《西方视角中的西藏形象与话语》（刘康，2010）、《让世界认识真实的西藏——兼谈如何把握涉藏外宣的话语权》（陈鹏，2010）、《中国共产党涉藏外宣的策略、效果及启示——以中国政府涉藏白皮书为例》（刘朋，2012）等。

总体而言，少数民族新闻与国家认同研究的广度与深度显然不及以少数民族作为本体研究对象的其他学科，比如民族学、社会学、政治学等。究其原因：第一，有些研究者在思考民族新闻报道时肯定有政治上的顾虑；第二，有些研究者缺乏到少数民族地区去开展系统和深入的实际调查的经验和阅历；第三，研究者的思维禁锢还没有完全突破，采用跨学科的综合化思辨研究比较少见。

本书所展开的话语分析，属于非语言学深层结构的分析，涉及少数民族新闻传播范畴内社会机制、意识形态、文化价值、思想体系、国家认同等问题，整合历时的和共时的，总括不同传媒机构针对少数民族新闻的报道，是深入探索少数民族新闻话语，体现社会整体系统与少数民族局部社群相关联的一种辩证思维。

三　研究方法与结构

（一）研究方法

本书聚焦主流媒体对少数民族题材的新闻报道，以少数民族地区新闻传媒和少数民族受众群体为主要研究对象，借鉴非语言学的话语分析方法，通过从微观到中观、宏观的研究过程，尝试解读少数民族新闻话语的生产过程，蕴含思想和话语功能等深层结构，力求探寻少数民族新闻话语与国家认同之间的思路和对策。主要采用话语分析、内容分析和深度访谈，定性研究和定量研究相结合的方式展开，尤其需要指出的是，由于话语分析方法的跨学科特性，使得它并没有一个单一的理论范式作为研究的途径，因而也就缺乏一个普适性的、受到公认的研究步骤和方法。话语分析的总体原则是：微观领域研究话语生成的结构、语义、修辞、类别等，宏观领域研究话语和社会语境、文化观念等互动作用。新闻话语分析涉及各种不同话语形式、不同的研究范畴和研究视角，研究方法丰富多样，赋予研究者较大的思维驰骋空间。运用话语分析方法进行少数民族新闻研究的优势在于，分析不同社会文化历史时期下话语的建构力量，以及产生怎样的传播效果，这意味着本书的研究并非词语和句子之间句法的分析，也不是对报道内容的经验分析，而是致力于话语实践与社会语境之间的深入解析。

新闻话语分析的独特价值首先在于它与内容分析法的比较，话语分析与内容分析的区分，在麦奎尔看来涉及阐释性研究与传统内容分析之间的区分：

"第一，阐释性研究主要的途径，如结构主义与符号学并不涉及定量分析，这些学者认为，意义来自文本之间的关系、相对位置以及语境，但并不来自指称符号的数量与指称平衡。

第二，阐释性研究所关注的意义是隐藏在文本中而非表面的意义，这种深层隐藏意义是最为关键的。

第三，结构主义的系统性与内容分析不同，内容分析强调抽样，而结构主义认为内容中所有'单元'都须同等对待。

第四，结构主义认为社会真实由许多在某种程度上不连续的意义组成，而每一个意义都应该以个别的方式分别加以处理，受众也分化为不同的'诠释社群'，每个社群都各自拥有解读意义独特的可能性。"① 详见表0-1。

表0-1　　　　　　　　　话语分析与内容分析方法比较

内容分析	话语分析
量化	质化研究
片段式	全景化
系统性	选择性
概括的、延伸的	举例性的、典型的
明显的意义	隐含的意义
客观的	与读者相关的

内容分析和话语分析两种研究方法，二者"混合使用"最为经典的研究案例，是格拉斯哥媒体研究小组于20世纪七八十年代针对英国电视新闻所做的研究，研究者对新闻生产进行了系统的量化研究，增加了对新闻故事深层文化意义的解析，试图找出电视节目中究竟隐藏着什么样的意义结构。"内容分析法必须置于社会更大的意义结构

---

① ［英］丹尼斯·麦奎尔：《麦奎尔大众传播理论》，崔保国等译，清华大学出版社2010年版，第298页。

之中，实现这个目的最好的途径是话语分析，因为话语分析可以解释生产文本的社会文化意义系统，从而分析受众解读意义过程。"① 当然，话语分析也存在强烈的主观色彩，随意性较为明显，因而这种研究方法有必要结合量化技术的内容分析，或者民族志、实地调查、深度访谈等多种方法一起使用。总体而言，话语分析方法主要包括以下几种。

1. 语言学与社会语言学

语言学的话语分析的研究对象是特定文本中"连续的"话语，主要是解释语言现象、话语结构和体裁特色，与传统语言学"规范性"取向不同，经典语言学的话语分析基本沿袭了结构主义语言学"描述性"的范式，它所要研究并描写的是"超句"结构规则。

社会语言学的新闻话语分析研究对象，则不局限于连续的话语，可以是跨文本、非连续的话语，甚至将历时的和共时的、不同发话者的话语聚合起来研究，话语概念显得宽泛随意。如福柯的话语概念包括分布于不同时间和空间的话语片段或者陈述，哈贝马斯的话语概念涉及共同话题的各种话语。相比语言学的新闻话语分析，非语言学的新闻话语分析重在解读文本意义，并不侧重于文本的描写和形式，新闻话语的自身规则和形式只在被需要的时候有所提及。分析者的真正兴趣在话语之外的方面，如新闻话语的生产过程、话语蕴含的思想、话语的社会功能，话语的知识建构与权力、话语与身份认同，以及不同话语之间的联系和不同学科解读自身研究视角所需要的意涵。从这个意义上来说，非语言学的新闻话语分析比语言学的话语分析往往带有更多的主观色彩。

---

① ［英］丹尼斯·麦奎尔：《麦奎尔大众传播理论》，崔保国等译，清华大学出版社2010年版，第298页。

2. 会话分析法

会话分析法主要对人们之间的对话和阐释对话的方法感兴趣，这种研究方法针对新闻访谈的话语分析就很到位，涉及访谈中会话如何开始、话轮之间如何转换、会话如何结束等问题，这种方法与语言学的话语分析有一定的共同之处，差异在于完善了互动组织性的分析，整合新闻访谈中传受双方兼具的大众传播和人际传播的双重特点，扩展如何适度把握话题的转移，如何有效控制主题等问题，在传播的双向反馈与信息循环的情境中展开研究。

3. 社会文化分析法

这种方法强调与新闻话语相关的各种社会文化因素，也就是话语的社会语境因素。这种研究方法预设了发话者不仅是为了传递信息或表达思想，更主要是在某种社会情境、社会机构中从事某种社会活动。因此，在新闻话语的各个层面，我们都能够发现话语使用者的社会特征显现，如性别、阶级、种族、年龄、地位、职业等，这种研究方法能够揭示新闻话语是如何受到社会文化语境的制约，反之又是如何作用和影响整个社会文化语境的。

4. 批评分析法

20世纪80年代开始，批评话语分析被广泛运用于传媒话语分析中，旨在通过新闻话语的"表层结构"从语言学、心理学、社会学和传播学的角度，揭示语言与权力构建机制的内在关联。批评话语分析以系统功能语言学为基础，注重研究话语产生的社会背景，认为语篇的功能既有概念化的功能，同时也具备调节人际交往功能和语篇的组织功能，篇章的构建是在整个语言体系中经过词汇、语法等修辞手法选择和应用的结果。尽管批评话语分析方法还关注了话语的社会冲突和历史变迁，但是这种研究方法也存在一定的局限性，主要是对新闻话语在意识形态的再现过程中持单一狭隘的立场，忽略了新闻话语中意识形态的多样化体现和积极意义建构。

5. 评价分析法

评价理论是悉尼语言学派的马丁和怀特等学者，在功能语法框架下建立起来的一个更为宏观的语篇人际意义分析框架，为新闻报道中的评价方式提供了更为全面和系统的界定，该方法阐明新闻报道所使用的评价机制存在怎样的差异，最终体现的意识形态效果有何不同。这样的评价机制在三个价值维度上展开，"态度（用以引出正面和负面观点）、分级（调节命题强弱的程度）、介入（体现说者/作者同其他声音以及其他价值立场的参与）"①。通过对这些态度词汇语法资源的分析，揭示语篇参与者对主题内容如何评价，作者在评价事件时所采用的是显性还是隐含的方式，情态在话语中的表达是确定型（certainty）、必要型（necessity），还是义务型（obligation），这些分析都可以表明话语本质上的权威性和权力。

6. 认知分析法

这种分析方法主要采用认知语言学和心理语言学的方法，对发话者和受话者的思维过程在话语中的体现加以研究。日常生活中人们通过大众传媒或是个体的社会化活动，包括群体与群体之间的活动促进相互交流，获得知识、信念以及对客观世界的认识，所以认知从本质上来说是社会性的。对新闻话语的认知分析，从传播主体一方而言，需要考察新闻传播的生产机制在受众认知过程中发挥的角色和作用；从受众一方而言，对于受众的认知分析主要包括受众媒介接触的"习性"、受众的群体属性差异、受众的"格式塔"心理效应等方面。

7. 多模态分析法

模态是指人类通过视觉、听觉等感官与外部环境中的人、机器、

---

① 黑玉琴：《跨学科视角的话语分析研究》，北京大学出版社 2013 年版，第 165 页。

物品等之间进行的互动方式，多模态指同时表达意义的两个或者两个以上的单模态复合体。"多模态文本则指承载多模态活动的、经过数字化后计算机可以处理的含有音频的视频流。"① 一个多模态文本就是一段关于某项多模态语篇的话语分析。传统话语分析只重视语言结构、语义生成及社会文化与心理认知之间的联系，却忽略了图像、声音、颜色、手势、姿态等其他各类非语言符号的表现形式，所以，自20世纪90年代以来，话语分析出现了多模态转向。

多模态话语分析的意义在于将语言系统以及其他相关的符号系统整合起来，从而使得话语意义的解读更加全面准确。它的基本分析途径是：考察不同符号之间的语法关系以及文字与图像之间的关系。"多模态话语分析的研究框架可分为：文化层面、语境层面、意义层面、形式层面和媒体层面，各个模态之间的关系具备互补性和非互补性两大类。"② 多模态的语法结构如何体现概念意义、人际意义和语篇意义，如何体现语法结构和篇章结构之间的关系，这些问题都是多模态话语分析的主要内容。

（二）本书的大体结构

综合采用话语分析方法的基本思路：结构分析、社会文化分析、认知分析和批判分析各个层面。

绪论和第一章、第二章为引入部分。第一章具体梳理、探讨何谓话语，主要内容包括与话语相关概念的辨析，话语分析的基本路径，新闻话语的分析视角。第二章具体探讨少数民族新闻话语与国家认同研究的理论框架，广泛涉及宏观和微观层面的内容以及特定的研究视角介绍。

---

① 黑玉琴：《跨学科视角的话语分析研究》，北京大学出版社2013年版，第223页。
② 张德禄：《多模态话语分析综合理论框架探索》，《中国外语》2009年第1期。

第三章、第四章、第五章、第六章是主体部分。第三章和第四章以中国社会转型为历史背景，具体分析少数民族新闻话语的政策语境、话语载体、话语理念和语态特点的诸多变化。

第五章以《中国民族》杂志 1980—2014 年每年第 10 期的新闻报道作为内容来源，具体探讨《中国民族》杂志新闻议题的组成、话语行为类型、话语的意义建构与国家认同，从转型期社会结构与关系变化，市场经济发展的内在逻辑，文化价值取向的多元共生，政府与传媒关系的变化，传媒技术对社会交往的影响等层面，探讨并归纳少数民族新闻话语转型的社会政治、经济、文化和技术因素。

第六章是少数民族新闻话语与国家认同的问题反思，从社会宏观语境的角度，分析由于不同民族文化差异的显著存在，间距因素的制约导致意义的隔阂。从微观层面文本的视角，分析新闻的主体性与主体间性，新闻"断点"造成文本的强化与遮蔽问题，典型报道叙事功能的危机等方面，指出少数民族新闻话语无论在传播主体，还是在受众之间都始终存在某种程度的游离困境。

第七章是结论部分。少数民族新闻话语的建构首先要创新文化理解，从"我者"与"他者"共通的意义空间，寻找跨文化的"共义"空间，从分离建构转向意义共享。促进宏观文化间性流动，实现社会多声与对话交流，建构跨族群传播的伦理理念。除此之外，少数民族新闻话语的建构除了遵循一般新闻报道规律之外，在新闻价值层面还应该具有自身的独特品格，求同比存异更重要，平衡好少数民族地区权利与义务的报道，合理把握民族意识的主题。总体而言，少数民族新闻话语与国家认同需要不同民族文化走向大融合、大发展，以文化认同为中介，拓展与民族认同的边界，体现与少数民族群众紧密贴近的"语智"空间。

四 研究的创新之处

（一）研究内容创新

近年来在少数民族新闻传播领域，研究成果主要集中于少数民族新闻史论，少数民族区域特色如何发展以及遇到的一些问题和应用对策的探讨，涉及少数民族新闻报道的研究仅仅停留于业务探讨。在上述相对局限的研究领域内，研究者的思路仍有必要进行系统化延展。通过合理借鉴西方人文学科理论，如何提炼一个切合中国社会语境的研究视域，建构具有中国特色的少数民族新闻理论，这些都是摆在研究者面前亟待深入思索的问题。遗憾的是，这些领域尚未出现较为深入的研究力作，本书运用新闻话语作为概念工具，尝试分析多民族国家如何运用新闻话语的力量建构国家认同，不仅具有很强的现实性，而且突破了传统的思维和阐释方法，具有一定的创新意义。

（二）研究方法创新

本书总体采用跨学科的研究方法，包括民族学、社会学、心理学、文化学、新闻学、传播学、叙事学等，以少数民族新闻报道为中心点形成发散式研究思维。借鉴相关理论与成果，推动研究进程以科学合理又令人信服的方式展开，力图采用诸多学科的视点与成果，形成少数民族新闻话语创新的研究结论。具体运用文献分析法、内容分析法、个案研究法、实地调查法、深入访谈法等定量与定性相结合的实证方法。

以话语分析为工具视角，按照文本结构分析、社会文化分析、认知分析、话语批评分析等框架综合展开，以期从微观到中观以至宏观，在理论和实践两个层面，完成对少数民族新闻报道的整体研究。

第一章 话语及新闻话语溯源

近年来，话语分析为我国新闻传播学界带来一些创新的研究观念，"话语"（discourse）作为学术术语有两个源头，一个是最早出现在语言学领域，其历史有半个世纪左右。1952 年哈里斯在《话语分析》一文中提出将"话语"作为研究对象，后来的学者由此认定"话语是指连贯的言说（或文句）的分析方法，即有着内在关联性的口头或书面的言说片段"。① 另一个是哲学、社会科学领域，以福柯的论述最有影响力。他明确阐明话语的内涵是："其一，话语是由指称事物的符号组成的，包括词语、句子和统计数据；其二，话语是人们所能听到的、在它们的文本的形式中读到的东西，即包括言说的或书写的两种形态。"②

第一节 话语的概念与研究路径

一 什么是话语

哈里斯的语言学话语概念是对静态"事实"中隐藏规则的揭示，而福柯的话语则是动态"事件"，与社会知识、社会规约和社会冲突

---

① 陈月明：《使命与主体：〈人民日报〉社论（1949—2008）的话语呈现》，复旦大学出版社 2013 年版，第 17 页。
② ［法］福柯：《知识考古学》，谢强译，生活·读书·新知三联书店 2004 年版，第 32 页。

联系在一起，描述话语事件以及话语发生的"准时性"和发生条件以及它们与其他话语的区别特征，对知识的形成进行历史研究。社会历史的发展中，人们不断地变革旧话语为新话语，不断争夺与扩展话语边界，因而很难确定话语边界。詹姆斯·保罗·吉以"芭比娃娃"为例，把话语喻为"成套设备，这是一种由语言、物品和价值观念态度构成的设备"①。

二　话语的要素与类型

话语主体、话语文本、话语交流、话语语境和话语客体，这五大要素构成了话语的流程。话语主体主要指"话语实施者"（传者），影响"话语实施者"的制约因素包括：传者的自我印象、传者的人格结构、传者所属群体规范、传者的社会环境、传者所在的组织机制、媒介内容的公共性所产生的约束力、受众自发反馈所产生的约束力等。

话语文本是话语主体和话语客体相互沟通的媒介，它是传播过程中意义生成与交换的核心，文本由各类符码体系组成，传者对文本的选择加工，受到各种社会以及媒介组织机制等因素影响，受众在不同的生活背景、社会文化圈层中可以对其进行多元化差异解读。

话语沟通，指"话语主体"与"话语客体"通过文本进行意义传递的过程，从而体现一系列社会互动，存在诸多被带入传播过程中的制度、规范、角色、权力等因素，话语沟通的深层考察在于意义的交换协商乃至控制。

话语语境包括"文内语境"和"文外语境"，"文内语境"也可称为上下文语境、序列语境或表层语境，指与话语行为相关的特定语言关联域。"文外语境"包括狭义的情景语境和广义的社会语境，情景

---

① ［美］詹姆斯·保罗·吉：《话语分析导论：理论与方法》，杨炳钧译，重庆大学出版社 2011 年版，第 34 页。

语境指话语活动所在的物质环境，如时间、地点、场所、人数、氛围等，情景语境被视为语言秩序与社会秩序之间一个至关重要的中介桥梁，属于中层语境。社会语境包括话语活动参与人所处的群体、组织、制度、规范、语言、文化等带有支配力量的宏观环境，这是话语活动得以进行的深层语境。

话语客体指话语活动的接受者（受众），麦奎尔将受众—传者模式中受众的类型分为三种："作为目标的受众、作为参与者的受众、作为观看者的受众。"① 作为目标的受众在传递模式中，被视为文本意义传递的靶向人群，这种受众定位类型适用于教育信息、公共信息，以及广告信息等传播活动。作为参与者受众在仪式或表现模式中，被定义为共享和参与，在传者和受众之间不断增加共性，而非按照传者预先的目标来改变受众。作为参与者的受众在注意力模式中，可以兑现为收听收视率或订阅费、票房收入等指标，这意味着受众既不存在"意义的传递"，也没有"意义的分享"过程，只是消磨了在媒介上的时间。

话语类型传统上指文章体裁，近些年该词被语言学家称为语篇类型。关于话语类型的概念，北美修辞派代表人物米勒认为："话语类型是以典型修辞活动为基础的、规约性的语篇分类；修辞活动的意义与情景所在的社会语境相关。"② 美国语言学家巴瓦施认为："话语类型不仅是表现符号显示的修辞工具，它本身就是符号事实，体现社会和观念形态活动的场所，这种场所将创作者置于一定的关系、实践、承诺和主观活动中。"③ 综合国内外各类有关话语类型的定义，话语类型所具有的共性特征是：话语具有建构功能，话语类型不再是一种程

---

① ［英］丹尼斯·麦奎尔：《受众分析》，刘燕南、李颖等译，中国人民大学出版社2006年版，第54页。

② 李美霞：《话语类型理论的延展与实践》，光明日报出版社2010年版，第2页。

③ 同上。

式化、抽象的形式，而是伴随着情景语境和文化语境的动态变化，话语类型与传播目标存在着内在的、必然的联系。应该说，话语的这些特征能够被与之相适应的社会某个群体成员所辨识，因而构成某一话语类型存在的基本理据，这一基本依据形成话语类型的框架，并且对内容以及文体的选择有所限制。

从社交关系场合的角度划分，话语类型包括社群话语、私人话语、公众话语、个人交际话语、群体交际话语等。从社会行业分工角度划分，可分为政治话语、经济话语、新闻话语、法律话语、外交话语、科技话语等。从具体事件和话题的角度划分，可分为各种问题话语，诸如反腐倡廉问题话语、生态保护问题话语、非传统安全问题话语、大学生就业问题话语等。这三种基本的话语类型存在显著差异特征的同时，也不可否认彼此之间有着相互关联之处。

三 语言学"超句"言说定义

"话语"一词，对应于英语中的"Discourse"，既有名词属性也有动词属性，它源于拉丁语"Diseursus"，在古英语中包含说出、会话、谈话的意思，现代英语中指涉讲话或演说，论述、论文等含义，尤指正规、严肃的谈话。"话语"作为最早学术概念出现，要追溯到1952年，美国结构主义语言学派代表人物哈里斯（Zellig Harris）发表了《话语分析》（Discourse Analysis）一文，他认为"话语"是"超句子结构"，话语的结构分析要探讨不同文本类型、不同风格等因素，自此"话语"作为学术术语首先出现在语言学领域。

"话语"概念产生的首要路径是结构主义语言学派，瑞士语言学家索绪尔阐释了语言符号的基本性质和存在，分别从符号的能指和所指两方面论证了符号价值的意义。他认为词语作为一个语言符号，其同一性体现于声音和意义两方面的综合，但人们经常忽略的事实在于，同一个词语在具体使用过程中存在千差万别的声音和意义，所以词语不是简单的声音和意义的合并，事实上它的价值是由与语言系统中其他实体的关系决定的，是具体言语中思想和声音的媒介。

索绪尔关于"语言"（language）与"言语"（parole）的界定为我们进一步理解"话语"概念提供了清晰的框架。言语是能够被人们直接感知的语言交际活动，语言由共同的语音系统、词汇和组合规则构成。语言作为一个看不见的抽象系统，支配和约束着人们的言语生产，存在于各种各样的言语表达之中，正是在这一意义上，语言既是言语的工具，又是言语的产物。英语的使用中，相当于言语的"话语"概念常常与"speech""utterance""formal communication"等词语交替使用，言语有别于语言，语言是集体意识的产物，而言语既有集体规约的一面，又有个体灵活的一面，在这一点上话语与言语的内涵是一致的。

语言学意义上的"话语"概念单指连贯的"超句"言说内容，不包括孤立使用的语句，也不包含语言使用的行为，话语研究的任务是描写各种话语结构，演绎出组合规则，其外延要小于言语。尽管海姆斯等社会语言学家研究的言语交际能力可能会涉及社会的或者文化的非语言因素，但是其研究的重点仍然在于交际实践中的言语结构形态。

近年来语言学范畴内对"话语"的研究取向，从抽象语言学的关注点转换出来，结合语言和语境并且融入实际生活语言。其中有些研究描述和解释会话语言结构，有些探索文本信息内涵和隐喻功能，还有的是探索人们日常交际的社会原则，以及揭示不为人们所注意的隐性的话语形式和意义等。篇章语言学、会话分析、社会语言学、语用学、批判话语分析、叙事学、论辩学、职业化话语研究、解释话语研究等都是与"话语"研究相邻的分支领域。

语言学领域对于"话语"的研究范畴相当广泛，通过对话语分析的众多经典论文的总结，"话语"的内涵可归纳为三点："第一，话语是长度大于句子的语言单位；第二，话语是关于如何表述，以及为何这样表述的语言；第三，话语涉及语言和其他社会符号系统的传播活动。综合上述，'话语'概念可以被理解为大于句子单位，与语境相联系的语言和社会文化混合现象。"① 需要辨析的是，"话语"与"文本"（discourse）或者"语篇"（text）之间的不同。

第一，从符号学角度的区分。在符号学中，文本是指各种承载意义的符号组合整体，而话语是文本中的各种具体表述。例如，权力话语广泛存于小说、电影、新闻、谈话、广告等各种语言和非语言文本之中。费斯克关于话语和文本的理解，可以归入这一类，他认为："尽管话语能够追溯到文本之中，尽管文本能够成为话语知识得以流传、确立或抑制的形式，话语本身却不是文本性的。"②

第二，从语言学角度的区分。话语和文本都是具有一定结构的言语表达形态，文本必须是可阅读的书面形式，而话语包括谈话、书面文本，尤其是非语言形式。但是也有些学者对二者不加区分，认为话语单位组成了文本的一部分或者整个文本，比如，梵·迪克在其《作为话语的新闻》的著作中，经常混用这两个概念，把"文本结构"视为"话语结构"。

第三，从行为含义的角度区分。从"话语"的概念着眼，话语一般被视为用词语行事的方式，话语作为日常生活的一部分受到规则制约。"话语类型是有组织的，但组织是有高度情境性的，对话语的研究主要聚焦在话语的规则和其依赖的情境以及由此造成的影响方面。"③ 这一类别的区分层面，话语的外延得到很大拓展，行为性含义

---

① 沈晓静、陈文育、胡兴波编著：《中国新闻话语的变迁》，河海大学出版社 2011 年版，第 3 页。

② ［美］约翰·费斯克：《关键概念：传播与文化研究辞典》，李彬译，新华出版社 2004 年版，第 86 页。

③ 黄晓钟、杨效宏、冯钢主编：《传播学关键术语解读》，四川大学出版社 2005 年版，第 154 页。

被赋予其中，话语理论的研究致力于对传播活动的各种符号、象征意义、文本结构和话语行为进行分析，从表象探索其中隐含的深层寓意和真实寓意。"话语分析"既是应用理论又是研究方法，而文本却远非如此。

第四，从后结构主义思潮的角度区分。以雅克·德里达、雅克·拉康、米歇尔·福柯为代表的后结构主义思潮认为，话语并非完成个人策略目标的方法，也不是传播的工具。在福柯的研究中，话语构成一个时代的知识结构，嵌入各种话语中的规则制约了人们该当如何。各种话语分析理论的假设前提在于，通过深入剖析文本结构，就能够揭示话语的意义和功能，后结构主义流派的学者认为文本先于话语，因为语言含有知识以及嵌入知识中的行为，并决定行为者在话语使用中怎样做出反应。

概括地讲，语言学角度的话语概念是指在意义和结构形式上具有某种关联的言语连续片段；社会学角度的话语概念是指一种社会行为意义的表述；信息学角度的话语概念包括语言符号表述、非语言符号表述，以及其他各种与意义理解相关的因素。

本书所研究的"少数民族新闻话语"，是以少数民族新闻报道文本作为话语分析的范畴，包括报刊、广播、电视、网络等多种媒体形态所传播的汉语言文本。由于不具备使用少数民族语言的可行条件，所以研究范畴仅仅局限于汉语言的新闻文本。

关于少数民族新闻话语类型的分析，首要考虑的是新闻话语的基本共性特征，其次侧重于研究少数民族新闻话语所具有的特殊性问题，涉及族际整合、区域发展、民族政策、民族工作等内涵。少数民族新闻话语与新闻话语的逻辑关联是个性与共性之间的关系，共性包含个性，个性体现共性，也就是说"存异"的问题只有与"求同"的问题结合起来，才能得到合理的阐释。所以，本书的研究并非孤立探讨少数民族新闻话语内涵，而是将少数民族新闻话语与我国新闻话语整体演变脉络相互结合起来，探索少数民族新闻话语变迁的独特轨迹。

少数民族新闻话语概念外延最为接近的是政治传播的范畴，"政治传播是关于政治目标的传播，它着力于人类生活中政治与传播的本质性融合，立足于与社会'同一'的人类政治生活，政治与传播在人类生活中均居于本体地位"①。与政治传播概念不同而且略有些近似含义的是"传播政治"一词，西方社会语境中主要指以政党为主体进行政治广告、广告公关等竞选活动。

本书对于少数民族话语分析遵循的三个基本原则是：其一，话语具有行动取向特征。话语过程是一种社会互动行为，把话语看作行动与实践现象，体现着显著的社会意义，少数民族新闻话语分析应阐明这类社会实践的过程机制。其二，话语具有情境特征。从微观层面看话语的表述是应景性的，从修辞学分析话语的表述是情境性的，在不同语境下人们的话语表述确有差别。其三，话语具有建构特征。话语不仅通过词语、句子和各类修辞方式得以建构，同时话语建构形成人们关于社会和世界的认识，所以建构性的两层含义是："话语既是被建构的，也是建构性的。"② 话语分析的方法主要秉承建构主义或者后现代主义所强调的"反表征"观点，所谓的"表征"不再被看作"再现"的过程，而是意义的生产过程。本书的研究突出了传播主体在少数民族话语生产中的作用，反映了积极性和建构性的研究立场。

四　哲学"言说行为"的意义

英国语言哲学家维特根斯坦开创了哲学的语言学转向，维特根斯坦把与语言交织在一起的行动整体称为"语言游戏"，他认识到语言

---

① 荆学民、刘胜君：《政治传播研究中的几个核心命题辩正》，《现代传播》2013年第7期。

② 王鹏、林聚任：《话语分析与社会研究方法论变革》，《天津社会科学》2012年第5期。

是由各种各样功能各异，或大或小，或者由低级到高级之间以及互相具有家族相似性的语言游戏组成的异质组合体。维特根斯坦实际上提出了一种动态语言观或者行为主义语言观，引出语言与行为及语境关系的话题。此后，英国语言哲学家奥斯汀提出"言语行为"理论，将语言视为人类行为的一部分，他的学生塞尔继承和发展了这一理论，认为人们的"言语行为"理论包含三种行为：第一，"以言表意"行为表达的是字面意思；第二，"以言施事"行为表达的是说话人的意图；第三，"以言取效"行为指说话意图对受话人产生的影响或效果。"言语行为理论"分析的范畴是"以言行事"的行为，尽管"言语行为"理论并未明确使用话语概念，但这些研究者达成了大体共识，语言隐含着社会行动的意向，这种研究思想开辟了话语研究的先河。

法国哲学家福柯在其早期著作《知识考古学》中对于话语单位和话语形成进行了大量阐述，但其实他并未对话语的概念进行明确界定，用他自己的话来说就是"对这些术语的粗野使用"[①]。我们对福柯关乎话语概念内涵的推测，来源于他把陈述确定并且作为话语分析有力工具的某些论述："话语范围的分析朝着另一方向是，要在陈述事件的平庸性和特殊性中把握陈述，确定它的存在条件，尽可能确定它的极限，建立它与其他可能发生关联的陈述之间的对应关系，指出什么是它所排斥的其他陈述形式。"[②] 福柯对陈述概念的深入揭示，成为我们进一步理解福柯式话语概念的清晰线索："陈述一方面同书写的动作或者某句话的连接相关联，而在另一方面，它又在记忆中，或者在手稿、书籍以及任何形式记录的物质中，为自己展开一个暂时存

---

① ［法］米歇尔·福柯：《知识考古学》，谢强、马月译，生活·读书·新知三联书店2007年版，第32页。

② 同上书，第28页。

在；其次，陈述同每一个事件一样，是独一无二的。"① 由此可见，福柯式的话语概念，是由各种符号承载着内容和意义，包括书写和言说两种形态。

德国批判学派哈贝马斯以"言语行为"理论为基础框架，他所提出的"交往行为理论"对话语分析具有重要意义。哈贝马斯区分了话语的三种语言功能，并将其一一对应于人们对世界不同层面的认知，话语的记述功能对应于客观世界，话语的表现功能对应于人的意识世界，还有话语的调节功能对应于社会互动领域。哈贝马斯认为"交往行为理论"的核心是话语的第三种功能，他以"言语行为"理论作为出发点，考察"言语行为"以言行事的效果和协调人际关系的功能。在哈贝马斯看来，"言语行为理论"虽然历经从维特根斯坦到奥斯汀和塞尔等人的持续研究，但是依然停留在语言的"非交往"层面，确实忽略了发话者与听众之间的关系。哈贝马斯的"交往行为"理论，一开始就把对语言意义的分析与交往，以及如何与参与者达成沟通的意识联系起来，交往行为是传播主体与客体之间通过符号进行的协调活动，这为话语分析提供了方法论的借鉴。

现代哲学的语言学转向，在一定程度上促使话语研究成为显学，海德格尔、伽达默尔、德里达等哲学家也曾使用过"话语"概念。语言学起源的"话语"概念与哲学领域"话语"的差异在于："第一，语言学中的话语专指一种语言分析单位，在结构和意义上有着关联性的超句组合；而哲学领域中的话语不一定都是大于句子的组合，可能限于词语、句子的组合，甚至是某一领域不同文本的组合。第二，语言学中的'话语'是静态的语言呈现，与结构规则联系在一起；而哲学中的'话语'则与动态的话语事件、与知识的形成、社会规约、社

---

① ［法］米歇尔·福柯：《知识考古学》，谢强、马月译，生活·读书·新知三联书店2007年版，第29页。

会冲突等因素联系在一起，使得话语概念具有'言说行为'的意义。"① 总之，语言学范畴关注"话语"的结构规则，而哲学领域关注的是话语的构成意义，前者以线性的、直接显性方式表现出来，后者以非线性的、隐喻的意义潜藏存在。

五　叙事学拓展话语的范畴

作为文学研究领域的概念，叙事学（Narratology）研究的主要命题即叙事（narrative），叙事可以简单拆分为"叙"和"事"两个基本要素："叙"是语言使用行为，"事"则为"叙"的对象或结果。叙事的历史与人类的起源一样久远，人类社会的交流离不开叙述，一个手势、一个眼神、一个对话，实际都是在说明某些用意，这是日常生活中广义的叙事。文学研究领域，对叙事作品的分析通常把作品及其相关的社会、历史和文化纳入研究范围，将叙事作品看作一个独立自主的封闭体系，很少从受众的角度进行研究。而在传播学和文化学研究领域，叙事研究却拓展到精神观念、文化价值和意识形态等范畴，将叙事作品看作一个开放的体系，关注受众对文本的解读以及所受到的影响。

读者所接触的各种各样的"被讲述的"文本，都无法超越叙述者意识形态和各种话语的影响。文学作品中一系列问题和答案推动着叙事节奏的平衡感在"破坏"和"恢复"中向前推动，话语表达体现人物和作品的主题，吸引读者阅读故事从而赞同或反对主题。进一步讲，正是叙事作品体现了作者对情节、人物、结局和主题的构思，叙述不仅表达主题意义结构之间的关系，同时也是再现居于支配地位意识形态的话语体系。

---

① 沈晓静、陈文育、胡兴波编著：《中国新闻话语的变迁》，河海大学出版社 2011 年版，第 7 页。

　　叙事表现人物话语的不同形式，是调节叙事距离的重要工具。影视剧中直接通过人物之间的对话推动情节的进展。新闻报道中，人物的话语则需要由第三方叙述者转述给受众，一般由记者或是播音员、主持人完成。记者或是播音员、主持人可以原原本本地引述新闻事件当事人的话语内容，也可以直接概述某些相关人员的话语。相同话语内容的不同表达和呈现方式必然产生不同的传播效果，说明报道"形式"可赋予报道"内容"新的意义。因而，新闻报道中话语表达方式的转换，就成为报道者用以控制叙事视角和报道倾向，隐而不露地表达感情色彩，进而体现客观理性的公正立场，用事实说话的有力工具。

　　叙事学领域叙述与话语之间的异同之处在于，一方面，叙述是话语的一种模式，它提供了一种使得传播过程概念化的范例；另一方面，话语直观体现了叙事文本的内容、结构和意识形态。因此，叙事文本的分析本质上就是叙事话语分析。

六　传播学社会情境的角度

　　1985 年，美国语言学家詹姆斯·保罗·吉发表了《话语分析导论：理论与方法》，这本书的独特之处在于，创造性地从不同社会情境传播角度及个体身份识别的侧重点出发，对话语概念进行阐释。他认为话语的内涵主要包括："第一，情景身份；第二，表现和识别典型身份和活动的方法；第三，协调以及被他人、事物、工具、技术、符号系统、地点和时间影响的方法；第四，行动、交流、感觉、感情、评价、手势、姿态、穿着、思想、信仰、认识、说话、聆听。"①

----

① ［美］詹姆斯·保罗·吉：《话语分析导论：理论与方法》，杨炳钧译，重庆大学出版社 2011 年版，第 35 页。

　　詹姆斯·保罗·吉进一步区分了大话语与小话语概念。大话语表示"语言、行动和交流的组合或者整合方式，表示思考、相信、评价和应用各种符号、工具和物体的方式，以确定某种社会认可的身份。小话语是指语言的使用，包括言语产品和言语行为"①。我们可以尝试这样理解，大话语是语言、非语言符号和具有一定社会意义的物体、行动和社会背景构成的话语，是信息学意义上的话语，大话语是小话语的语境，也是理解小话语的重要框架。

　　话语的关键是"识别"，詹姆斯·保罗·吉进一步指出，如果把语言与行动、交流、评价、信仰、符号、对象和地点等各种因素综合在一起，使别人能够识别出发话者的特定身份，此时此地从事一种特定的活动，那么就成功地创造了一个话语类型。人类不仅通过语言谈话和交流，更多的是人类所代表和促成的话语也在谈话和交流，人类则是话语的载体。这样思考问题的好处是，人们促成的话语在出场之前就已经存在，大多数话语在人类离场之后仍然长期存在。话语通过人类的言行相互交流，在这个过程中形成了人类的历史。

　　"话语没有明确的边界，因为在历史的发展过程中，人们总是改变旧话语，创造新话语，争夺话语边界，扩展话语边界，同时话语也代表着一种由语言、物品、价值观和态度等构成的成套装备。"② 社会变革和历史的长河中产生着无数的"成套装备"，人们利用这些"装备"，以不同类型或者多种类型的身份，在不同的情境实践社会活动，产生多种类型的话语。

　　总之，詹姆斯·保罗·吉处于一定社会情境下，从协调传播的角度对话语概念进行界定，从某种角度看这是最接近传播学意义上的研

---

　　① ［美］詹姆斯·保罗·吉：《话语分析导论：理论与方法》，杨炳钧译，重庆大学出版社 2011 年版，第 22 页。

　　② 同上书，第 34 页。

究进路，其中包括语言符号和非语言符号的表述以及传达意义或与意义理解相关各种因素在内的各种话语概念。

第二节 话语分析的阶段与流派

话语分析与前文所述话语，这两个概念实际上相伴而生，1952 年美国结构主义语言学家哈里斯（Z. Harris）在"Language"杂志上发表《话语分析》（Discourse Analysis）一文，他同时提出了"话语"与"话语分析"这两个概念，通过分析一篇关于洗发水的广告，探讨了句子与句子关联的结构规则。在此之后哲学、心理学、社会学等领域的研究者不断补充话语分析的内涵和方法，使得话语分析的研究对象和思路日渐明确。

一 话语分析的语言形式

这个阶段是以 1952 年哈里斯发表《话语分析》一文为开端，前后大约持续了 20 年时间，哈里斯从句法要素分布的角度研究话语结构，他单纯注重形态音位结构和句法结构的分析方法，局限于对话语单位作纯粹语言形式的分析，但是他的开创意义在于奠定了话语分析的起点。

进入 20 世纪 60 年代，对言语交际形式取得重要研究成果的当属美国社会语言学家海默斯（Dell Hymes），他主编了《文化和社会中的语言：语言学和人类学读本》，其中一些文章涉及话语交际活动的研究，言语交际模式的描述方法、概念和理论框架被后续的研究者逐步发展为人类学中的"话语人种学"。系统功能语言学的创始人，英国社会语言学家韩礼德（M. A. K. Halliday）强调语言使用中三位一体的功能，即概念的、交际的和语篇的。语言的概念功能来源于说话人对外部世界和内心世界的体验。交际功能反映人与人之间的谈话活动，语篇（textual）功能整合了概念功能和交际功能，构成语篇完整的思想。韩礼德系统功能语言观念的启示在于，话语作为人际交流和社会实践活动，话语分析有必要融入广泛的社会文化语境之中。

从语言功能角度研究话语的学者，具有重要影响力的是奥斯汀（J. L. Austin）和塞尔（J. Searle）等语言哲学家。英国哲学家奥斯汀的言语行为理论主要关注语言如何应用于行为层面，他认为语言的使用就是一种行为，语言表达之目的是实施各种言语行为的动态性，言语行为体现了讲话者表达意义的表现形式。奥斯汀提出的言语行为理论是现代语用学的标志性理论，开拓了从行为角度来探讨语言应用的途径。塞尔完善和发展了奥斯汀的言语行为理论，在这位传统哲学家眼里，因为语言能够描述世界、传递信息和辨别真假，从而具有了参与和建构世界意义的重要功能。塞尔的间接言语行为理论，是言语行为理论的重要组成部分，在暗示、影射、反讽和隐喻语句中，说话者的话语意义（utterance meaning）和语句意义（sentence meaning）是大相径庭的。

塞尔尤其注意到了语言和意义之间的构造关系，他认为意义必须通过存在于言语行为中的意向性来解释，语言不仅是表达世界的一种途径，而且是人类创造世界的一种行为工具，同时语言派生的意向性是体现人类心智加工的一种产品。在言语行为理论的视野下，语言成为协调人类内外两个世界的有效方式的观点，为话语分析提供了新的研究思路。

二 话语分析多元化流派

话语分析的多元化阶段形成于 20 世纪七八十年代，这一时期语言学在实践和理论研究领域的拓展，计算机语言学的兴盛，研究者对言语行为和会话内涵的关注，促使研究者极大拓展了话语分析框架。宏观结构和微观结构等涉及的一些概念被引入研究范畴，产生了诸如语境（context）、语域（register）、指示（deixis）、回指（anaphora）、照应（reference）、替代（substitution）、衔接（cohesion）、连贯（coherence）等新概念用法，从而使话语研究大大超越了句法范围。

（一）加芬克尔的"常人方法论"

话语分析的社会研究方法发生的重要转向之一，就是关注话语的微观互动过程，倡导对微观社会行动意义的解释。"常人方法论"是其中的代表学派之一，由美国社会学家加芬克尔提出。这种研究方法侧重于对人们日常话语实践所用方法的探究。加芬克尔通过对人们日常会话的研究，考察人们建构和解释社会意义时的各个环节，发现社会成员的互动受到某些"民间"法则——也就是各种暗示和词汇等方法的支配，人们在相互理解的社会背景或语境下创造共通的意义空间。

（二）萨克斯等的社会交往论

在"常人方法论"的基础上，美国社会学家萨克斯（H. Sacks）、谢格洛夫（Schegloff）和杰斐逊（G. Jefferson）探讨了社会交往中日常谈话的原则和规律，提出是与意义相关的（turn taking）、展开对话的基本结构单位，并且总结出了发话者与受话者角色轮换过程中的许多规律。会话分析的主要任务还包括对话题的转换、交际前提等因素分析，社会语言学这种方法的进一步突破，为话语分析带来新的发展活力。此后会话分析进一步从日常会话扩展到各种制度化场景，如教室、法庭、新闻访谈、医生与病人之间以及其他制度化沟通形式的交谈分析。

（三）拉波夫的语言社区模式

美国社会语言学家拉波夫重点研究语言与社会的关系，撰写了一篇很有影响力的论文《语言演变理论的经验基础》，主张把语言放到社会领域研究，他怀疑索绪尔区分语言和言语做法的可行性，反对"就语言而研究语言"理论的偏执误区。拉波夫的观念推动话语分析转向非语言方向，此后话语分析就不再局限于语言系统内部，而是广泛触及不同的社会层面，具体考察这些因素如何影响话语的运转和演变。对社会和语言因素对某一语言社区中语言变体模式的影响，拉波夫也提出了令人信服的阐释。

（四）马尔凯的科学知识社会构成论

传统的实证主义科学观面临极大的挑战，是在 20 世纪 70 年代之后，科学知识社会学迅速兴起之后，建构主义科学观推崇科学知识与其他任何知识都一样，无疑受到社会文化因素的影响控制，社会知识与社会实践都是社会建构的结果。马尔凯为科学知识社会构成问题提供了有说服力的解释："科学话语是科学研究主体的一种言说，通过语境依赖性、对象依赖性，各种修辞策略构建其科学世界，主要从主体维度、文本维度、规范维度和史学维度，解析科学话语与科学实践之间的关联，科学话语中存在某些可察觉到的解释惯例，科学家在不同语境下借助不同的惯例或解释语库，从而建构他们的行动与信念。"[①] 马尔凯的这一研究对后来话语建构主义的发展产生了极大影响。

---

① 王鹏、林聚任：《话语分析与社会研究方法论变革》，《天津社会科学》2012 年第 5 期。

（五）乔姆斯基的心理主义语言观

乔姆斯基的心理学语言观念特征是：第一，"揭示直觉和意向在语言分析中的作用"①。他认为直觉是语言分析的必要前提。比如，英语通过使用主动语态和被动语态表达同样的意思，但是人们选择主动语句和被动语句的区别，却是由心理和认知因素所决定的。在心理语言学和认知科学中，心理因素和语言使用者的意向性直接成为语言意义的决定性因素。第二，心理语言学的重要原则是简单性和经济性。乔姆斯基说："通过减少推导的力度，简单性就得到增加，简明扼要的原则代表了表述能力的准确性，要求语言的表述和推导适合于内在的语言能力，并排除那些没有相互影响的关联。"②

乔姆斯基心理主义语言观的意义在于，语言理论从句法结构的分析，深入对人的心理和意向的洞察，再到对人类认知的提升归纳。由此可见，对于话语分析的拓展意义在于，话语层面不仅仅是一个语言形式系统，还包含人类社会的存在和人类的心智特征。

三　话语分析批评性质

进入 20 世纪 80 年代以来，西方话语分析进入兴盛阶段，表现为话语分析领域的学者队伍空前强大，相比之下美国的力量最强，接下来是西欧和澳洲等，由梵·迪克主编的《TEXT》标志着话语分析具备了自身的学术园地，话语分析的专著和论文层出不穷。这一时期发展起来的话语分析思潮，源头为批评语言学，以韩礼德的系统功能语言学为最主要的语言学基础，吸取了福柯和德里达的观点，把文本分析方法与语言在政治和意识形态中的功能相结合，形成了批评话语分析流派。

---

① 蔡曙山、邹崇理：《自然语言形式理论研究》，人民出版社 2010 年版，第 295 页。
② 同上。

批评话语分析的性质和目标是：预设文本的产生和阅读并非孤立，而是与真实的世界形成各种复杂的联系。对于语篇的具体分析过程，批评话语分析采取一定的伦理立场，注重权力的失衡、社会不平等、非民主的实践以及其他偏见。主要的批评话语分析方法有五个。

（一）福柯的"话语"思想史观

福柯学派建立在法国哲学家福柯的理论观念基础上，福柯的"话语"范畴脱离了语言学视域，他的"话语"是一个思想史范畴或方法。"福柯学派明显摒弃了把语言依照表面现象视为人所自由支配的透明媒介，或是随意使用的工具的肤浅观念，这是话语后来能够在'权利'和'霸权'的意义上进行延伸的根本原因。"[①] 福柯学派研究的重点是话语秩序、意识形态、社会关系等社会实践变革等问题，研究取向侧重于权力如何支配话语问题，其他代表人物有巴赫金、葛兰西、阿尔都塞，以及后来的布尔迪厄和哈贝马斯。福柯学派的后续影响力极大，话语批评代表人物梵·迪克和费尔克拉夫都深受福柯学派的启示，正如费尔克拉夫所言："最近几十年以来，社会理论已经在社会生活中赋予语言更加核心的地位，马克思主义理论的范畴内，葛兰西和阿尔都塞都强调了意识形态对现代社会再生产的重要性，福柯强调了技术在现代形式的权利中的重要性，显而易见这一类的权利主要是在语言中昭示的。"[②]

（二）梵·迪克的社会认知分析法

在语言学的结构分析法与哲学转向的社会文化分析法之间，梵·迪克所提出的认知分析的方法论处于话语分析的中间位置，这种分析

---

① 沈晓静、陈文育、胡兴波编著：《中国新闻话语的变迁》，河海大学出版社 2011 年版，第 18 页。

② ［英］诺曼·费尔克拉夫：《话语与社会变迁》，殷晓蓉译，华夏出版社 2003 年第 2 版，第 3 页。

方法主要借助认知语言学和心理学的方法，主要探讨话语主体的思维过程在话语生成和解读中的作用。在梵·迪克看来，批评话语分析的重点是考察内容话语与语境之间的关系，这两者之间并非相互决定的关系，而是由话语的社会再现起到调节层的作用，这个调节层的含义，与李普曼所提出的"拟态环境"的概念有几分类似，调节的结果指向意识形态机制的作用，以及如何促使知识与态度的形成。

新闻话语的呈现作为一种社会群体的集体感知框架，它的功能是调节社会结构和话语结构，形成社会系统和个人层面之间的衔接和转换，保持社会外在的要求与个人主观意向之间的协调，新闻话语起到社会整合与协调功能，只有当话语有助于形成和认同社会主流观念和意识形态时，它的积极社会效果和功能才能充分体现出来。

就具体的话语分析模式而言，梵·迪克提出了将话语内容形式化的三大结构，即"超结构""宏观结构"和"微观结构"。"超结构"是话语的综合性、全局性结构，类似于故事的图式起到安排句子语篇序列的作用，并赋予这些序列以具体的功能，在特定的文化中超结构是约定俗成的。"宏观结构"由命题群组成，梵·迪克假定文本中的每一个主题都可用一个宏观命题表述出来，相对于"超结构"的图式功能，宏观结构以内容或概要的形式呈现。"微观结构"包括语义学的一些基本概念，由命题、前命题和局部一致性组成，"微观结构""宏观结构"和"超结构"层层套装，构成话语的完整形式。

20世纪80年代中期之后，梵·迪克对于话语的基础研究和认知心理研究转入有关社会话语的研究，这是一种突破西方社会话语和社会心理的跨学科研究。他认为批评话语分析不仅要关注具体的语言特征，包括重音、语调、词汇、句法、结构和命题等，同时分析内容要扩展到语义的宏观结构分析、命题意义的预设等方面强调话语的语法、话语解读的研究成果与社会结构、社会心理等理论联系起来，梵·迪克强调社会认知如态度、观念和意识形态在社会结构和社会话语中的中枢作用。

梵·迪克在新闻话语分析方面的代表作《作为话语的新闻》第一次试图将话语研究和新闻研究结合起来，新闻话语必然表达和确认其生成者的社会和政治态度，同时新闻话语还是一种经济产品，它们的生产遵循经济的供求规律。梵·迪克的新闻话语分析方法是对传统内容分析方法"质"的突破，深化了报纸新闻报道结构条分缕析的重要性，补充了新闻制作者社会认知和受众的新闻理解过程。通过这种方式，对于新闻报道结构的集中探讨，将宏观语境与社会实践和新闻制作的意识形态联系在一起，将微观语境与新闻媒介的机构环境、新闻报道的文本视角联系在一起，从理论到实践拓展了话语分析的范畴和内涵，对于新闻话语研究具有功不可没的开创意义。

（三）费尔克拉夫社会文化分析法

费尔克拉夫认为语言的使用代表了社会实践的一种形式，语言并不是一个单纯的个体行为或情景变化的一种反映。话语有最广泛的意义，话语反映事物的各个层面，社会结构关系支配而且限制话语的生成，话语势必受制于社会层次上的阶级和其他社会关系，例如政治、法律、文化、教育等特殊机构。

费尔克拉夫首先确立了由文本维度（text）、话语实践（discourse practice）和社会实践（social practice）三个维度构成的话语分析层面。文本维度是对文本内容和形式的语言学分析，侧重于语汇、语法语义和语篇的连贯性和话语转换。话语实践是联系文本维度和社会实践维度的桥梁，社会实践揭示意识形态和霸权以各种方式对话语的介入，以及话语对意识形态霸权的维护和重构作用。话语、体裁和风格建构的动因受到社会实践制约，话语秩序是社会秩序的符号层面表达。

费尔克拉夫强调话语的建构作用，认为"话语不仅反映和描述社会实体与社会关系，话语还建构社会实体与社会关系，意识形态被建构到话语实践的形式和意义的各种向度之中，它也致力于统治关系的生产、再生产或改变"①。话语不仅是表现世界的实践，而且是在意义方面说明世界、组成世界、建构世界。

其次，费尔克拉夫认为话语不仅具有建构性，而且是变迁的，话语与社会处于动态的相互建构之中。"话语是变化的，话语事件中变化的直接起源和动机，在于对生产者和解释者习俗的追问，当质问产生的时候，人们就面临着悖论。因此，人们经常试图通过革新和创造来解决这些悖论，这样就发生了话语的变化。话语的变化首先以矛盾共同发生的形式，或是以不相连贯的要素的形式在文本中留下痕迹，但只要话语变化的某个特殊的趋势变得流行，并且凝固成一个正在出现的新的习俗，那么起初被解释者作为风格上有矛盾的文本而接受的东西，便失去了它们的拼凑物效果，并成为无痕迹的了。这导致了话语秩序的变化，当生产者和解释者在创新出来的事件中以新的方式将话语习俗、代码和要素结合起来时，他们当然是在话语秩序中累积地产生出结构的变化，使现存的话语秩序分离，重申新的话语秩序和话语霸权。"②

另外，费尔克拉夫还认为新的话语实践可以构成全新的社会现实，包括社会图景、人际关系、主体身份等，话语变化的影响无所不及。他认为："在社会变化中，有许多变化不仅涉及语言，而且借助于语言实践中的变化被构筑到一种富于新的意义的程度。"③

最后，费尔克拉夫强调自身话语理论的批判性，他和乔里克瑞对批评话语分析模式的步骤可以被归纳为：第一，话语应该与各种社会问题广泛相关；第二，话语本身与其受到限制的某些因素之特殊关

---

① ［英］诺曼·费尔克拉夫：《话语与社会变迁》，殷晓蓉译，华夏出版社 2003 年版，第 112 页。

② 同上书，第 96 页。

③ 同上书，第 67 页。

联，决定了话语分析的方向途径，以及如何解决话语反映社会问题策略的构建；第三，批评反思这种话语分析的深层社会意义。

费尔克拉夫话语分析的创新性与经典性在于，他把文本分析的方法延展到社会科学的分析框架之中，因而他的思想在本质意义上，具有理论的、实践的、历史的和政治的深刻理据。

（四）沃戴克的话语历史分析法

沃戴克所提倡的话语—历史的分析方法中，有三个相互依存的概念：权势、历史和意识形态。所谓历史概念指个人和群体作为历史主体，在与文本交互中创造意义。社会现象是一个很复杂的现象，不能简单归结为因果关系，话语实践与其所处的行为"场域"之间存在一种辩证关系。一方面，社会现实规定和限制话语实践；另一方面，话语实践又继而维护、影响和塑造社会现实，两者是一种建构和被建构的关系。

沃戴克的话语—历史方法从知识结构和谋篇布局的角度，探索话语生成中的说者意图和各种语言外因素，从认知的视角结合人类文化学的研究方法，解读话语和社会结构之间的关系。话语—历史研究分析法的理论框架分为两个层面。认知维度由知识和经验构成，包括人的认知、框架、图式和脚本等。社会心理维度涉及文化、性别、阶级、言语情景、个性等先决条件，是认知、框架图式、脚本的来源。语言维度构成了文本最终的语言形式。文本生产和理解过程循环往复，来自人的知识和经验的不断反馈，促使人的认知状态和心智模型（mental model）持续变化和更新。

（五）卡梅伦的女权主义话语批评方法

女权主义语言学家卡梅伦（Deborah Cameron），通过对语篇中语言使用的分析，揭示了字词和语法等方面的选择，反映出人们对事物性质的看法和对女性的歧视。秉持女权主义话语批评观点的学者指出，社会语言中对妇女的能力和经验缺乏支持赞赏，有许多语言存在歧视妇女的现象，妇女在语言的使用中被固定在受压迫的、从属性的位置上。

女权主义的话语批评围绕着三个主题："沉默与排斥主题、再现的主题，反映社会性别的文化意义如何被建构和挑战，以及人们如何通过语言行为而成为性别化的实体存在。"① 分析过程一般从对语篇的主题、背景和内容入手，通过句法表达方式、词汇选择等，阐明语篇叙述的性偏见角度和男性中心的态度，揭示其中隐含的社会意识形态和文化价值。

综上所述，各种话语分析方法之间的差异体现在明显的政治化程度和水平基础上，批评话语分析历经三十余年发展，学术影响不断扩大，但是对其质疑也不少。主要表现为以下几个方面：第一，批评话语的理论范式不够清晰。它所借鉴的概念和方法涉及许多学科，包括文学、文体学、语言相对论、后结构主义、关联论、社会学等，批评话语分析只是零散借用上述知识范畴，并未形成自身特有的理论范式。第二，分析过程不够精准有效。尽管批评话语分析的代表人物费尔克拉夫力图构建普适性的分析框架，分化批评话语分析的三个步骤：描写语篇的形式结构特征；阐释语篇与生成、传播和读者之间的关联；解释语篇与社会语境之间的关联。但这种研究过程无法改变研究者各取所需造成研究的主观性较强的情况，影响到研究的信度和效度。第三，分析结果的真实性和可靠性不足。批评话语的研究者往往从语篇中抽取样本进行静态剖析，脱离社会动态而且片面解读文本，导致真实性和可靠性不足。

英国语言哲学家艾伦·卢克探究过批评话语分析的未来趋势，他

---

① 黑玉琴：《跨学科视角的话语分析研究》，北京大学出版社 2013 年版，第 78 页。

认为当前批评话语分析面临的是符号系统已经成为全球化和新经济的推动力。"新的时代需要批评话语分析扩展研究议题，不仅仅局限于分析主导阶层对边缘化身份的压迫，还需要在研究中融合新的文本构型，使文化概念具体化，并且探索有关话语和语言的各种新定义，将它们看成是必须进行融合的、多重语符的以及跨文化的。"① 这就要求我们"关注局部的社会认知、文化模式和成员资源之间的融合形式，才能更好地理解人们对话语、意象以及文本的不同领悟以及在跨国流动中使用"②。

四　积极话语分析构建

批评话语分析揭示话语对于社会关系、社会身份、知识和信仰体系的建构作用，关注话语的历史变化结构，即不同的话语如何在不同的社会条件下变迁，建构新的话语方式。而积极话语分析的着眼点在于通过分析具体的文本内容，提出进一步改进的思路和建议。加强人们对于话语实践的充分沟通理解，进而创建和谐的社会生态环境。

国际著名系统功能语言学家、悉尼大学教授马丁博士是积极话语分析的创始人，他认为："我们需要超越只关注权力滥用的单一视角，认识到权力能够革新社会，与价值重新联盟，为创造一个更好的世界而改变。"③ 在《积极话语分析：结盟与变革》（Positive Discourse A-nalysis：Solidarity and Change）这篇论文中，马丁博士第一次正式提出"积极话语分析"这个概念，他反思批评话语分析过于关注语言与权力因素的问题，他认为这种话语分析基本上是以解构的（decon-

---

① ［英］艾伦·卢克：《超越科学和意识形态批判——批判性话语分析的诸种发展》，吴冠军译，实践与文本网站（http：//www.ptext.cn），2006 年 11 月 27 日。

② 黑玉琴：《跨学科视角的话语分析研究》，北京大学出版社 2013 年版，第 82 页。

③ ［澳］J.R. Martin 著，王振华编：《马丁文集：批判话语分析/积极话语分析》，上海交通大学出版社 2012 年版，第 298 页。

structive）方式来对待各种各样的社会问题，因而具有很大的社会局限性。与之相反，他主张话语分析家们采取积极的态度，转而以建构（constructive）方式处理所有社会矛盾，以设计和建立一个理想的人类社会。

马丁通过具体的语篇分析澳大利亚前总理基廷和霍华德所发表的致歉演讲，内容涉及澳大利亚历届政府强迫土著居民的孩子离家，去遥远陌生的白人家庭接受教育一事。在这篇文章里马丁向研究者们展示了积极话语分析的含义和动机，以及话语分析的语料选择和分析方法。这种研究方法的重要启示在于，话语分析者的态度完全可以变为积极的而非一贯消极的态度，人与人之间的相互平等是社会变革的重要前提，居高临下式的指责与批判在很多时候并不奏效。

话语并非一定是"意识形态的"，话语及其伴随的知识和权力构型可以是消极的，也可以是积极的。也就是说，积极话语分析旨在对话语及其权力的有效使用提出一个积极正面的论调，关注社会文化分析中积极肯定的特性，因为话语在文化中的使用可以是审美的、富有成效的，目的在于使人解放。

积极话语分析作为一种补充角度，完善了批评话语分析只揭露社会不公的单一视域，两者之间的根本差异在于，前者摒弃了批评话语分析消极解构的研究态度，提供了通过改革和完善的方式来解决社会问题的思路，朝着具有积极建构意义的方向发展，无疑是话语分析在理论与实践上的有益探索。

第三节　新闻话语分析的概观

话语分析是新闻话语分析的学术滥觞，对于新闻文本的研究最早起源于语言学视角的探索，到 20 世纪 60 年代中期之后，"语篇内部分析"和"语篇外部分析"界限被打破，进而融入话语分析的统一范畴，这种话语分析的方法既研究语言形式的结构释意，也延展到社会政治经济和文化历史的语境中探究语言的内涵。新闻报道是最能体现上述话语分析观念的文本形式，同时新闻报道本身就是一种公众话语，因而在语言学研究领域有一批学者最早涉入新闻传播领域，采用跨学科的研究方法，把话语分析和大众传媒的研究结合起来，梵·迪克就是这方面的先驱者之一。在他看来，新闻话语分析是为研究新闻报道所提出的一种新的理论框架，把新闻报道当作一种文本或话语进行分析，重点研究新闻结构的特性，尤其关注新闻文本和新闻语境之间的关联，社会限制以及传者的局限如何影响新闻报道？新闻的文本结构如何在历史中变迁？梵·迪克的新闻话语分析方法，就是移植并糅合文本语言学、叙事结构分析、社会文化分析等其他学科的定性研究方法。

一　国外新闻话语研究

早期国外新闻话语研究，是以新闻报道内容作为主要研究对象，也就是"内容分析"，欧美国家之中英国以在此领域的深远影响力而著称，如格拉斯哥大学传媒研究中心的研究成果，"坏消息"（bad news）（1976）以及"更多坏消息"（more bad news），对于新闻语篇中新闻源的使用、词语选择的规律和意图、内容结构的安排等进行分析，以此为依据阐述新闻中的歪曲报道，并在此基础上形成了话语分析的一个重要分支，称为"批评新闻分析"或者"媒体话语分析"。福勒、詹姆斯·保罗·吉，以及费尔克拉夫和梵·迪克等人均在这一领域卓有建树。

《新闻中的语言：新闻报道中的话语和意识形态分析》是英国语言学家罗杰·福勒的代表著作，他认为词语、句法方面的选择结果组成了媒介话语，媒介话语是社会意识形态和语言实践相互影响的产物，不同话语形式再现了不同的意识形态机制。罗杰·福勒提出话语具有再现世界的意指功能，它具有再现社会关系和社会地位等功能。批判分析方法的研究成果主要集中于文本及其意义的生产过程，这一领域中英国学者赫吉（Hodge）和克雷斯（Kress）、诺曼·费尔克拉夫都是代表人物，但是他们却忽视了受众的理解以及对文本意义的参与作用。

阿伦·贝尔（Allan Bell）的《新闻媒介语言》，是语言学和社会语言学研究的代表之作。该书通过内容分析得出结论，媒介的话语特色是由目标受众的话语特色所决定的。他在这方面的研究成果注重句法特征和表层意义，缺乏对媒介话语的社会深层结构及其机制的探讨。

约翰·费斯克的《传播研究导论：过程与符号》，从符号学的角度把研究的重点转向文本以及受众对文本的解读，意义的协商包括传受双方对文本的共同理解，关注隐喻如何在意识形态机制支配下产生影响，媒介话语如何建构和维系社会主流价值观。

梵·迪克自 20 世纪 80 年代以来把话语分析理论和方法应用到报纸新闻的研究之中，他的著作有《通讯种族主义：思想和言谈中的种族主义偏见》（1987）、《作为话语的新闻》（1988）、《新闻分析》（1988）、《种族主义和报纸新闻》（1991）、《精英话语和种族主义》（1993）、《意识形态》（1998）等，梵·迪克的作品被国内外学界公认为关于新闻话语分析最详尽的研究成果。

英国学者蒙哥马利（Montgomery）、斯坎内尔（Scannell）、托尔森（Tolson）对媒介话语的典型类别进行分析，比如脱口秀节目所隐藏的社会文化含义，指出媒介话语的变革与社会价值观念的流变有着紧密联系。

1995 年，在英国威尔士举办的传媒话语分析研讨会上，研究者们提出一系列新闻语篇分析的理论和方法，如会话分析、批评话语分析、文化话语分析和接受分析等，进一步推动了新闻话语分析。在英美和欧洲传媒话语分析方法的影响下，澳大利亚悉尼语言学派马丁、怀特等人创立了"评价理论"（Appraisal Theory），以韩礼德功能语法中的人际功能为基础，对新闻语篇中表达态度的定位和情态意义的语言体现手段进行研究。

二　中国新闻话语分析

（一）传统研究视角

主要指从新闻文体学的角度进行研究，这方面具有代表性的论文是：《新闻文体新论》（单波，1994），论述了新闻文体以话语形式和结构变异，折射出新闻反映世界独特的历史。《新闻文体分类原则》（吴鸿业，1994），指出新闻文体是以文字形式出现的新闻内容。《新闻文体写作规律初探》（丁柏铨，1998），是关于新闻写作规律系列文章中的一篇。《"摆进去"与"跳出来"——中西新闻文体比较一得》（熊志超，1999），评判中西方迥然不同的报道手法。《传播科技与新闻文体演变》（孙发友，2004），作者指出每一次传播科技的进步都会催生新闻文体的演变，二者共同朝着满足受众需求的目标行进。《新闻语体的交融功能》（祝克懿，2005），该文着重探讨了新闻语体交融功能的必然性和基本类型。《中国近现代新闻文体的宏观叙事学研究之价值探讨》（邹琰，2006），在传统叙事学的基础上结合政治文化分析，引入新闻宏观叙事学的概念。《新时期中国报纸新闻文体发展脉络剖析》（刘勇，2010），阐释了中国报纸新闻文体每一次变迁的背后，无不展示出特定阶段的"问题意识"与观念变革。《审视与反思：新中国新闻文体的多重变奏》（林溪声，2010），突破以往新闻文体囿于体裁和类型的局限，将其视作含义丰富的政治文化现象。概括地讲，这一类的研究多以新闻语言应用变迁为线索，指涉词汇、语法、句式、修辞等层面，尝试"语内研究"与"语外研究"的融合，特点是侧重对新闻话语的文本评估，未广泛进入总体的社会文化视域。

（二）初始创新阶段

从 20 世纪 90 年代开始，国内新闻话语研究领域开始西风日盛，1993 年中华书局出版了梵·迪克的《心理认知话语》，这是我国第一本跨学科的话语分析理论译著。2003 年华夏出版社先后出版了梵·迪克的《作为话语的新闻》及费尔克拉夫的《话语与社会变迁》，自此国内新闻传播学界意识到话语分析方法及对于传媒理论建构的重要性。此后这方面的研究逐年得到扩充，2003 年曾庆香的博士论文《论新闻话语》是迄今最早对话语分析进行整合与探究的系统之作，她借鉴结构主义语言学的层次方法，关注新闻话语结构的常规范畴和程式、结构原则和规律以及新闻话语与社会公众认知之间的关系，探究新闻工作者在新闻话语中建构客观真实世界的叙事技巧，阐明新闻话语建构主流意识的必然性和策略方法。《传播的话语理论分析》（胡春阳，2005）一文，作者指出我国社会历史变迁时期，需要更为有效的话语观察和解释方法，传播学研究中的话语分析转向很有必要，话语转向正是将社会变迁和语言变迁相连接的结果，站在传播学领域如何吸纳话语分析理论的有益成果，该文做出了积极而有创见的尝试。《20 世纪 90 年代中国经济新闻话语变迁研究》（王舒怀，2006）一文对典型样本的文本结构、风格修辞和"互文性"进行比较研究，论证这一阶段中国经济新闻话语变迁的主要特征。《新闻话语的修辞策略研究》（林晓飞，2006），从语言文字学的角度对新闻文本修辞与新闻来源、新闻策划和受众互动等方面的关联进行探讨。《中国近现代报刊新闻话语模式嬗变》（唐红波，2007），探讨社会变迁与新闻话语模式的相互影响。从符号学角度探讨新闻话语的代表著作《符号透视：

大众传播内容的本体透视》（李彬，2002），从语言与符号的角度对文本与诠释、话语与权力进行深入的阐析。

这一时期的代表论文有：《电视通俗文化中的话语活动》（王翰东，2003），把文本研究和观众更广泛的社会经验结合起来，探讨电视大众文化"通行"的做法。《梵·迪克新闻话语结构理论述评》（丁和根，2003），介绍了梵·迪克对新闻文本结构的分析模式。《新闻话语的编码和霸权的形成》（范红，2004），阐述新闻话语如何影响受众对真实世界的认知。

（三）多元化借鉴阶段

这一时期国内学术界主要借鉴西方的结构主义理论、符号学理论、巴赫金的对话理论、建构主义的新闻观、解释学理论等成果，研究趋势体现了方法论的纵深多元化流派，以及跨学科的研究方法，进一步延展了新闻话语的研究空间。

主要的研究著作有：《典型报道的话语分析——从福柯的视点出发》（任俊英，2006），在批判立场的分析视角下，对比阐述典型报道"力"的释放特征、"公开读本"和"隐性读本"。《娱乐新闻话语研究》（王德春，2008），探究娱乐话语功能的实现途径与社会文化认知影响因素。《新闻误解——论新闻文本间距》（陈秀云，2011），超越传播达到效果的功能主义思路，对"新闻误解"现象给予文化研究视角的阐述。《新闻话语的复调与对话研究》（赖彦，2011），以巴赫金的对话理论为框架，研究表明新闻叙事话语的建构以及叙事主体的不同表现形式，显性或隐性交织着解释、驳斥等意义生成和转换的态度和立场，展现权力对于话语支配规约的动态"场域"。《使命与主体：〈人民日报〉社论（1949—2008）的话语呈现》（陈月明，2012），以量化统计为分析工具，详尽剖析《人民日报》的角色在使命与主体之间的变化，折射当代中国社会复杂的发展逻辑。《新闻话语中的言语表征研究》（黄敏，2012），采取语用学研究的"社会和意识形态视角"，分析记者如何运用言语表征、诠释人物和事件，从微观到宏观对言语表征的社会建构性进行考察。《党报时政新闻话语研究——以〈宁波日报〉为例》（吴华清，2012），从话语分析的角度对时政新闻报道进行探讨。《宣传：观念、话语及其正当化》（刘海龙，2012），详细描述20世纪以来各种宣传观念和话语交锋，展示国家与个人、控制与自由等观念相互冲突的社会变迁图景。

其他具有代表性的论文，比如《论电视文本的结构主义批评》（欧阳宏生，2004）一文，阐述"二元对立"的叙事学原理主要应用于电视语言的分层研究，结构主义研究方法对电视文本的解读具有重要意义。《多维视野下的新闻话语分析》（邹建达，2008）一文，提出研究的关注点不仅要集中于以结果形式存在的新闻话语，更要在动态的考察过程中，在结构—行动、国家—社会两种视野下寻求新闻话语生产的动力机制。《中国主流媒体的词语变化与社会变迁》一文（陆晓文、吕乐，2006），对《人民日报》和《南方周末》在1986—1995年这特定十年间的主要词语和主题词的分布频率进行统计，揭示中国社会十年变革期间的政治、经济、文化和民众生活状态。《新闻话语中的意识形态建构》（郭淑娟，2011）一文，对于理解全球化语境下媒介话语表达有一定的指导作用。《基于语料库的汉文微博话语特征》（邹艳菁，2012）一文，通过对"微博"语料库的内容分析，揭示"微博"在话语表达倾向的一些特点。《中西媒体负面报道的话语分析与建构》（林楠，2012）一文，探讨文本的差异在于社会结构、新闻体制与受众层面的社会语境不同。《中美官方话语传播对话性空间建构研究》（刘立华，2012）一文，揭示中美官方话语差异来源于中西方修辞辩论的分野。《官方话语叙述中的"欧洲文化认同"》（何蓉，2011）一文，旨在厘清欧洲认同在官方话语中的历史发展脉络。

综观近十余年以来的新闻话语分析研究现状，其研究方法主要涉及社会语言学分析法、符号学分析法、社会认知比较分析法、批判分析法和大众文化分析法等。

三 少数民族新闻话语研究

迄今为止，从各个角度探讨少数民族新闻报道特殊问题和应对策略的研究成果较为多见，但是从话语分析视域关注少数民族新闻报道的研究在国内尚处于空白阶段。本书所研究的"少数民族新闻话语"，是以少数民族新闻报道的文本作为话语分析范畴，包括报刊、广播、电视、网络等多种媒体形态所传播的汉语言文本。由于不具备使用少数民族语言的可行条件，所以本书的研究范畴仅仅局限汉语言的新闻文本。对少数民族新闻话语的内涵进行分析，需要明确其要义包含以下几个方面。

首先，少数民族新闻话语不可脱离新闻话语的基本共性特征，少数民族新闻话语所具有的特殊性问题，涉及族际整合、区域发展、民族政策、民族工作等内涵。少数民族新闻话语与新闻话语的逻辑关联，属于个性与共性之间的关系，共性包含个性，个性体现共性，也就是说"存异"只有与"求同"结合起来研究，才能得到合理的阐释。所以，本书并非孤立探讨少数民族新闻话语内涵，只有将少数民族新闻话语与我国新闻话语整体演变脉络相互结合起来，才能发现少数民族新闻话语变迁的独特轨迹。

其次，少数民族新闻话语具有行动取向特征。一方面，少数民族新闻话语过程是一种社会互动行为，反映国家民族政策的社会实践意义，少数民族新闻话语分析应阐明这类社会实践的过程机制；另一方面，少数民族新闻话语具有建构特征。话语不仅通过词语、句子和各类修辞方式得以建构，同时话语建构形成人们关于社会和世界的认识，所以建构性的两层含义是："话语既是被建构的，也是建构性的。"① 话语分析的方法主要秉承建构主义或者后现代主义所强调的"反表征"观点，所谓的"表征"不再被看作"再现"的过程，而是意义的生产过程。本书的研究突出了传播主体在少数民族话语生产中的作用，反映了积极性和建构性的研究立场。

再次，本书关于少数民族新闻话语与国家认同建构的研究，主要围绕少数民族新闻话语的意识形态机制、话语模式与国家认同建构等方面展开，把握好"民族"与"国家""话语"与"权力""传播"与"认同"这三个先决的认识范畴，是本书研究思路体现逻辑性与合理性的必要前提。

（一）"民族"与"国家"的范畴

"民族"的"族""指称的是'群'的意思，表达一群、一窝等有别于人类群体的含义"②，民之为族，"体现了马克思在《1844年经济学哲学手稿》做出的一个著名判断，即人是类存在之物"③。人类在漫长的进化过程中维系自身的生存，求得自身的发展强大，总是需要与某一部分人结伴而行，长期适应自身特定的生存环境，这一部分人形成了一整套特殊的生产方式、生活方式、宗教信仰和精神观念，从而形成了带有特定地域化色彩的民族文化。经过历史岁月的交叠变幻，这一部分人群的集体记忆以及世代相传的精神观念内核又成为一种强有力的文化纽带，将特定人群的历史和文化记忆、情感认同和命运意识紧紧聚合在一起，形成一个联结紧密而认同稳固的人群共同体，这就是所谓"民族"的起源和由来。

---

① 王鹏、林聚任：《话语分析与社会研究方法论变革》，《天津社会科学》2012年第5期。
② 郝时远：《民族和族群的早期含义与应用》，《民族研究》2002年第4期。
③ 周平：《多民族国家的族际政治整合》，中央编译出版社2012年版，第2页。

　　与"民族"的概念相对应，论证逻辑最为相近的一个概念就是"国家"，国家是人类创造的政治共同体。"民族"与"国家"在历史和现实中相辅相成、不可分割，国家是民族的政治屋顶，民族是国家的实体根基。脱离国家就无法深入了解和分析民族发展变化的状况，没有对民族变迁的认识和考察，也无法昭示国家的发展和进步。因此，凡是涉及民族问题的范畴，都有必要与国家的意义高度联系起来。

　　（二）"话语"与"权力"的范畴

　　话语不仅反映了社会权力体系的运作，又反过来维系现有的权力关系结构，支配新闻话语的是现代社会系统中不对称和较为恒久的政治力量。社会体制与传播互动领域的政治背景，是话语的象征意义所力图维系或者受到重要支撑的强大基础。本书分析"话语"与权力的关联，实质上就是探讨意识形态的影响与象征性社会建构之间的关系。要实现这一任务，就必须对少数民族新闻话语的表述和结构保持敏锐感，把握不同社会发展阶段国家的民族政策和新闻政策的导向性，阐明少数民族新闻报道如何建构一个"智语"空间，为具体社会—历史环境下国家的民族事务工作提供正向舆论的保障和支持。

　　（三）"传播"与"认同"的范畴

　　大众传播对个人认同、民族认同和国家认同的影响，都在不同程度上发挥着社会文化的"软性控制"作用。大众媒介为各种社会阶层、各种民族群体构建认知提供了同一性的内容形态和观点评论，经过大众传媒长期的、普遍的、广泛的"培养"机制，受众的熟悉过程就可能转变为"内化"接受的心理效应，有了共同的"内化"就可能进而达成社会共识。二战期间美国处于战争的最艰苦岁月时，罗斯福总统每晚通过"炉边谈话"的形式，鼓舞全国人民同仇敌忾，最终赢得战争的胜利。大众传媒发展史上，利用传媒形成强大的动员力量，实现国家和民族的奋斗目标的案例，实在不胜枚举。

大众传媒对于人们遵守社会规范行为的褒扬与对违背社会规范行为的强力谴责，不断地重复和强调遵守社会规范的必要意义，久而久之形成了全民的集体无意识。大众传媒构建舆论的主导和约束话语，整合不同族群的多元化思想和行为，形成互有差异又能够相互尊重理解的民族团结氛围。

但是，社会传播活动有可能在某种程度上解构认同，首先大众文化中存在破坏个体的文化认同、民族认同和国家认同的分裂因素，需要我们时时加以防范警惕。此外，传媒技术的飞跃进步，带来信息的超高速和海量传播，移动互联媒体"微传播"形态，无时不在嵌入人们各种各样的生活情境，"微信""微博"等社交媒体极大地扩展了人们的精神交往空间，"微传播"无处不在的信息触角极大地丰富了用户的生活意趣，在不同程度上促进了个体的反思和内省心理。受众的反思必然会消除对信息的一致化解读，这样的情况下谁来拯救人们的共识和认同感？

当今媒介传播渠道的多样化和专业化的前景，意味着媒介在转型的进程中从并立走向融合，在融合的整个体系中再次分化，媒介进一步分化的策略是为了与受众的信息娱乐需求实现深度契合。过去传统媒体凭借国家配置的新闻资源和地域优势，主要受众来自区域范畴以内，现在随着媒介使用的私人化趋势，受众不一定在原有的地域出现，而是聚合于具有大致生活品位和价值认同的跨地域人群中，这样一来，受众与某些信息来源紧紧捆绑在一起的纽带已经松弛，受众的社会共识感和认同的意义也将再一次面临重构。

第二章　少数民族新闻话语理论向度

新闻话语是对于新近事实信息进行报道的话语，它包含事件信息和事件的意义。新闻话语的概念，强调的是符号性、内容性特征，而非新闻体裁等外在形态。少数民族新闻话语分析就是采用话语分析的方法研究少数民族新闻报道。

第一节　少数民族新闻话语微观向度

少数民族新闻话语研究的微观向度主要包括文本结构、表述特征、修辞策略、特定类别和专业主义5个方面。

一　文本结构

文本结构是人类认知世界的一种简化的模式，只有通过一定的文本结构，人类才能描述和认识无穷无尽的客观事实，主体才能够面对变幻不定的大千世界，新闻文本是最具有代表性的话语形态，理应得到研究者的强调和重视。文本结构的分析，是把少数民族新闻话语作为语言运用单位进行清晰、系统研究的首要内容。

二　表述特征

话语的表述特征很早就引起研究者的重视，所以话语的表述特征是少数民族新闻话语的核心因素之一，新闻文体学就是早先传统研究视角的一种表现形式。美国新闻学者菲什曼认为："新闻报道的原则可以表述为某件事如此是因为某个人说它如此。"[①] 话语表述特征涉及话语叙事主体、话语主体间性、"对话性""互文性"、转述话语的语用意向、"原型沉淀"等过程探讨，研究话语的这些表述特征，实质上是把文本结构的描述与社会认知、社会文化、权力影响等因素联系起来考察，也就是梵·迪克所提及的语境层面。

三 修辞策略

近年来修辞研究在人文社科领域受到重视的程度迅速蔓延，被西方思想界看成"语言转折"和"解读转折"之后出现的又一重大智力思潮，伴随这一转折修辞本身转向"批判性"。新闻话语修辞是一种公共领域的修辞行为和修辞过程，如何还原和解析新闻修辞过程，批判修辞学的观点具有一定的启发性。"唯有具备批判性，修辞学才可以破解社会文本，揭示文本的社会特征以及文本所蕴含的社会认知，还有文本自身各种复杂社会权力关系对说服话语的操控等。"[②] 少数民族新闻话语的修辞风格在很大程度上受到媒体所针对目标群体的语境等因素的影响，少数民族新闻话语修辞手法结构的运用取决于预期的传播效果，从传统的语用学角度来看，体现着劝服别人的意图。

四 特定类别

新闻话语是一个包罗万象的复杂综合体，包含许多各有区别又互为联系的话语类别。话语类别按照内容角度划分，涉及时政新闻、娱乐新闻、法制新闻、环境新闻、民生新闻等，按照事件性质可划分为

---

① 黄敏：《新闻话语中的言语表征研究》，华东师范大学出版社 2012 年版，第 6 页。
② 曲卫国：《人文学科的修辞转向和修辞学的批判性》，《浙江大学学报》2008 年第 1 期。

危机事件、群体性事件、社会重大事件等，按照媒体传播方式不同可划分为传统媒体和新媒体等。基于各种类别的新闻话语分析，少数民族新闻话语引申了一系列较为复杂的社会命题。本书要探讨的是新闻媒介如何对这一类型的话语选择象征性事件、信息如何编码、新闻架构如何完成。这一类型的话语组成要素以及这些要素相互之间的关系，哪些社会声音参与了这一类型话语的建构，它们又是如何建构自身话语的完整性和排他性，对于这些问题的关注和探讨，体现了少数民族新闻话语作为类别话语研究的价值所在。

五 专业主义

关于新闻专业主义较有代表性的定义是："它包括一套定义媒介社会功能的信念，一系列规范新闻工作的职业伦理，一种服从于政治和经济权力之外的更高权威的精神，以及一种服务公众的自觉态度。"[①] 新闻专业主义在西方国家的起源，有着特定的社会历史背景，其中包括自由民主的政治体制、市场经济环境以及相对独立的传媒体制。目前中国语境下政治宣传体制、新闻专业主义理念和媒介产业化运营，这三种力量交织构成的"场域"，展现了社会转型过程中新闻话语实践的历史场景。

国家话语的价值取向是新闻话语建构的直接体现，新闻话语必须履行党的"宣传喉舌"功能，树立与国家话语相一致的报道理念。除此之外，在媒介产业化经营与管理的变革中，以受众需求为导向的发展目标十分突出。转型期间在政治权力和市场化运营之间，新闻专业主义强调新闻记者的专业地位和服务公众的自觉态度，这为寻找自身合法化存在的新闻从业者所迅速接纳。政治宣传体制、新闻专业主义

---

① 陆晔、潘忠党：《中国社会转型期过程中新闻从业者的专业主义话语建构》，《新闻学研究》2002 年总第 71 期。

理念和媒介产业化运营三方力量，构成三个内部相对一致的话语体系。如何在国家话语体系之中，寻求并彰显新闻专业主义的价值，理应成为少数民族新闻话语分析的一个重要内容。

第二节　少数民族新闻话语宏观向度

新闻话语分析的宏观领域，主要依据新闻的本体和派生功能，描述已经展开的大体研究领域和探索向度。新闻的本位功能即新闻传播的首要目的，是作为新近事实的报道，新闻的本位功能实际上就是信息功能，这是一种表征性和认知功能。但新闻报道并不仅仅表现为事实信息，作为对事实信息的有选择的采集、加工和报道，新闻具有多元化、多层次的派生、延伸功能，"主要由政治功能、经济功能、协调功能、文化功能等构成"[①]。

一　话语的社会认知

新闻话语相较于人们生活领域的其他言语形式和类别，它不仅是一种表达符号体系，本身也是一种社会认知符号体系。德国社会心理学家冯特认为："语言是一种集体心智现象。"[②] 乔治·赫伯特·米德和符号互动学派提出，社会互动极具符号性，因为行为伴随着为达成共识的一种意义，新闻话语是符号互动中最丰富的形式之一。只有深入新闻主体和受众两方面的认知环境中，从社会认知角度对新闻话语作具体考察，弄清楚传者新闻建构以及受众解读的过程，这样才能够

[①]　杨保军：《新闻本体论》，中国人民大学出版社 2008 年版，第 214 页。

[②]　［澳］迈克尔·A. 豪格（Michael A. Hogg）：《社会认同过程》，高明华译，中国人民大学出版社 2011 年版，第 237 页。

最终评判新闻传播的影响效果。这是一种建构论视角下的社会心理学研究范式，少数民族新闻话语是人们认知少数民族群体及少数民族地区的重要中介和桥梁，是李普曼提出的"拟态环境"的重要组成部分。它引入了一种理解世界的文化层面，潜移默化地深刻影响着人们的认知功能，传播学"议程设置功能"理论的实证研究已经充分说明了这一点。关注新闻话语的多样性建构，对媒介镜像问题的话语阐释，导入新闻话语认知功能的研究视角，这样就引入了一种共同的研究基础。

二　新闻话语与话语权

话语权的概念有两层含义：第一，作为权力的话语权；第二，作为权利的话语权。权力是现代政治学中一个极为重要的概念，不同学科和不同学者众说纷纭。概括起来是以能力、控制、力量、关系这四个方面为轴心，我们可基本理解为，"权力就是一个行为者或机构影响其他行为者或机构之态度和行为的能力"[①]。

对话语权的认识，葛兰西较早提出了文化领导权和话语霸权的观点，话语与权力之间的关系是后现代哲学的一个重要关注方向，这里的权力不仅涉及立法、行政和司法等宪政意义上的权力来源，同时也隐喻学术、知识和文化，尤其是权力与文化的结盟产生文化霸权，控制着人的思想意识乃至行为规范。福柯的话语理论认为，知识、学术和话语都可能成为权力的表现形式，主流话语往往是政治权力与文化权力之间的一种"知识型构"。话语与权力密不可分，真正的权力是通过话语来体现的，任何国家内部都不存在绝对的新闻自由，一方面，新闻话语经常受到某些国家禁令的制约，这些禁令彼此关联、互

---

① 刘学义：《话语权转移——转型时期媒体言论话语权实践的社会路径分析》，中国传媒大学出版社 2008 年版，第 21 页。

相补充，并不断强化完善。而另一方面，新闻话语的表达向权势集团所代表的思想观念体系靠拢，使得权势集团自身价值观念通过教育、媒介和制度等方式渗透到大众之中，将制度和组织权力的外在强制性变为社会公众的内在认同。

福柯、葛兰西等人的话语理论侧重于话语作为权力实现工具的角度，反之，有些学者提出话语可以成为权利实现工具的论点。哈贝马斯的"话语民主"和"交往权力"理论在这方面具有深刻意义，他认为公民通过舆论和政治参与行使自己的政治权利，社会民主存在于"交往行为"的语境中，随着社会的发展，公民就社会公共事务拥有表达权和参与权，成为现代政治民主的重要组成部分。

现代化与后现代语境中，探讨少数新闻话语权嬗变的社会动力机制，少数民族新闻话语权分化的格局等相关问题，将成为本书力图阐释的一个组成部分。

三　话语与社会协调

语言学家耶兹和奥林考斯基将话语类型界定为具有相似社会实体和形式的交际活动，"实体和形式有一定的所指，实体指交际中所表现出的社会动机、主旨和主题，形式指可观察到的语言特征"[①]。少数新闻话语所体现的语篇类型，建立在一定的修辞活动基础上，属于规约性的语篇分类，它的修辞活动来源于情境及情境所在的社会语境意义。少数民族新闻话语的宏观社会协调功能，与我国社会内部各个子系统的互动整合相关，在长期综合的、潜移默化的过程中，塑造公众的社会共识并强化国家认同。它的微观社会协调功能主要牵涉个体的社会化问题，美国社会学家库利著名的"镜中我"理论，认为传播是"镜中我"形成的主要机制，不仅是个体社会化的途径，而且将整个

---

① 李美霞：《话语类型理论的延展与实践》，光明日报出版社 2010 年版，第 38 页。

社会连成一个整体的纽带，说明的是同一个道理。

　　无论宏观社会交往还是微观社会交往功能，少数民族新闻话语都在不同层面上发挥话语交际作用，显现新闻传播的社会整合作用及对人的"涵化"功能。首先，少数民族新闻话语不同内容的构成和特点，根本决定了这一类型的新闻话语，发挥着特定的社会整合与"涵化"功能，所以，关于少数民族新闻的话语分析离不开对它的社会交往协调功能的研究。其次，少数民族新闻话语的社会协调功能，必然与新闻控制、新闻主体的相关需要密切相关，自然无法脱离对新闻主体认识实践活动的考察。由于事物的性质只有在社会现实或者潜在的社会关联中才能更深刻地显现，我们还要在社会关联思维中，在社会语境的范畴内审视少数民族新闻话语与其他事物的关系。当今中国处于急剧变化的社会转型期，各种社会矛盾与冲突事件频发，如何把党和国家在社会政治、经济文化等方面的"主流话语"，与来自大众社会生活层面的"平民话语"融合起来，合理建构"主流话语"与"平民话语"之间的关联，这是建构当今中国少数民族新闻话语的现实命题之一。

四　话语与符号消费

　　新闻话语作为媒介产品所包含的信息属性和商品属性，直接发挥着文化和经济的传播功能。新闻传播和接收各个环节的归宿，就在于锁定受众的注意力，瞄准受众接受信息以及媒介产品的消费行为。就学术思想的脉络来看，国内外学者们建构的新闻话语与符号消费之间的研究逻辑，主要来源于索绪尔的语言学和巴特的符号学思想。

　　鲍德里亚是研究消费社会哲学思想的大师，他深受巴特符号学理论的影响，认为只有符号学才能阐明关于表象、语言、权利和社会现实之间的关系，符号虽然不能构成复杂的话语结构，但是符号的组成却带来了消费文化的形成。新闻话语作为消费社会中的典型符号体系之一，同样适用于符号的"能指"和"所指"功能分析，符号的能指可以是任意存在差异的范畴，符号的所指则对应于相应的意指内涵，它体现为符号的价值。鲍德里亚指出："符号价值必然要引发象征价值，因为符号消费的差异性背后还暗含着另一种象征性的价值。"①

少数民族新闻话语符号消费的过程中，表面上看是受众对信息的接受和解读过程，但是背后运行的规则是符号的差异逻辑，每一位信息的消费者都受制于符号象征性价值逻辑的支配和左右。符号的象征价值代表了社会的某种标识，造就了消费社会符号的力量及其异化形式。受众对于少数新闻文本的消费并非被动的吸纳，是受众个体建立人与群体、人与社会之间联系的系统性活动模式之一，由此代表着社会文化体系的整体构成。少数民族新闻话语的符号消费不仅是一种符号的系统化操控活动，而且这种符号化的消费活动建构了社会主流价值观念。鲍德里亚消费社会理论的启示在于，在一定程度上把少数民族新闻话语与符号消费的问题引入了研究者的视野。

五 话语与跨文化传播

跨文化存在三种不同的英文概念，即"inter-cultural、cross-cultural 和 trans-cultural"②。inter-cultural 一般指在不同文化之间，cross-cultural 指"交叉文化或者交叉文化地域"和"涉及多种文化地域"，trans-cultural 指"适合多种文化"和"超越文化"。如何在一个多民族组成的国家内部，同时在"不同文化"和"交叉文化地域"以及"超越文化"三种不同语境下，从历史发展和文化传统中寻求一个

---

① 孔明安：《物·象征·仿真——鲍德里亚哲学思想研究》，安徽师范大学出版社2010年版，第49页。

② 单波：《跨文化传播的问题与可能性》，武汉大学出版社2010年版，第3页。

各族共享的"共同文化",单靠国家层面的政治制度和行政控制是远远不够的,在"民族国家认同"与"族群文化多元"之间建立某种统一的文化认同,跨文化传播的可能策略该如何发挥应有的作用,这是国内外相关研究者都必须面对的现实难题。

难解的症结之一在于,研究者必须面对跨文化传播本身就存在悖论的实质,原因是:

其一,"刻板印象"所起的社会控制作用。"刻板印象"指的是人们对特定人群或事物预先就有的固定化、简单化的印象和观念,一般伴随着人们对社会事物价值评判的特定倾向。每个人都有自身的"刻板印象",社会成员抱有普遍被接受的"刻板印象",这种固定化的认知模式既为个人和群体提供了简便的参照范畴,也难以让人们轻易改变认识中的偏见。

其二,语言的抽象程度与群体之间的语言偏见。"当描述一个内群体成员的积极行为和外群体成员的消极行为时,人们往往使用更为抽象的语言,而当提起内群体成员的消极行为或外群体成员的积极行为时,人们则使用更加具体的语言。"[①] 在一定程度上群体之间的语言偏见就形成了一种通过称许内群体贬低外群体,从而认同内群体形象的表达机制。另外,当人们描述与自身期待相一致的行为时,往往使用显现稳定性和典型性的抽象语言。与"刻板成见"不一致的期待行为常常被人们视作一个特例,使用具体的话语可将非典型的外群体积极性与外群体一般行为区别对待,也就是说人们习惯于将一个单独的行为从外群体的其他一般化行为中提取出来,以维护自身"刻板印象"的认知协调性。

"刻板印象"和"群体间语言偏见"都说明,新闻话语在跨文化传播中可能通过一种更具有隐蔽性、不为人所发现的方式反映主导地

---

① 单波:《跨文化传播的问题与可能性》,武汉大学出版社 2010 年版,第 3 页。

位的意识形态。对于少数民族新闻话语分析而言，解构"刻板印象"和"群体之间语言偏见"的作用机制，即改变新闻主体身份认同的封闭结构，建构传受双方互惠性的认同理解，把群体之间的身份认同放在具体的语境中进行，以摆脱语言抽象的偏见。从跨文化传播的角度，延展少数民族新闻话语的研究领域，意味着必须突破单向度的习惯和固有的思考方式，创建不同群体身份认同的交流对话，建构和谐社会传播的必然性。

总之，从社会历史发展的角度看，少数民族新闻话语研究向度的延展是一个不断发现的过程，其原因在于"新闻的本体功能是唯一的，但它的派生功能、延伸功能却是一个不断扩展、丰富的过程"①。少数民族新闻话语将会与整个社会的关联越来越多，越来越紧密，少数民族新闻话语研究的向度变化将日趋活跃、不断生成。

第三节 少数民族新闻话语研究的视角

新闻话语研究的视角是指针对特定的新闻话语或者文本，所借助科学合理的逻辑出发点，否则就达不到客观科学的认知目的。研究者采取何种逻辑思维形式，既来源于感性认识阶段，又高于感性认识阶段，从感性上升到理性认识，循环往复并应用于一定的判断和推理方法，产生合乎逻辑的研究结论。

一 主客观辩证

新闻是关于新近发生的、具有知悉意义的事实报道，与其他任何客观事实一样，是自在性的存在，但自在的事实要进入新闻传播范

---

① 杨保军：《新闻本体论》，中国人民大学出版社 2008 年版，第 213 页。

畴，必须要经过记者编辑的诸多编码环节，离不开新闻传播主体的认识和对于新闻事实的发现。理解了这一重要前提，我们就能够认识到少数民族新闻话语是主客观相对统一的。

（一）潜在新闻的先在性

新闻具有客观性的逻辑根源在于，作为客观事实存在的新闻首先是先在于和外在于传者的，现实新闻是对潜在新闻的发现和采掘，并非所有客观事实都被认定为新闻事实。"关于新闻属性、新闻价值的认定，不管是对整个人类来说，还是对特定的社会来说，都是具有历史性的，具有文化特殊性的。"① 潜在新闻总是存在着成为现实新闻的可能性，具有新闻性的信息，一旦被"遮蔽"或者"掩埋"，就为将来传播者的发现留下了线索或者机会。客观事实中所包含的历史信息本身，它对所有人而言的未知性、先在性和潜在性，就成为必然的新闻报道，传播者是否能够发现潜在新闻，既有偶然的机遇缘由，又存在必然的基础。

具有一定知悉意义的少数民族新闻，必然体现于特定的新闻话语、新闻符号之中，逻辑次序中新闻事实是客观的、先在的，而话语的语言功能归属是随后的，它们之间的关系是源头与支流的关系。新闻事实的先在性、潜在性和外在性说明，对少数民族新闻事实的认识是一个不断发现、探索的过程，是一个需要揭示、扩散的过程，也是一个需要充分发挥传播者主观能动性和创造性的过程。

任何新闻事实不可能直接转换为新闻文本，它首先必须成为新闻话语，因为记者如果不能亲临现场采访记录，就无法完成新闻写作的终稿过程，所谓"七分采三分写"说的正是这一道理，新闻话语始终伴随着潜在新闻事实的发现与采制过程。

---

① 杨保军：《新闻本体论》，中国人民大学出版社 2008 年版，第 248 页。

（二）新闻话语对事实本体的再现

作为对新闻本体的再现，新闻话语在反映主体事实过程中要求具有直接性和无中介性的特点，这是新闻客观性原则所规约的。新闻话语与事实本体之间是反映与被反映的关系，新闻的本性要求新闻叙述逻辑与事实客观逻辑的一致性。当然，新闻话语对事实主体的再现不可能是纯粹的、绝对的再现，而是新闻传播主体在一定的社会语境、传播体制和具体新闻"场域"中各种影响因素相互作用的结果。

少数民族新闻话语与新闻本体之间的"镜像"再现关系，应该注意避免持有单一片面的观点，如把少数民族新闻话语的反映观与建构观对立起来的论调，从某一方面否定反映观，另一方面又强调建构观。"我们不能因为认识离不开主体对客观对象的主观性把握，便说达到客观真理是不可能的，同样我们不能因为再现新闻事实离不开传播者的主观意识，就说传播者不可能客观再现对象的本来面目。"[1] 如此，必然导致新闻认识论上的怀疑论和不可知论。我们需要自觉的是，新闻话语的客观性是相对主观性的客观性，新闻话语的主观性必须遵循新闻真实性这个唯一的标准，必须在事实主体的范畴内反映客观事物的真实性。因而，本书关于少数民族新闻话语对事实主体的再现，是客观性和主观性的相对统一，是走向合理、真实的辩证思维，是避免偏执一端的两极化思维。

二 结构行动观

在荷兰语言学家梵·迪克之前的媒介研究，大多是由以美国为代表的经验学派和具有欧洲学术源流的批判学派分别展开的。经验学派的研究旨趣主要集中在传播与人的行为问题上，着重探索如何通过传

---

[1] 杨保军：《新闻本体论》，中国人民大学出版社 2008 年版，第 254 页。

播来劝服与影响人的心理、态度和行为，研究特征主要体现实用主义的功效和多元主义的社会观。美国传播学者罗杰斯指出，拉扎斯菲尔德通过不断改进抽样调查技术和量化分析法，比其他任何人都更多地把传播学引入经验研究的方向。但批判学派却更多将注意力投射在社会结构和意识形态相关的宏观领域，将社会文化理论和传播理论结合在一起，对现行资本主义制度持否定和批判态度。

话语分析在新闻研究中的引入，最大的贡献莫过于强调并延展了对媒介信息的研究领域，开始系统地探讨媒介内容的结构、影响和意义，从经验学派注重受众的应用调查，以及批判学派的社会外部分析转向新闻话语本身，既注重新闻话语微观内部的静态分析，又融合社会宏观动态的整体视角。结构主义的研究方法只是作为一种理论视角和研究方法，而不是政治立场或理论思潮，研究者的任务就是要揭示不同文化借以认知和理解世界的概念性结构。罗兰·巴特、福柯、阿尔都塞在媒介文化研究中都曾经运用过这种方法，以至于发展成为一种研究流派，他们共同的做法是以"文本"分析为依据，指明陈述事物动态的过程。在结构主义研究流派看来，人类社会存在一种原始的、静态的结构，人们的思考和行为受到这种结构的限定，"社会结构"和"行动"是人类社会的中心范畴。结构主义研究流派对于"社会结构"和"行动"进行了理论的拆分和联系，把"结构"视为实施行动的外在客观条件，"行动"可以被理解为主观行为的表现过程。受到索绪尔的结构主义语言学和列维-斯特劳斯结构人类学的深刻影响，对于新闻话语普适性结构的描摹就成为以往某一研究阶段的重心所在，这种话语分析模型更多采用英美语言学派的话语分析框架，比如梵·迪克的新闻话语分析模式只注重话语分析中的表层结构和表层意义。

布尔迪厄和吉登斯所发展的结构论，为新闻话语分析的理论视角提供了新的借鉴，他们排除将"结构"和"行动"二元分立的传统社会理论，将结构和行动放在互动的关联之中考察。可以如此理解："一方面，个人和组织的行动本身确实受到新闻话语结构模式的制约；另一方面，新闻话语的结构不是静止的，它在个人和组织的行动过程中产生，是具有象征性的一种交换行为，随着行动的发展处于不断变化之中。"① 此外，布尔迪厄提出的"关系性思维"深化了上述论调，他认为研究社会生活的方法"不是通过实体而是通过关系来识别，由于这种关系被日常感觉经验的现实所遮蔽，所以它们是眼睛所看不见的，必须被科学建构为相互外在的各种位置，并通过彼此之间的相应距离来得到界定"②。

少数民族新闻话语的结构会随着社会实践的变化而变化，并非一个永恒不变的模式。少数民族新闻实践不断创新变化，其话语构成必然产生相应调整，因而，我们应当在"结构—行动"的宏观和互动视域内把握少数民族新闻话语结构的动态演进。

三　社会建构观

社会建构主义思潮较早形成于哲学家舒尔茨的现象学著作中，他提出社会的组织、力量和想法是由人类不断地再创造和再复制的观点。1966 年伯格和卢克曼受到上述观点启发，在《对真实的社会建构》一书中，详细阐释了舒尔茨所提出的系统对真实社会的建构理论。社会建构主义从其源头而言与科学理性主义就是悖反的，科学主义主张通过实验等方法揭示自然界原本存在的秘密和规律，而社会建构论者对这种研究方法提出质疑，认为包括科学规律本身在内的社会现象都是行动者个人建构的结果。建构主义是当前社会科学的一种思

---

① 邹建达：《多维视野下的新闻话语分析》，《云南民族大学学报》2008 年第 3 期。
② ［美］戴维·斯沃兹：《文化与权力——布尔迪厄的社会学》，陶东风译，上海世纪出版集团 2012 年版，第 71 页。

潮，福柯的建构观认为，科学知识的生产是建构性的，而非描述性的，是一个由决定、协商和接受构成的过程，休谟也认为"客观知识"无非是主观心理的习惯性思维结果。

话语实践、修辞效果、大众文化和媒体的研究都一致存在着演绎建构论的倾向，与新闻传播相关的建构观有着丰富的学术渊源，如米德的符号互动说、杜威等芝加哥学派关于共同体思想中蕴含的建构观，李普曼提出在客观世界与人们的主观臆想之间，总是存在一个"拟态环境"，由传播媒介通过对象征性事件或者信息进行选择和加工、重新加以结构化以后向人们提示的环境。没有任何新闻话语对事实主体的描述是终极正确的，来源于特定社会文化和时代的新闻话语，反映了新闻本体存在的"中介化"手段，是媒体建构事实世界的过程，它的根基深深地埋藏于社会土壤之中。

（一）媒介对于社会权力的建构

媒介建构观探讨的首要问题无疑是权力，但是这种权力不可简单理解为来自政治或者经济权势的控制，它是一种统摄媒介话语的权力。传播中固有的选择行为是如何进行的，这个问题在早期传播学"把关人"研究框架中，就为我们提供了一个清晰的认知框架。库尔特·卢因最早提出了"把关人"是做出信息选择行为的人，怀特则强调把关人个体价值取向的重要性，按照吉伯尔的观点，媒介一整套的组织机制在影响整个把关过程中，比媒介个体成员更为重要。麦克内利的把关模式，阐明"把关"是一个系列过程，相应存在一系列众多的把关人。此后，巴斯的把关进行了分类，认为有新闻收集者和新闻加工者之分。"把关人"内容表明，促进和抑制信息扩散的因素在传播学史中一直得到研究者的重视，秉持话语权的人，因掌控大众传播中的信息扩散而具有显要的社会权力。

休梅克提出了一个媒介内容选择的多层分级模式，这一编码圈层从里至外包括：个体传播者、媒介惯例、媒介组织、媒介外部因素和意识形态五个层面，每一个层面都受到上一层次的制约。这是一个多层次互动交流的模式，不同层面对媒介内容选择作用不同，诸多影响因素相互交织缠绕，在不同的传播环境下具有不同的价值。这个过程中，又有一系列权力机制通过社会结构的形式，体现为对媒介信息的采集权和决策权的把握，从而获得媒介话语的使用权。

权力的影响机制问题，同样存在于受众接受媒介信息的过程中，在建构受众主观世界的过程中，媒介始终处于支配位置。媒介所创造的符号化现实，尤其是作为现场的创造者、事件见证者、紧急信息和帮助的来源者、重大事件的阐释者等重要议题传播，对于个体主观世界的建构发挥着重要作用。同时，受众对于信息的选择性心理机制也说明，我们不可忽视受众的主动建构能力，霍尔所提出的受众顺从式、协商式和对抗式解读，取决于传者与受者的关于文本的互动效果。

媒介建构观探讨的其次问题无疑是意义的流动，符号学把传播看成信息中意义的产生，符号学家们用意义指代编码者与解码者之间积极的互动过程，传播意义的创造、生产和协商过程，是符号、释义符与客体之间动态互动的结果，意义在时间的流逝中随历史而改变。罗兰·巴特率先建立的第一个系统模式，就是用以分析编码者与解码者对文本意义的相互协商和相互作用机理，巴特理论的核心即意指化的两个序列。

"第一序列被称为明示意，指符号的明显常识意义，描述了符号的能指与所指之间以及符号与外部现实中指涉物的关系。第二序列的三种运作方式：其一，隐含意。描述了符号遇到使用者的情感或者情绪以及他们的文化价值时，所发生的互动；其二，迷思。巴特把迷思看成一连串相互联系的概念，是思考事物并且将事物概念化的一种文化方式；其三，象征。当一个客体通过惯例来获得某种意义并用来代

表一些事物时，它就成为一个象征。隐喻和转喻都是非常策略的传播技巧，利用有所掩饰的标志符号并在此基础上建构。"[①]

媒介的话语建构观，必然要引述"新闻框架"理论，因为框架理论本身是以话语结构为对象的研究，一系列的符号或者观念因素具有特定意义建构的规则，通常是以整体打包"框架"的形式出现，它兼具名词"框架"概念（frame）和"架构"（building frame）两种区分。美国学者甘姆森指出，新闻框架的功能在于提供人们整体性的思考基础，一类是指界限（boundary），引申为对社会事件的规范和新闻取材的范畴；另一类则指用以诠释社会现象的"架构"（building frame），以此来解释、转述、显示意义的结构，是一种观察事物的世界观。甘姆森的建构主义"框架"理论，与李普曼的学说较为近似，重要的区别是增加了对个体之间活动交往的洞察分析。在他的研究模式中，一方是媒介的建构层面，起到组织作用的是核心观念和符号；另一方是受众个体的解读层面，包含受众的认知和重构过程，这二者相互对应，不同个体相承交流互动，形成对社会公共事物的一致意见，在此基础上形成舆论。

戈夫曼的"框架"理论则是一个认知心理学的范式，对于媒介的建构而言，它是组织话语和意义阐发的图式，对于受众的认知而言，它是认识世界和经验累积的图式。当戈夫曼的"框架分析"具体应用于话语结构时，潘忠党提出了"思""言""行"的三个研究维度，"思"涉及文化、语境、经验、心理等认知理解领域；"言"是作为内容分析的一个部分，从话语实践的角度看，话语是意识形态的载体，话语背后反映着传播主体的思维与意识活动；"行"即奥斯汀所论"以言致效"意图，是指话语背后的传播动机，同样也涉及权力的社

---

① ［美］约翰·费斯克：《传播研究导论：过程与符号》，许静译，北京大学出版社2008年版，第83页。

会控制、公众话语建构等问题。这样的整合研究维度为媒介建构主义意义的阐释提供了有益的启发。

总之，媒介建构主义的研究视角伸向更为广域的社会现实，把客观现实、媒介现实和受众主观现实联系起来，阐明媒介形象与之相对应的政治、经济文化等社会结构。

（二）少数民族新闻话语的社会建构

少数民族新闻话语的生产和运作过程中，往往也需要一种文化标准化的形式，阿尔都塞与斯诺第一次使用"媒介逻辑"① 一词，用来捕捉某些特定内容选择的系统性本质，这是一个决定报道内容如何选择、报道时间如何分配、有关受众的倾向与偏好的"媒介语法"的存在，由此涉及媒介对客观世界本身的描述和建构的影响。新闻话语是社会建构的必然结果，一定社会历史时期主流媒体关注了什么问题、报道了什么内容、投射了什么意义，就总体反映了新闻信息的社会建构。

第一，社会发展的不同阶段和各异形态是少数民族新闻产生的基础，少数民族新闻话语受到社会环境限制，而非媒介自由选择与任意反映。少数民族新闻话语总是与社会现象存在一种不断发生的互相呼应，"事实上，如果出现社会与新闻之间的错位，往往是社会扭曲了新闻的本性，而不是新闻扭曲了社会方向"②，社会政治、经济、文化诸多影响力量对新闻现象起的作用始终是根本性的。

第二，少数民族新闻话语的主导模式、主导观念不可能超越特定社会的主流思想观念体系。少数民族新闻话语的存在是时代的产物，是合乎时代主题、精神和潮流的事物，在少数民族新闻话语中得到充

---

① ［英］丹尼斯·麦奎尔：《麦奎尔大众传播理论》，崔保国等译，清华大学出版社2010年版，第269页。

② 杨保军：《新闻本体论》，中国人民大学出版社2008年版，第257页。

分呈现，少数民族新闻与时代之间相伴相随是同一性，少数民族新闻无法跳脱时代的局限率先前行。

第三，媒介社会化与社会的媒介化，二者相互依存互动的信息环境特征越发显著。媒介的社会化，是指媒介作为专业化大众传播组织社会性特征的突出趋势，媒介自身的独立性、专业性等目标越发受到社会各方影响因素的牵涉和分化；另外，社会的媒介化，指各种社会生活领域、社会认知活动、社会实践活动，受到媒介所营造"拟态环境"的影响，受众所产生的心理、态度和行为变化直接作用于社会实景。

媒介社会化与社会的媒介化传播情景下，少数民族新闻话语作为一种特有的精神力量对社会存在更大的能动作用，民族主义、爱国主义等精神文化领域的新闻宣传，都可以被理解为典型的社会建构方式，当前舆论形成和舆论引导的新形势下，少数民族新闻话语的建构功能要从信息发布者和意见的表达者，向信息解释者和社会对话组织者的角色转变，才有可能在社会系统的复杂性和受众多元化需求中建构更加广泛的认同和共识。

四　受众关系观

话语通过使用语言来构建事物，詹姆斯·保罗·吉列举了七项语言的构建任务："使用语言赋予事物意义，使用语言来确认人们正在从事什么样的活动，人们使用语言以获得某种身份或者角色，使用语言来表明与受话者、读者或其他个人、组织、团体的关系，使用语言来表达对社会公共事务性质的立场和策略，使用语言使事物相互联系或者不联系，使用语言来建构知识体系和信仰。"[①]

---

① 〔美〕詹姆斯·保罗·吉：《话语分析导论：理论与方法》，杨炳钧译，重庆大学出版社 2011 年版，第 12 页。

在传播者与受众关系的研究维度中，如何使用新闻语言表明新闻传播主体，在何种新闻传播体制下，能够与受众之间建立什么样的关系，或者正在尝试与受众之间建立什么样的关系，新闻主体对传播者与受众关系的定位以及某些设想，都必然决定新闻话语的内容、形式、意义和传播效果。

麦奎尔对三种典型的传播者与受众的关系模式进行了描述："第一种是传送模式；第二种是表现模式或者仪式模式；第三种是注意模式。"① 与此相对应，在传送模式中，传播过程被认为是一种控制或影响受众的过程，受众被看作目标靶心。参与或者仪式模式中，传播被定义为共享和参与，是在传播者和受众之间不断增加共通的意义范畴，而非按照传播主体预期的目标去改变受众。这种传播过程不仅是为了在空间上扩散告知信息的活动，而是一种共同信念的表达。这种传播者与受众的关系模式是"去功利性"的，本质上每一位受众都可以是参与者。第三种注意模式中，传播主体不是为了传递信息，也并非注重传播效果，只是想抓住受众的注意力，这意味着传者与受众之间意义的分享相当有限，对于受众而言可能是打发闲暇时光的一种休闲方式。

语言学家沃尔夫-萨丕尔假设语言是世界观。从传者与受众之间的关系模式中，我们也可尝试推导出怎样看待受众，就怎样决定新闻话语结构的论断。改革开放之前，人民群众被看作新闻宣传的目标，是被新闻思想培育的对象。改革开放之后至20世纪80年代初期，随着传播学在中国的引进，传媒研究的科学理念逐渐普及开来，研究者与传媒都开始意识到受众以及反馈的重要性，启用某些新的话语表达概念，最明显的就是用"信息""媒介""受众""社会危机"等语汇，

---

① ［英］丹尼斯·麦奎尔：《受众分析》，刘燕南、李颖、杨振荣译，中国人民大学出版社2006年版，第54页。

代替了意识形态和阶级斗争色彩浓厚的"宣传""宣传工具""人民群众""阶级斗争"等提法。

目标受众的第一种关系模式中,新闻话语包含了新闻与宣传两个方面,二者既有区别又存在联系,彼此存在交集。参与或者仪式的模式中,新闻话语被赋予了更丰富的传播行为内涵,强调受众的传媒接近权和使用权。第三种关系模式中,新闻话语就是为受众提供具有刺激性、娱乐性的煽情内容,以锁定受众的关注度,在"注意力经济时代"应对激烈的媒介产业竞争。

无论上述哪一种关系模式,如何对受众进行总体定位,在政府立场、受众需求和媒体盈利这三者之间把握动态平衡的格局,当今中国少数民族新闻话语必须在其中找到一个平衡点。目前新闻话语的总体发展态势,是媒介"场域"处于与权力场、经济利益场、受众群体等多方动态变革的过程之中,完整而独立的新闻专业主义话语尚未出现,传统的宣传话语结构在表现策略上已有大幅改进,"贴近生活""贴近实际""贴近受众"的标准渐进改变了少数民族新闻话语形态,少数民族新闻语态的改革呈现更加自然生动,更加具有亲和力的特征。

五　国家社会观

政治社会化的目标就是将国家核心话语传达给社会个体,培养社会公众的"共识",只有在这个基础上,人们的认识、判断和行为才会大体形成一致,社会生活才能实现协调。大众传播长期综合、潜移默化的效果被称为"培养"效果,在这个意义上大众传播是国家和社会的"故事讲解员",是缓解社会异质部分冲突与矛盾的"熔炉",还是维护现存社会制度的"文化武器"。新闻话语本身就是国家政治传播的重要组成部分,能够实现对社会和个体的内在观念控制,主要通过较为稳定的道德规范、文化习俗和直接的宣传话语进行。

出于不同的历史和理论视角，国外有研究者指出，"在美国实证研究和传统马克思主义双重理论遗产的影响下，当下中国传播研究不但在对权力概念的理解上有许多偏颇，而且或多或少忽视了社会的重要性。这突出体现在国家与市场二元论思维模式主导地位，和研究者对'制度'以及'结构'抽象演变的聚焦上，这样一来传播研究可能陷入无休止的制度设计争论，而且一个积极的、蕴含变革力量的社会很难进入传播研究的视野"①。近年来，国内外的理论研究者已经将社会的视角带入传统马克思主义的体系中，以美国社会学家麦克·布洛维的社会学马克思主义研究路径为代表，这种研究路径将社会置于一个与国家、市场相依存但又殊异于国家、市场的首要地位。"国家—社会"研究视角的意义在于，任何社会有着自身存在和发展的空间，社会所拥有的独立价值地位应该得到国家这一政治共同体的承认，同时勾画出新闻话语与国家、市场和社会变迁，各方力量交错制衡的动态图景。

一般而言，同一个政治共同体内国家和社会强弱关系的对比表现为一种博弈关系，新中国成立之后至改革开放之前，中国的"国家—社会"关系表现出"强国家—弱社会"的性质，这样一种国家与社会的力量对比呈现，意味着国家在社会面前取得压倒性的整体优势，国家政体整合了社会发展中的各个系统。改革开放以后至 20 世纪 90 年代后期，中国社会转型为国家之外相对独立的一种力量，"国家—社会"的总体关系开始变化，表现在以下几方面：第一，国家对文学艺术和科学研究等方面仍然保持控制的领域，但是控制的力度更加具有协调性，而且控制的方式转向逐步规范化的方式；第二，市场经济的

---

① 赵月枝：《传播与社会：政治经济与文化分析》，中国传媒大学出版社 2011 年版，第 33 页。

发展使得新闻传媒在传达与国家政治经济文化相关的核心话语时，还必须考虑社会受众的信息需求和喜好，国家话语与受众需求、市场效应在某种程度上具有同构性；第三，国家形象工程的建构，在新闻话语的表述上开始与国际接轨，但在技术和策略水准方面仍有待提升，新闻话语开始从单向的宣传灌输转向对话式的交流；第四，新闻专业主义的引入，体制内展开的"语态改革"，"这种新型的宣传话语常常以自我矛盾的方式，调和以宣传为目标的媒体管理体制和市场条件下媒体专业主义之间的冲突"①；第五，媒介技术的变革带来媒介使用方式的变革，新的媒介形式必然带来对新闻话语的选择，互联网和移动社交媒体为社会变革提供了舞台和背景，但这种技术对新闻话语的影响并非直接发挥作用，而是通过社会如何应用技术产生广泛的影响。

　　"国家—社会"关系的发展思路，为我们提供了一个从历史纵向角度探讨少数民族新闻话语演变的视域，本质上说要把少数民族新闻话语放在一个国家和社会的历史变革中阐释，少数民族新闻话语是特定"国家—社会"历史环境下媒介制度演化的结果，应避免孤立地分析少数民族新闻话语的生产和运作问题。长期的"国家—社会"历史语境中，媒介制度是少数民族新闻话语实践的内在逻辑之一，借鉴社会制度演化理论的描述，结合传播学者对媒介制度的阐释，媒介制度演化的模型包括："第一个维度是媒介制度环境，涉及社会权力机构和相关政治、经济、法律等制度；第二个维度是媒介制度变迁的行动主体，涉及政府、媒介组织、利益集团等；第三个维度是媒介制度变迁的外源力量，涉及媒介技术和国际媒介影响等；第四个维度是媒介制度变迁的内源力量，涉及媒介制度效率性质等。"② 媒介制度的演化可以从任何一个维度、任意一个变量开始，媒介制度的演化终究是多

---

① 刘海龙：《宣传：观念、话语及其正当化》，中国大百科全书出版社 2013 年版，第362 页。

② 邵培仁等：《媒介理论前瞻》，浙江大学出版社 2012 年版，第 41 页。

个维度之中多个变量交互作用的结果，这种交互的系统性、多样性、动态性带来了考察少数民族新闻话语变迁的复杂性。

六　国家认同观

少数民族新闻话语不仅是反映族群特定文化特征的符号系统，而且体现了具有一定规律性的新闻媒介活动，它所涵括的丰富内容包含一个国家内部的主体民族如何观察少数民族，如何看待少数民族的过去、当今以及未来发展，怎样建构不同民族对于国家认同的归属感。

少数民族新闻话语作为一种共享的符号体系，具有塑造公众思维和社会秩序的巨大力量，传播国家政治行为理念的同时也在规范公众的行为。"国家认同是以个体的心理认知和判断为基础，通过个体自身的行为以及社会不同群体之间的互动，实现对国家共同体的归属和忠诚过程。"[①] 全球化时代公民的国家认同，不再体现为既定国民身份的归属感，而是需要一定公民意识的支撑，少数民族新闻话语的社会意义使人们的思想文化超越地域、族群的限制，是不同民族形成国家认同的重要中介机制，它通过一定规则的符号表达体系及其意义的建构作用，影响或者改变不同群体的身份边界，有助于培养现代公民意识和拓展公共领域的形成，形成了少数民族关于国家认同的建构和变化机制。

换个角度来看，少数民族与其自身的认同存在更为紧密的关系，每一个民族作为共同体的形成、生存与发展，除了具有血缘、肤色等亲缘特征，更重要的是共享语言、习俗、宗教在内的一系列信念，这是一种类似于黏合剂的价值聚拢机制，这就意味着在不同族群的深层次文化内涵中，对一些主流叙述达成一致共识存在诸多中介因素。因

---

① 任勇：《国家治理视野中的认同序列：基于西南民族地区研究》，《学术论坛》2014年第5期。

此，要理解少数民族新闻话语对于国家认同的真正影响，就需要准确地认识在人类社会结构中认同构建的序列组合过程。

划分少数民族群体的认同结构，"第一个序列是层级结构，体现为家庭、社区、地域、族群和国家认同的依次排列过程；第二个序列是文化结构，体现为语言、宗教、传统、习俗、道德认同的依次排列，它们共同构成了少数民族的认同序列"①。具体而言，少数民族的认同序列依次被排列为以下四种形式：第一，包括家庭和家族范畴内的心理认同；第二，包括生活地理范畴的地域认同；第三，以族群认同表现出来的集体认同；第四，实现国家整合与稳定保障的国家认同。国家对少数民族地区的治理，实际上就是协调上述四种认同序列的有机协调，但是在实现少数民族认同序列的有机排列中，仅仅依靠自然而然的控制是难以起效的，必须借助外在的"硬性"和"软性"刚柔相济的力量，少数民族新闻话语主要从文化结构的层面保证少数民族作为一个共同体的存在和发展，反映现代国家对于少数民族地区治理的重要进程，成为国家对于少数民族社会"柔性"控制的重要机制，是少数民族群体的传统性、地域性与国家治理之间整合与优化的重要手段之一。

全球化时代公民的国家认同不再是与生俱来和一成不变的，而是需要国家制度、公民教育、文化战略等社会各方面不断培养和稳固，建设一个公平民主和谐的社会，新闻传媒是促进公民共同感和国家认同形成的重要平台，在积极强化现代公民国家认同感的形成过程中发挥着重要作用。

---

① 任勇：《国家治理视野中的认同序列：基于西南民族地区研究》，《学术论坛》2014年第 5 期。

第三章　少数民族新闻话语的规范和多元化时期（1978—2000）

　　话语实践终究是社会历史的产物，任何历史时期的国家民族政策都是影响少数民族新闻话语呈现的社会制度因素。1978年改革开放之后，中国共产党继续沿袭新中国成立以来的族际整合模式，主要通过民族政策协调多民族国家之间的利益关系。国家民族政策制约着少数民族新闻政策的地位与功能，因而具有显要的特殊性。

　　首先，少数民族新闻政策体现上层建筑和舆论导向功能。自1978年至今国家不断完善协调少数民族新闻政策，少数民族新闻话语必然受到报道政策的"把关"标准干预，新闻媒体过滤凡是不符合宣传纪律的新闻内容和事实，谨慎避免有争议的内容进入报道范畴。其次，少数民族新闻政策的文化管理职能鲜明。国家实施少数民族新闻事业发展计划、调控和监督的一系列系统政策，其引领、协调和促进作用非常显著。再次，少数民族新闻政策发挥舆论一律的作用。凝聚民心、弘扬主流舆论，符合整个社会的公共利益和社会进步，这种舆论统一化前提是合理的。

　　鉴于少数民族新闻政策的特殊地位和功能，它成为党和政府促进少数民族新闻传播事业发展，实施社会整合与控制的重要途径。自1978年至今我国少数民族新闻政策一直处于渐进调整和稳步发展的过程，既是国家主体对原有政策的不断完善强化，同时又是国家主体推动少数民族地区新闻事业繁荣进步的创新举措，国家的少数民族新闻政策是在不断发展过程中得到延续的，绝非经常性地受到大幅更改。

改革开放以来我国新闻改革的历程，经历了 20 世纪 80 年代初期的新闻思想解放，90 年代初期之后的新闻观念变革，90 年代后期的传播技术推动等 3 个主要阶段。本章综合分析我国新闻话语变迁的宏观背景，把握少数民族新闻政策的时代特征，依据媒介形态的变迁路径，确定少数民族新闻传播史中具有里程碑意义的媒介事件，并以此作为各个历史阶段分期的时间节点，探索各个历史时期的政策语境、话语载体、话语类型和表达语态的差异化特征。

第一节　少数民族新闻话语的规范
治理时期（1978—1990）

对于少数民族新闻话语的研究和考察，政策环境是一个重要的研究变量，社会环境的变化向政策制定部门输入信息，政策的制定决定新闻传媒发展方向和战略的选择，从经济学的角度来看这是一种"路径依赖"。

一　以改革整顿为基调的政策语境

1976 年，"文化大革命"结束之后，我国处于思想僵化、文化禁锢和经济、科技、教育等行业近乎停滞的崩溃边缘，如何建设社会主义是迫切需要认清的思想前提。1978 年党的十一届三中全会上，邓小平做了《解放思想，实事求是，团结一致向前看》的讲话，这一讲话是改变中国命运的重要决策，破除了"以阶级斗争为纲"的"左"的政治路线，以及与此相关的教条主义、个人崇拜等极端错误的思想路线，特别是冲破了"两个凡是"的严重束缚，实现了指导思想上的拨乱反正。

改革开放之初，全国新闻界"拨乱反正"反对"假、大、空"文风，摒弃报纸是"阶级斗争工具"这一观点的过程中，邓小平于1979年视察了《人民日报》，对于解决当时群众上访问题的宣传报道做出了重要指示，1980年1月邓小平在此次视察的基础上，重点指示并提出了改革开放以来新闻观的要点："传媒要成为全国安定团结的思想上的中心。"[①]围绕新闻传媒促进社会安定团结的基本长期任务，邓小平要求在组织上明确党内的宣传纪律，从制度上和法律上保障人民的民主权利，主要是防止"左"，同时警惕"右"的反倾向方针。邓小平改革开放以来的新闻宣传思想，极大地促进了新闻界回归新闻报道的本质规律。1981年1月29日中共中央颁布了针对报刊新闻广播宣传的重要决定，该项文件是粉碎"四人帮"以来，党中央就新闻工作做出的第一个纲领性文件，该项决定充分肯定和表扬了党中央对新闻传媒在粉碎"四人帮"以来取得的工作成就，是对广大新闻工作者的支持和鼓励，同时该项决定指出新闻界存在的严重不足，主要问题是：有系统地宣传思想原则的积极性、主动性不够，对于反对四项基本原则的思想和言论没有展开有力斗争，有的报道和理论与党的步调不合拍，有的报道在理论、政策宣传方面有片面性，没有坚持展开批评与自我批评等。

针对新闻界的上述错误和不足之处，中央提出了六方面要求：第一，新闻媒体必须严格遵照党的十一届三中全会以来的路线方针政策进行宣传；第二，认真宣传坚持四项基本原则的决议；第三，社会主义精神文明是宣传的重点内容；第四，妥善处理好表扬和批评之间的关系；第五，文艺节目要始终坚持为人民服务和为社会主义服务的方向，正确贯彻"双百方针"；第六，新闻传媒是党的舆论机关，一定

①　陈力丹：《马克思主义新闻观思想体系》，中国人民大学出版社2006年版，第707页。

要加强组织纪律性管理。

1983 年 10 月，邓小平在党的十二届二中全会上发表《党在组织战线和思想战线上的迫切任务》的讲话，强调指出：思想战线不能搞精神污染。在此政治背景下，1983 年中宣部发出《关于清理整顿报纸的通知》，要求深入检查报纸在宣传中存在的问题，重点检查有无违背四项基本原则及党的路线方针政策的内容；有无宣扬西方资产阶级错误思潮；有无鼓吹"一切向钱看"的错误论调；有无登载黄色下流、离奇荒诞的内容等。

1985 年 2 月，胡耀邦在中央书记处会议上做了题为《关于党的新闻工作》的发言，"这一发言从某种意义上来说，是 1981 年以来新闻界同仁学习、自我批评改革的集中体现，在这些问题上新闻界同中央已经有了共识，新闻改革的一些冲击已经被克服"[①]。1987 年 3 月 29 日，根据反对"资产阶级自由化若干问题"的通知精神，中央又发出关于坚决、妥善地做好报纸刊物整顿工作的通知。1989 年之后，中央重点主抓了新闻界的反思和整治工作，江泽民同志和李瑞环同志分别做了"关于党的新闻工作的几个问题"，以及"坚持正面宣传为主的方针"讲话。从 1983 年至 1989 年，对报刊的阶段性清理整顿几乎每两年一次，规范了这一时期报刊和其他媒体的新闻报道内容，追惩式的管理政策起到一定的积极效果。

这一时期"党性和人民性之争"的辩论在政治思想领域引起中央的重视，1979 年 3 月全国新闻工作座谈会在北京召开，这是中央着意在新闻工作领域拨乱反正、正本清源的一次新闻界盛会，当时的中宣部部长胡耀邦做了题为《关于新时期的新闻工作》的讲话，"他指出新闻工作有很强的党性，从党的根本性质来说，党性与人民性是融合

---

① 童兵、林涵：《20 世纪中国新闻学与传播学》（理论新闻学卷），复旦大学出版社 2001 年版，第 372 页。

在一起的，党性就是人民性，党性与人民性一致的观点得到与会人员的广泛认同"①。直至十二届二中全会，对于党报的党性和人民性的争议问题，引起了党中央的重视，坚持新闻工作的党性，同坚持新闻工作的人民性，不仅在理论上是统一的，在实际运作中也是可以做到的。

上述一系列新闻宣传的政策文件，是在改革开放的背景下对于新中国成立初期新闻政策的回归、转型和改良。政策环境的变革背景下，新闻学术界开始积极探索自身的主体研究意识，自 1980 年至 1990 年，学界召开了一系列学术研讨会，议题涉及"马克思主义经典作家新闻思想的研讨""毛泽东新闻思想的学术研讨""关于世界新闻新秩序研讨""纪念抗日战争和世界反法西斯战争 40 周年""报业经营管理"等内容。其他重要的会议还有 1984 年 6 月和 1985 年 5 月，分别在山西太原和安徽合肥召开的"新闻真实性学术研讨会"，与会研究者达成共识：新闻的真实性问题在理论和实践中存在复杂的表现，有必要在理论上建立共识，在实践中交流合作。

总之，1978—1990 年国内新闻宣传思想领域所发生的重大变革背景下，新闻话语兼具复归与转型的特征，有些在"文化大革命"时期被迫中断的传统观念和做法得以恢复，总体是在恢复的基础上再创新。综观 20 世纪 80 年代新闻改革的政策背景，驱动新闻媒介重新回归自身的主体使命，成为促进新闻传媒不断发展的重要力量。此外，国家为规范少数民族语言媒体发展，专门组织会议进行讨论。针对新闻报道和文艺创作中的一些乱象所引发的民族冲突，以及民族宗教和民族习俗等特殊问题，党和国家通过连续下发的一些政策文件予以严格规范。

1980 年 2 月下旬，中共中央宣传部召开了部分省区和自治州的少

---

① 童兵、林涵：《20 世纪中国新闻学与传播学》（理论新闻学卷），复旦大学出版社 2001 年版，第 372 页。

数民族文字座谈会，会议部署了少数民族文字新闻宣传的任务，指出少数民族文字报纸要成为党联系少数民族群众的重要纽带，各地少数民族文字报纸是当地党委领导下面对广大少数民族群众和基层干部的报纸，要宣传党的路线、方针、政策，促进少数民族地区社会改革进步，发展少数民族文化自身特色，努力做到社会主义内容和民族形式的统一。1986年，中宣部、国家民委、中国记协联合召开全国少数民族文字报纸经验交流会，会议的主要议题是探讨新形势下少数民族文字报纸出现的一些新情况、新问题，为少数民族文字报纸的改革发展出谋划策，把"团结、改革和建设成就的宣传"作为自身的报道主题，提倡自编自采，提升编采人员职业素质，加强多种形式的横向协作交流。

　　民族宗教和民族习俗方面，国家发布的政令通知起到严格限定的作用，1983年1月，国家民委发布的《关于宣传报道和文艺创作要正确对待少数民族习俗问题的通知》指示各省、市、自治区民委会同有关新闻、报刊和文艺部门，认真总结经验教训、贯彻党的民族政策、尊重少数民族的风俗习惯，正确对待民族关系。自1985年4月之后，中共中央统战部又发布了《关于公开发行的书籍报刊慎重对待民族、宗教问题的通知》，1986年国家民委重申并再次下发《关于慎重对待少数民族风俗习惯问题的通知》，1987年中共中央宣传部、统战部和国家民委联合下发《关于在宣传报道和文艺创作中防止继续发生丑化、侮辱少数民族事件的通知》，这三个文件都反复强调必须慎重对待民族宗教问题的复杂性，尊重和正确对待少数民族的风俗习惯，这是关系正确执行党的民族政策，加强民族之间团结的大问题。从1983年到1987年，中共中央和国家民委等相关部门连续发布的四份关于民族宗教和民族习俗的文件，体现了中共中央在新闻宣传和文艺创作领域对民族宗教问题的高度重视。

　　我国处理民族事务的一大特色是通过专门的国家机构、工作机制处理与民族有关的问题，尽管主要针对少数民族，但少数民族人口之多，加之民族工作涉及社会的各个具体层面，所以民族工作非常宽泛，与此相对应的是少数民族新闻报道和言论领域也较为广泛。1983年至1987年，国家连续出台的上述四份政策文件，说明党和国家是以十分严肃和慎重的态度对待新闻报道中的民族问题，少数民族新闻报道中包含很强的国家政策性。

少数民族新闻报道的政策要始终恪守以下原则：坚持宣传各民族不分大小一律平等的原则；宣传中国是一个统一的多民族国家；宣传民族区域自治制度是实现各民族平等团结、共同繁荣与解决中国民族问题的国策；树立社会主义新型民族关系"两个离不开"的思想，即汉族离不开少数民族，少数民族也离不开汉族，各民族相互尊重、相互支持，既要反对大民族主义，也要反对地方民族主义；宣传党的宗教信仰自由政策，认清宗教信仰和民族生活习惯的区别、民族问题与宗教问题的区别和联系。

总体概括1978—1990年各种文件和政策之中，关键动词话语出现频度较高的是："批准""宣传/宣扬""处理/处罚""属于""缴送""不准""管理""必须""限制"等，政策话语呈现保守和谨慎的特点，对新闻事业的管理实施规范和整顿手段的"改良型新闻政策"，以整个新闻行业的改革为基调。

二 党报和各级各类广播话语载体

这一时期少数民族新闻话语载体的转型，首先是以中央新闻媒体和各少数民族地区为核心的多层级、多地区、多品类、多种文字的报业体系。据统计，"1968年全国各种报纸总计不超过42种，1980年就恢复到382种，总发行量7200万份，进入80年代全国报业发展速度惊人，至1991年全国公开发行的报纸增加了1000多种，总数近1500种，其中党的机关报400多种，占30％之多，隶属于从党中央到省委、市委的各级党的系统。同一时期的我国的少数民族文字报刊大约有 80 余家，共用 17 种文字出版，总印数达 1.48 亿份，此外还有用 11 种民族文字出版的 153 种杂志，发行 1280 万册。这些少数民族文字报刊按其性质划分，机关报 57 家，其中省区级 10 家、地市盟州级 42 家、县旗级 5 家，另外还有青少年报 5 家、科技报 8 家、参考消息 4 家、工人报 3 家、广播电视报 3 家、商业报 1 家、法制报 2 家、军报 1 家、兵团报 1 家、晚报 2 家，少数民族文字报刊已经遍布全国各个民族地区"①。

（一）国家级少数民族新闻媒体

1979 年 7 月 15 日国家民委主办的《民族团结》复刊，该杂志属于报道中国民族新闻的国家级新闻期刊。2001 年更名为《中国民族》。50 年来致力于"让世界了解中国各民族，让中国各民族走向世界"的办刊方针，报道党和国家以及各地区、各部门一系列涉及民族问题的重大事件、人物及政策理论宣传等。1981 年 9 月，《中国穆斯林》汉文版复刊，有汉文和维吾尔两种文字版本，向国内外发行，主要宣传中国伊斯兰教协会的方针。

20 世纪 80 年代初，中央人民广播电台民族部开始报道少数民族新闻，撰写相关评论，编制一批具有广博特点的通讯和录音报道，开办《兄弟民族》《伟大的祖国》和《一周时事》专栏，到 1983 年年底，中央人民广播电台 5 个语言节目的构成大都包括新闻消息和专稿评论（30 分钟）、文艺（25 分钟），时长约为 1 个小时。从 1984 年开始，为调整民族语言广播的新闻时效性，节目时长缩短为半个小时，着重播出国内外的重要新闻，以及少数民族地区的重要新闻，与地方台的民族语言节目各有侧重和分工，节目次数由原来的两到三次增加

---

① 白润生主编：《中国少数民族新闻传播史》，民族出版社 2008 年版，第 241 页。

到四次。1984 年 9 月 1 日，中央人民广播电台民族广播新闻实施重大改革，计划从 1984 年到 1986 年，本着立足中央和服务民族地区的方针，集中力量办好新闻节目，提高新闻报道的时效性，扩大报道面，加强新闻报道的针对性。

1981 年 6 月，中央人民广播电台开办汉语普通话专题节目《民族大家庭》，仍然由民族部担任编辑任务，著名播音员铁城担任主持人，这是中央台历史上第一次创办的汉语广播专题节目。该节目主要以马列主义、毛泽东思想的民族观为指导，增进各民族之间了解和文化交流。从 1984 年至 1991 年，中央人民广播电台民族部先后与国家民委举办"边疆万里行""边疆民族知识竞赛""全国少数民族团结进步征文"等全国性的重大宣传报道活动，取得较好的社会影响力。

20 世纪 80 年代初期后，有关少数民族地区的新闻报道在中央电视台节目中逐渐增多，专题部于 1978 年筹备开办的《祖国各地》是常态的播出栏目。1980 年 10 月在北京召开的《第十次全国广播工作会议》，加强了中央电视台与内蒙古、新疆、西藏、广西和宁夏 5 大自治区电视台的合作与交流。1983 年 3 月，中央电视台邀请新疆、内蒙古、广西等少数民族地区电视台代表，共同商议创办《兄弟民族》栏目，节目的宗旨是宣传民族团结、进步、平等的精神。经过近半年的筹划，该栏目于当年 10 月正式开办，连续播出朝鲜族、彝族、苗族、布依族等系列内容，自此中央电视台的民族新闻宣传实现栏目化和常态化。1990 年，《兄弟民族》更名为《民族之林》，主要介绍各地少数民族政治、经济、文化发展的新面貌，栏目之外还组织全国民族知识大赛活动，在全国反响很大。

（二）各少数民族地区党报核心体系

以各级少数民族地区党报为核心的报业体系，类型结构和数量增长的态势非常迅速，主要体现在各少数民族地区多层级、多品类、多种语言文字报刊体系的形成。各省（区）级的党委机关报，比如《内蒙古日报》在 1978 年之后蒙古文版的自编自采稿件约占 70％，蒙古文版在内蒙古自治区具有不可替代的特殊作用。《新疆日报》自 1980 年开始，用维吾尔文和哈萨克文、蒙古文出版，各民族通讯员和记者稿件约占地方稿件的 40％，整个硬件技术建设方面处于全国少数民族地区报纸的前列。20 世纪 80 年代之后，《西藏日报》取得较大发展，从 1988 年开始试印藏文版。《广西民族报》是广西壮族自治区少数民族语言文字工作委员会机关报，壮文版于"文化大革命"时期停刊，后于 1982 年 8 月在南宁复刊，记者采写稿件约占 30％，其余为新华社和转载稿件。多民族省级党委机关报很多，较为典型的是青海党委机关报《青海藏文报》，编辑方针与《青海日报》一致，已经有五十多年的历史。少数民族省（区）级党委机关报的党性原则明确，民族特色和地域特色比较突出。新时期少数民族地区地市州盟党委机关报有：内蒙古地区的蒙文报《呼伦贝尔报》《锡林郭勒日报》《赤峰日报》《通辽日报》《乌兰察布日报》《巴彦淖尔报》；新疆地（州）级报纸《伊犁日报》（汉语、维吾尔文、哈萨克文）、《喀什日报》《哈密报》；我国唯一的柯尔克孜文报纸《柯勒孜苏报》；1981 年开始出维吾尔文版的《塔城报》和《巴音郭勒日报》《博尔塔拉报》。四川省藏文报有《阿坝报》《甘孜报》，甘肃省的藏文报有《甘南报》，吉林省有《延边日报》，云南省的《德宏团结报》曾于 1972 年 10 月复刊，以汉、傣、景颇、傈僳四种文字出版，1988 年又增出佤文版。1978 年元旦四川省凉山彝族自治州创办了全国第一份彝文报纸《凉山日报》，1983 年怒江傈僳族自治州州委机关报《怒江报》创刊，1984 年湖南《湘西苗文报》创办，1984 年贵州黔东南州创办《苗文侗文报》，少数民族地州市盟的党委机关报，共同特点是围绕州委、州政府的中心工作，面向基层搬出民族特色和生活气息，内容更加贴近当地读者，呈现新闻宣传和通俗实用的办报特点。县市级报纸中辽宁省蒙古文县报《阜新蒙古族自治县报》和《喀左县报》，同时用两种文字出版，另外还包括《星期刊》。新疆锡伯县委出版了世界上唯一的锡伯文报纸《查布察尔报》，1985年云南丽江纳西族自治县委主办的《丽江报》创刊，县市级少数民族文字报刊以所在县（市）委的工作为中心，新闻宣传对维护社会稳定、促进民族团结具有一定的社会影响力。

这一时期少数民族新闻话语载体的扩展，还体现于少数民族文字报纸与汉文版的分离现象，如《黑龙江新闻》（朝文版）与《黑龙江日报》同属一家报社，1983年从《黑龙江日报》分立，这种分刊的形式提升了少数民族语言的运用技巧，突出了民族特色，受到读者的喜爱。

（三）少数民族文字专业化报纸

少数民族文字报纸已经组成这一时期少数民族新闻话语的重要载体，1981年1月12日《青海法制报》藏文版创刊，是全国第一张藏文普法的专业化报纸。1985年2月《西藏法制报》（汉文版）试刊，藏文版创刊于1988年1月，这是西藏第一张少数民族文字的法制报纸。1980年1月《新疆法制报》（维吾尔文版）试刊；1985年《伊犁法制报》（哈萨克文版）试刊。

随着少数民族地区科技事业逐步发展，科技新闻报道很快得到发展，"尤其是在1978年全国首届科学大会以后，科技报纸迅速发展，特别是在80年代前期，面向农村的科技报纸得到更快发展"[1]。全国五个民族自治区下辖的部分州、地、市或民族自治地方纷纷创办了科技报，如1979年创刊的《西藏科技报》（汉文版），1980年创刊的《内蒙古科技报》（汉文版），1979年5月复刊的《青海科技报》（汉藏文版），1979年12月复刊的《新疆科技报》（汉文、维文、哈萨克文版），

---

[1] 白润生主编：《中国少数民族新闻传播史》，民族出版社2008年版，第296页。

1985 年《昭乌达科技报》更名为《赤峰科技报》（汉文版）发行，某些少数民族地区甚至形成了省地两级架构的科技报纸体系。

少数民族文字的青少年报纸有：1985 年 1 月创刊的《西藏青年报》，1989 年 6 月创刊的全国第一份藏文少年报《刚坚少年报》，1985 年元旦创刊的《中国朝鲜族少年报》，1981 年 9 月复刊的《伊犁少年报》（哈萨克文版）。《乌鲁木齐晚报》（汉文、维吾尔文版）是我国第一家少数民族文字晚报，于 1983 年 10 月试刊，《拉萨晚报》（汉文、藏文版）是拉萨市委机关报，是全国第二家少数民族文字晚报，《新疆商业报》（维吾尔文版）是我国第一张少数民族文字的商业报纸。

（四）少数民族地区广播

这一时期，全国各少数民族地区广播和少数民族语言广播处于快速发展的黄金时期，这种局面的形成源于新中国成立以后，广播事业的建设实行中央与各少数民族地区并举的方针，少数民族地区广播与电视发展并举，在边远的民族地区优先发展广播事业。"全国第十一次广播电视会议"之后，各少数民族地区广播电视事业建设和宣传工作取得一系列显著成就，全国各少数民族地区广播电视根据各地的工作实际，形成了各自的采、编、译、播和通联工作。同时各少数民族地区广播电视间的协作和交流呈现十分丰富与活跃的形式，"定期与不定期相间，全国性与地方性交叉，同一语种与多语种并举、语言文字与文艺相独立，大范围与小范围同时进行，广播与电视的兼容，自治区与多民族省份并行，具有多样化、分流化与融合化趋势"①。1982 年 5 月，西南、西北广播电视宣传经验交流会在四川省成都市举办，从 1982 年到 1983 年，中央人民广播电台民族部实施的"全国民族团

① 林青主编：《中国少数民族广播电视发展史》，北京广播学院出版社 2000 年版，第 505 页。

结征文活动"，是中央人民广播电台与地方台的一次富有成效的宣传协作。为纪念中央人民广播电台民族广播创办 35 周年，中央人民广播电台筹备召开"民族广播工作经验座谈会"，总结新中国民族语言广播三十余年的经验，探讨开创民族广播工作的新的任务与措施。此后 1987 年、1988 年、1989 年连续三年，有关省份广电局先后在新疆乌鲁木齐、内蒙古呼和浩特、广西南宁举办了少数民族地区广播电视协作会议，与会者认为各地民族广播和电视的新闻改革有待深化，要进一步加强协作交流，推动各地民族广播电视事业发展。

少数民族地区大都地处偏僻荒远区域，交通不便导致传播成本较高，广播作为一种低成本媒介，时效性强且传播范围广，针对文化素质普遍较低、文化经济欠发达甚至没有文字的少数民族受众的特殊状况，地方民族广播的作用显得尤为重要。从 1978 年到 1990 年，全国各少数民族地区广播处于前所未有的快速发展时期，1978 年内蒙古自治区有盟（市）级台 8 座，盟（市）级转播台 3 座，旗县级转播台 19 座，广播人口覆盖率为 45％，至 1991 年全区中、小功率转播台达到 52 座，广播人口覆盖率达到 75％，基本实现全区中波同步广播，新的短波发射机于 1987 年建成，起到与中波广播相互补充的作用，同时与微波传输、卫星地面站相互完善，内蒙古广播技术条件的显著改善和广播覆盖率的大幅提升，为广播新闻报道提供了可靠的保证。20 世纪 80 年代中期，中央在新疆投资的"810 工程"全部建成，新疆地区的中波广播覆盖率由"六五"计划初期的 35％提升到 68％。至 1982 年，新疆少数民族语言广播已经有四种，是中国 5 个民族自治区电台开办语种最多的电台。1990 年新疆边境地区又完成一批县（场）调频发射机的安装、调试，边境地区广播事业进一步得到加强。

广西壮族自治区电台从 1983 年 10 月 1 日起，正式用壮语标准音播出壮文稿，至 1991 年年底，转播壮语节目的有隆安、武鸣、田东、田阳、来宾、南丹等 17 个县（市）级广播站。另外我国在广西建成了第一座省级对外广播电台，呼号为"广西广播电台"，该台从 1983年开始转播中国国际广播电台的越南语节目，至 1989 年增至粤语对东南亚华侨广播，全天播音越南语 6 小时，粤语 2 小时，先后开办过的节目 30 余个。宁夏人民广播电台到 80 年代末期，中波广播人口覆盖率达到 54％，拥有中波发射台和转播台 4 座，同时已经初步建成调频发射台和转播台 3 座，主要供中波转播台和有线广播站传送节目，逐步过渡到全区收听。

西藏人民广播电台于此时期迈入蓬勃发展的历史新时期，1980 年3 月中央召开第一次西藏工作会议，决定对西藏实行一系列特殊政策，1983 年 9 月中央批转广播电视部党组《关于广播电视工作的汇报》提纲，给西藏广播事业注入了巨大生机。1984 年 3 月西藏自治区第三次广播电视工作会议在拉萨召开，西藏广播电视事业取得突飞猛进的发展。1984 年 12 月，拉萨卫星地面通讯站建成使用，为西藏每日转播中央电视台和中央人民广播电台的第一套节目提供了良好的技术条件保证。西藏人民广播电台的新闻报道贯彻"以藏语为主"的方针，"七五"期间的目标是提高现有设施和设备的利用率，扩建、完善和更新传输手段，基本形成具有全国中等水平的西藏广播电视网。至 90年代初期，西藏已经有广播转播台 28 座，卫星地面接收站 470 座，中波、短波广播人口覆盖率由 1978 年的 10％左右提高到 37％。此外青海、云南、四川、贵州、甘肃、黑龙江、辽宁等各省少数民族聚居区广播事业得到长足发展。

（五）少数民族地区电视

全国各地电视台自 1978 年后，始终重视党的民族政策的宣传，各民族地区的电视在 20 世纪 80 年代广泛普及，都完全转播中央电视台的新闻节目，并努力办好本地区民族语言的电视新闻。转播方式一般为单开频道完整收转中央电视台一套节目，或在当地汉语节目中转播中央电视台一套节目中的《新闻联播》等节目，同时在民族语言节目中译播中央电视台《新闻联播》等节目，其中以单开频道转播居多。

从 1978 年到 1990 年是各少数民族地区电视台转入正规和初步发展时期，西藏电视台开播时在一个频道使用藏、汉两种语言播出，后来逐步过渡到两种语言的电视节目使用两个频道分开播出，1985 年之后在各地市和边防点上建成一大批地面卫星站，1989 年 10 月 31 日卫星上行站建成，西藏电视台节目可以通过国家通信卫星传送节目信号。宁夏电视台从 1979 年到 1983 年，自办一套彩色节目，转播中央台一套彩色节目，至 90 年代初期，宁夏建成 3 座骨干转播台。广西无线电视事业在 1979—1985 年是端正思想路线，在改革开放中奋起的阶段，直至 20 世纪 90 年代初期以后有了较快发展。内蒙古电视台除了拥有呼伦贝尔、兴安、哲里木、锡林郭勒等 12 座盟市电视台外，还建成海拉尔、牙克石、满洲里等 5 座旗县级电视台。新疆各地在 80 年代建立一大批转播台、差转台和地面接收站，包括乌鲁木齐、克拉玛依、石河子、伊犁、塔城、阿勒泰、博尔塔拉等地，1985 年国务院赠送 5 套地面卫星接收站设备，安装在乌鲁木齐、伊宁、阿勒泰、喀什、和田，直接接收中央电视台节目。1986 年 7 月 1 日起，新疆电视台建成上行站，通过国家卫星向全疆传送维汉两种语言电视节目，1989 年 2 月哈萨克语电视节目也实现了卫星传输。

（六）话语的交流活动

长期以来，我国的少数民族新闻报道体系的建构，采取了中央与地方并举、各有侧重、协同发展的模式，党的十一届三中全会以后，定期与不定期之间、多种少数民族语言兼容、全国性与地区性交叉、自治区与多民族省份并行，各地新闻传媒的协作交流活动重新活跃起来，此类活动有利于各地交流经验，探讨问题、共同进步，少数民族新闻话语的交流途径呈现多样化和融合化态势。

1982 年西南、西北广播电视宣传经验交流会在成都举行，会议交流了近 40 个广播电视节目，就如何做好精神文明建设，办好民族语言广播等问题进行探讨。1984 年 7 月由中央人民广播电台召开的"民族广播座谈会"在北京举行，议题是"少数民族语言广播的改革"，参加会议的有西藏、内蒙古、新疆、黑龙江、吉林等地方人民广播电台的负责人。为纪念民族广播创办 35 周年，中央人民广播电台于 1985 年再次召开"民族广播经验交流会"，本次会议总结新中国民族语言广播 30 多年的基本经验，探讨了开创民族广播新局面的任务和措施。1987 年 6 月中央人民广播电台和中国国际广播电台在新疆乌鲁木齐举行边疆民族地区宣传报道工作座谈会，同年 8 月在内蒙古呼和浩特市举行"全国少数民族自治区广播电视协作会议"，此后 1988 年和 1989 年在乌鲁木齐和南宁，分别举行了全国 5 个少数民族自治区的第二次和第三次广播电视协作会议。

总之，这一时期少数民族新闻话语载体主要集中于多层级、多地区、多品类、多种语言的党报核心体系，以及中央人民广播电台、中央电视台为旗舰的媒介集中组织策划活动，还有各少数民族地区汉语和民族语言新闻广播的不可替代性构成。少数民族新闻话语的转型演变，由此具备了较为充分的传播渠道和交流途径。话语载体与内容本身并不是割裂的，新的话语载体必然带来对相应内容的选择，随之而来的是新闻报道题材、栏目布局的调整，进一步突出以新闻信息和宣传报道为中心的重要性。

三　信息话语理念与重要报道回顾

（一）信息话语的理念特征

1978 年之后党和国家工作重点转向以经济建设为中心，我国少数民族地区面临着一个历史性的转折机遇，各族人民的思想观念逐渐发生转变，各族受众迫切需要获知更多的信息。新闻观念的更新和一些新观念的树立，有力转变了新闻工作的指导思想和新闻业务改革，从1985年之前以阶级斗争为纲转到以经济建设和经济改革为中心，新闻报道针对空泛、陈旧、迟缓等弊病，以"真、短、快、活、强"为目标，内容的信息性、时效性、可读性有很大改观。新闻传媒单一的宣传功能有所完善，朝向信息、舆论、文化、娱乐、服务、广告等传播功能的多样化演变，政治要闻、经济动态、文化娱乐、生活服务等各类信息数量显著增加。

1978年之后，《内蒙古日报》蒙古文版面自编自采稿件约占全部见报稿件的70%，例如1987年春天，该报在一个月的时间内曾用5个整版介绍区农委推广的16项农牧业增产技术信息，许多盟市报纸和电台都进行转载，报纸的信息服务性突出了地区特点、民族特点。《新疆日报》自党的十一届三中全会之后，努力更好地满足各族人民群众的需要，汉文版、维吾尔文版和哈萨克文版的一版全部设置要闻版，其他二版是以经济新闻为主的综合版，三版设置成各种通讯和专栏文章，四版为国内新闻，在国际版中开辟"外国人士看中国""东西南北""列国志"等专栏，这些生动活泼的知识性和趣味性内容，受到读者欢迎。此外，少数民族地区的大量地、市、州、盟党委机关报，如《呼伦贝尔报》《锡林郭勒报》《赤峰日报》《通辽日报》《乌兰察布日报》《巴彦淖尔日报》《伊犁日报》《喀什日报》《巴音郭勒日报》《博尔塔拉日报》《阿坝报》《甘南报》《延边日报》《德宏团结报》《西双版纳报》等，都尽可能突出本州政治要闻，报道本州牧、林、农和乡镇企业经济信息，增加生活服务信息。其他少数民族文字的专业化报纸，如各地的晚报、法制报、科技报等，注重内容的专业化指向，传播与各民族受众生活息息相关的各类信息。

1984年2月，中央人民广播电台民族部开始进行民族广播新闻改革，第一步是从 1984 年 9 月到 1986 年，立足于改革，为民族广播事业的大发展做好各方面充分准备。第二步是在"七五"期间，民族语言广播节目计划从五种增加到八种，即增加壮语、彝语和傣语三种语言。除了承担向中央人民广播电台新闻中心提供民族、宗教方面新闻的任务之外，每天新闻节目由一天一次增加到一天两次，"改革前每天可发 3000—4000 字的新闻和 1000 字左右的专稿，新闻条数在 10 条左右。改革后每天编发 7000—8000 字新闻，1987 年全年播出 10628 条新闻，每天编发的新闻条数达到 30—40 条左右"①。其他少数民族地区的电视台主要新闻栏目，如《内蒙古新闻》《新疆新闻》《西藏新闻》《广西新闻》《宁夏新闻》等，其中包括一大批地市级电视台，历经改革初期的粗陋困境之后，特别是第十次全国广播电视工作会议上提出"以新闻改革为突破口，推动整个广播电视宣传的改革"要求之后，电视新闻播报逐步改变"新闻简报"的形式，强调时效信息，显著提升了新闻报道质量。

内蒙古人民广播电台于 1979 年成立蒙古语新闻节目，广播特点逐步增强，至 80 年代末期新闻节目每天播音约为 2 小时，占全天各类节目的 10％左右。新疆电台在 1976 年 11 月，新办《自治区各地人民广播站联播节目》，用汉语、维吾尔语和哈萨克语各播出 1 次，每次 20 分钟，从"1985 年起全台新闻节目有很大调整，新闻节目次数增加，新闻的信息容量更大，时效性更快，当年全台五种语言广播自办的新闻节目，每天增加到 36 次，共 435 分钟，《经济信息》节目采取国内外与自治区经济信息整体综合编排的手法，时效性更强。广西电台从 1983 年开始以新闻节目为重点，1987 年新闻节目从 1986 年的 6 次增加到 13 次，1982 年以前每天新闻发稿 8000 字左右，到 1987

---

① 林青主编：《中国少数民族广播电视发展史》，北京广播学院出版社 2000 年版，第 210 页。

年每天发稿 15000 字，每天发表的新闻从 20 条左右增加到 50 条，1987 年新闻播报比例比 1986 年增加 41.9%"①。宁夏电台重播的新闻也有所减少，新闻节目在"新、实、短、快、活"五个方面都有进步，至 1978 年年底，西藏电台由藏语、汉语交替播音，共用一个频率发展为藏汉双语两套节目。1980 年 5 月，党和国家决定对西藏实行特殊扶持政策，为西藏广播事业注入新的活力，以新闻改革为突破口进行广播宣传。

信息容量的大幅增加，体现于各类新闻传媒把经济报道放在首要位置，注意把少数民族地区科学技术和教育事业发展的新闻宣传放在突出位置，开展针对少数民族地区的调查研究，加强少数民族新闻报道的针对性。

(二) 民族团结主题报道

中央电视台围绕党和国家所面临的民族关系、民族地区发展的新形势和新问题，完成了一系列重大报道任务。1979 年 6 月 15 日，中央电视台报道了邓小平在全国政协会议第五届委员会第二次会议上所做的关于新时期统一战线和人民政协任务的报告，报道中指出邓小平提出的"我国各兄弟民族经过民主改革和社会主义改造，早已陆续走上社会主义道路，结成了社会主义的团结友爱、互助合作的新型民族关系"的论述，这是对新中国成立以后民族情况和民族关系进行的科学总结。此后 1987 年中央电视台还配合国家民委，多角度报道表彰民族团结先进集体和先进人物的活动，有力地推动了民族团结进步事业的发展。

民族团结的新闻话语往往与爱国主义教育紧密结合在一起，1984

---

① 林青主编：《中国少数民族广播电视发展史》，北京广播学院出版社 2000 年版，第 234 页。

年广播电视部和国家民委在全国民族团结征文活动的基础上，从 1984
年 6 月起开展《边疆万里行》宣传活动，争取用三年左右时间，比较
系统地介绍全国边疆地区 55 个兄弟民族，向广大群众宣传边疆民族
地区情况、普及民族知识和民族政策，进行爱国主义教育，以增强民
族之间的团结。中央人民广播电台记者、编辑先后深入 21 个省、自
治区、直辖市的民族地区和民族工作部门采访，播出《南海行》《内
蒙行》《新疆行》《凉山行》《川西行》《羌寨行》《湘西行》《云南行》
《广西行》《贵州行》《畲乡行》《延边行》《黑龙江行》等一系列节目，
起到宣传爱国主义和维护民族团结的深远作用。

　　民族团结主题始终是各层级、各地区和各种少数民族语言新闻报
道中一贯予以重视的内容，《内蒙古日报》开设的"伟大的祖国""兄
弟民族在前进""草原曙光""内蒙古今昔"等固定专栏中，一贯宣传
"中国是各民族共同缔造的国家""各民族人民团结奋斗共同创建新中
国"等思想。《新疆日报》在每年 5 月的"民族团结月"活动中进行
比较集中的报道，同时将平时宣传与重大主题宣传相结合，推动民族
团结事业的发展。《伊犁日报》开设"民族团结之花""兄弟民族在前
进""军民鱼水情"等专栏，宣传党的民族政策、宗教政策的贯彻落
实情况。《日喀则日报》在 1987 年和 1988 年拉萨连续发生多起政治
事件之际，及时揭露和谴责少数分裂分子的倒行逆施，为稳定局势和
增强民族团结发挥了一定的宣传作用。

（三）重大事件回顾

　　为促进针对少数民族新闻报道的力度，这一时期以《人民日报》、
新华社和中央人民广播电台、中央电视台为主，在全国范围内开展一
系列的重大新闻报道活动。从 1984 年到 1991 年，中央人民广播电台
民族部连续与国家民委联合举办"边疆万里行""边疆民族知识有奖
竞赛""全国少数民族企业家评选宣传活动""国庆四十周年民族团结

进步征文"，取得了良好的社会传播效果。

1987年9月27日和10月1日，西藏拉萨连续发生两次由少数分裂分子制造的暴力骚乱，新华社、《人民日报》、中央人民广播电台和中央电视台严格按照中央批示播出有关报道和评论及党和国家领导人有关拉萨骚乱问题的讲话。当年10月中旬以后，国内主要新闻传媒派驻记者赴拉萨采访，主要任务是及时反映西藏的发展变化，研究如何做好西藏问题的报道工作，中央电视台记者张小平采写的内参稿《西藏当前宣传中的若干问题值得重视》，由广播电影电视部刊印后又被中共中央办公厅转发，受到有关部门的重视。1989年1月28日，班禅大师在西藏日喀则逝世，对于班禅大师逝世的宣传时间之长、规格之高、声势之大，在中央人民广播电台藏语广播的历史上是空前的。"从1月29日到2月17日的20天中，藏语广播发挥立足中央的优势，准确及时充分地播出丧事活动的各种通告、消息、通讯、文章、资料共1000多篇，47000多字。"① 录音新闻有《班禅大师的追悼会在北京隆重举行》《北京法源寺举行祈祷大法会》《青海塔尔寺悼念班禅大师》等，通讯《供灯前的思念》《深切的悼念》《魂系高原垂青史》及阿沛·阿旺晋美、习仲勋和杨静仁等撰写的回忆文章和有关活佛转世的资料也在节目中播出。中央电视台在《新闻联播》中连续报道全国人民和僧俗各界的悼念活动，社教部制作的专题片《深切缅怀班禅副委员长》，集中报道了藏族群众悼念班禅大师的活动。

20世纪80年代中期，是电视纪录片、专题节目进行民族宣传富有成效的一个阶段，民族题材是中央电视台各部门各类专题的特色内容。1983年3月，中央电视台邀请新疆、内蒙古、广西和辽宁、湖南、云南、青海等17个少数民族地区的代表及国家民委、民族学院

---

① 林青主编：《中国少数民族广播电视发展史》，北京广播学院出版社2000年版，第187页。

和民族出版社等有关负责人，筹划创办《兄弟民族栏目》。该栏目在第一期概括介绍中国 55 个少数民族的语言、人口、地理分布特点，之后又播出《中国朝鲜族》《高原彝乡》《苗乡纪行》《布依族》《基诺族的黎明》《呼伦贝尔风情》《水族风韵》《维吾尔族的故乡》等系列节目，自此少数民族的新闻报道实现栏目化和常态化。从 1990 年开始，中央电视台社教部对《兄弟民族》栏目改版，栏目更名为《民族之林》，隔周播出一期节目，每期 15 分钟，主要介绍少数民族的政治、经济、文化和改革开放以来的新气象。

中央人民广播电台总编室《祖国各地》栏目为地方广播电台开辟了少数民族新闻报道的窗口，播出了《格拉丹东的女儿》《西藏的诱惑》《沙与海》《南方丝绸之路》等节目，社教部开办的《神州风采》摄制了《贵州高原第一种》《著名藏医学家强巴赤列》等节目。20 世纪 80 年代后期，中央电视台推出的《唐蕃古道》《黄河》《蜀道》《望长城》等一批纪录片力作之中，不少反映了少数民族地区瑰丽的自然景观和改革发展中的创新变化。

四　话语类型的丰富与平和化语态

话语类型狭义上是指文章体裁，从广义来看，北美修辞学派代表人物米勒突出了它的修辞性和规约性的语篇特征，悉尼学派人物马丁声称话语类型是目标性的、有步骤的社会过程，应用语言学家斯威尔斯则认为话语类型的模式结构影响并限制其他内容以及文体的选择，美国语言学家巴瓦施强调，话语类型的主观性反映符号事实——体现社会和观念形态活动的场域，把文本的作者置于一定的社会关系、实践、承诺等主观活动之中。总之，话语类型的修辞系统意义，是由于话语类型的反映观、层次观、社会符号观、建构观、形式观，对应于社会实践、文化语境、社会符号、情景行动、语篇种类等关系属性所决定的。

（一）话语类型日渐丰富

改革开放初期，新闻界提出新闻报道要"事实真、内容新、篇幅短、时间快、形式活和影响力强"的要求，新闻本质属性的逐渐复归，在全国新闻界引起新闻体裁和语态表达等诸多方面的变化。

消息的行文风格开始向"散文化"特点转变，消息体裁在我国新闻界长期特有的新华体的基础上，改变程式化的"倒金字塔式"框架结构，"散文消息体"行文自由不拘、亲切活泼、情感真挚自然的风格受到认可。新华社原社长郭超人最早在国内倡导自由活泼的消息形式，他撰写的第一篇"散文体"消息《金山追悼会在京举行》，获得1982年全国好新闻一等奖，这标志着官方对消息体裁行文风格转变的褒扬。新华社在少数民族报道中使用的散文体样式，同样也在全国产生了重要的影响，以新华社60年西藏报道精品回顾的文献资料为例，这一时期具有代表性的报道有：1982年孙明振、朗杰撰写的《新政策给西藏人民带来希望》，1985年汪延撰写的《卓奥友峰登顶记》，1985年孙勇、曲志红撰写的《拉萨见闻：第三个进甜茶馆的藏族妇女》，以及1988年安措、次仁卓玛撰写的《小院深处的尼姑庵》等，堪称这方面的典范之作，这一时期新闻话语修辞及其效用日渐增强，注重生动鲜活的具体细节描写，文学笔法得到一定运用，叙述作为常规手法之外，描写、抒情和议论开始占据一定的空间，从传统语用学的角度看，新闻话语修辞不仅要有语内行为功能，还要有"言后之果"，强调具体内容对于受众的影响。

创新新闻评论的形式，《内蒙古日报》庆祝新中国成立50周年的宣传报道中，推出一个"旧闻新读"的新闻评论栏目，从该报创刊50多年的新闻报道中，精心选取10篇具有典型代表性的文章，配以简短的评述，组构"旧闻（报道）＋新读（评述）"的国庆专稿形式。这种新闻话语组构体裁的特点是：一是大主题与小事件相结合。稿件既反映新中国成立以来内蒙古自治区在社会政治经济文化、民族团结方面所取得的重大成就，比如报道周恩来总理为包钢剪彩的《周总理在包头》，以及反映龙梅、玉荣为保护集体牲畜与暴风雪搏斗的《草原英雄小姐妹》的报道，也有反映呼伦贝尔草原深处，一位牧民用蒙文给南京生产厂家写信，求购"熊猫牌"收音机，有关各方帮助解决的生活小事；二是时间跨度长。最久远的一篇选自1953年6月9日，距今已有46年历史，长时间跨度内，反映内蒙古自治区从新中国成立初期到十一届三中全会，到新中国成立50周年以来，各个历史时期所发生的重大变革；三是评述短小精悍，有的放矢，说服力强。评述以"旧闻"说起，巧妙衔接旧闻与新评之间的逻辑关联，该地区正是因为有了历史发展的基础，才取得了今天得以称道的成就，过去典型人物的高尚精神非但没有过时，依旧为当今人们提供着精神鼓舞和力量。

实施舆论监督，针对人们关注的热点话题，有选择地展开批评报道。内蒙古人民广播电台从1979年开始播出了一些重要的批评稿件，于当年7月6日的节目中，批评呼和浩特市商业局某些领导人，以品尝验收为名请客大吃大喝的事件。1987年全国六运会，新疆代表团没有获得一块金牌，新疆人民广播电台第一时间关注了这个问题，在新疆新闻界首家播发了批评报道。从1987年开始，新疆人民广播电台的新闻舆论监督节目突出采用广播报道特点的样式，如录音报道、系列报道、连续报道和广播讨论等，针对某些行业工作中的缺点和错误、各种不正之风与各种不道德、不文明行为等展开广泛范畴的批评，同时适当披露某些刑事犯罪和经济犯罪的典型案例。比如克拉玛依计划生育干部李瑛被害案，新疆人民广播电台从1988年开始报道这一骇人听闻的案件，连续两个月报道案件侦破的进展和社会各方面的反响，直至当年10月终审判决，凶手伏法。新闻舆论监督对于敦促司法部门秉公办案、惩恶扬善起到一定推动作用。

（二）新闻语态趋于平和

改革开放初期，新闻语态的"文化大革命"遗风仍存，与新闻语态的转型和复归处于新旧交替的进程之中，报道重要事件的陈词滥调和模式化、程式化的痕迹依然明显，但是"用事实说话"和"为受众服务"的新闻报道理念日渐改变语态的风格，许多媒体开始仿效与受众亲切交谈的话语样式，在新闻传媒的语言表达中，叙述手法和文风都开始转向日趋平和亲民。

电台节目受到"珠江模式"的影响，新闻语态的转变首先在谈话节目中普及开来。广西电台加强新闻思想宣传的同时，改进专题节目的样态，从1983年开始，在农村节目中设置《刘三姐谈心》专栏，每周采用粤语和"柳州话"各播出一次，通过谈心的方式解答农民听众提出的各类问题，解释党在农村的各项方针政策。西藏电台的节目从1987年开始，对国外藏族同胞广播节目中的专题节目《亲友之声》，改为《故乡与亲人》，并采用主持人形式播出。在此之前该节目播出的家信强调"政治性"，通常要加上"共产党伟大、党的政策英明、希望落叶归根"之类的话，通过主持人播出之后，基本上以聊家常、说家事，把政策、政治融入亲切温暖的交谈语境之中，这个节目对国外藏胞取得了一定积极的影响效果。1988年内蒙古电台《听众之声》创办，这是内蒙古电台第一次开办的以"下情上达"为主的广播节目。

（三）新闻话语的主客体交融

从1982年开始到1983年6月30日结束，由中央人民广播电台民族部发起，以广播电视部和国家民委的名义举办"全国民族团结征文"活动，这是一次以群众性文化活动形式展开的党的民族政策宣传教育活动。它拨动了成千上万各族群众的心弦，无论年龄、职业、民族的差别，各族听众以自己亲身经历，以真挚的感情写出热情讴歌民族团结的作品。这次活动是我国民族宣传工作在 20 世纪 80 年代的一个新的尝试。中央人民广播电台在近一年的时间内，"处理近 1000 万字稿件、2000 多封来信、编印稿件 200 多篇，向评委会提供了近 40 万字稿件，筹备召开 3 次评奖会议"①，为这次活动的圆满成功做了大量的工作。

类似这样的活动从文本意义深入解读，它所体现的是新闻话语主客体的交融，体现在作者、听众和解释者（编辑部）的关联之中。从通常的主客体关系来说，当作者创作其作品时，文本和潜在的读者都成为他的创作客体，当解释者和读者在阅读和收听作品时，他们便成了主体，而作者则又成了间接客体，成了读者听众和解释者对话和交流的对象，所谓的互为主客体关系，又称为"主体间性"。

主体间性的内涵不仅涉及一个主体与另一个主体的对话关系，即"我者"与"他者"之间的关系，而且也包括"我者"与其自身的对话关系。在巴赫金伦理哲学的角度看来，整个人的存在分为"我者"与"他者"两部分，"我者"的认识不可能充分完整，只有在与"他者"的交流沟通之中才可以认识自我、展示自我。"他者"是与"我者"具有同样地位、同样价值的主体出场。"他者"的异质性所发出的个性声音，成为"我者"与"他者"对话的基石。

"主体间性"是对主体性的补充完善和在更高意义层面上呈现的主体性，伽达默尔对"主体间性"做出进一步的阐释，他认为读者对于文本的解读，读者和作者的沟通对话之间，存在历史性的因素。一是文本的历史视域，任何文本都是在特定历史条件下，由作者所创造的；二是理解者的历史视域，理解者存在所处的特定历史境遇，以及

---

① 林青主编：《中国少数民族广播电视发展史》，北京广播学院出版社 2000 年版，第 178 页。

个体自身的生活文化背景等。"视域融合"则构成了包容更为广泛、涵盖历史和当代的整体视域。话语融合的实质是通过"主体间性"超越"我者"的局限视域，交流双方达到更高层面的境界，话语融合促进传播积极效果中的意义拓展。

第二节　少数民族新闻话语的多元化
时期（1991—2000）

20 世纪 80 年代新闻业的转型和治理整顿，为中国新闻改革在 20 世纪 90 年代的发展打下了一定基础。进入 20 世纪 90 年代，我国社会主义市场经济体制不断确立过程中，国内社会转型和全球化发展趋势所带来的知识经济信息化潮流，已经成为不可逆转的汹涌洪流。如何增强媒介的市场竞争能力，如何在"改革、发展、稳定"，追求"社会效益"和"经济效益"双赢，如何在"治理与繁荣"的宏观路径之间寻求改革契机，都成为我国新闻界需要直面的挑战。

一　以宏观调控管理为主的政策语境

长期以来我国新闻界发挥着意识形态宣传功能，信息作为具有"商品"属性的媒介产品，止步于理论与实践领域都无法逾越的"鸿沟"，经过对邓小平"南方谈话"一年多的大讨论和深思熟虑之后，在 1993 年 6 月，中共中央和国务院发布加速发展第三产业的规定，报业明确被列入第三产业，传媒的产业经营属性终于得以确认。

东欧剧变、苏联解体之后，一次又一次的民族主义浪潮风云变幻，一些多民族国家内部存在的民族分裂势力引发危害社会安定团结的因素不断滋长。1989 年之后，国内新闻舆论的走向问题受到党中央的高度重视，所以这段时期我国新闻政策的调控必然以坚持正确的舆论导向、维护社会安定团结为核心目标。在党中央十分重视以经济建设为中心的前提下，加强民族团结，促进社会稳定和维护祖国统一依然是重中之重。1992 年 1 月，时任中共中央总书记江泽民在中央民族工作会议讲话中指出，为了维护祖国的统一，必须同极少数分裂分子进行坚决斗争。1994 年 6 月党中央再次强调民族团结的重要性，由国家民委、中宣部、统战部、文化部、广播电影电视部、新闻出版署、国务院再次联合下发文件《关于严禁在新闻出版和文艺作品中出现损害民族团结内容的通知》。

1995 年 1 月，中共中央办公厅发布了做好新闻舆论工作的指导意见，文件要求为社会主义现代化建设和改革开放创造良好的舆论环境，要坚持以国家利益为重，自觉遵守宣传纪律。该文件明确提出要把新闻阅评制度、新闻调研制度、新闻通气制度、新闻发布会等制度长期坚持下去。1996 年 9 月，时任中共中央总书记江泽民同志视察《人民日报》，提出了著名的"舆论祸福论"，"以正确的舆论引导人"成为这一时期的基本新闻政策。中宣部建立的一系列的规章制度都有利于党对新闻事业的具体指导途径，引导舆论的具体方式往往以各种宣传报道计划、宣传纪律守则、内部通报等多种形式的文件层层下发，因而这一时期国内外大事、突发事件报道和各类报纸的政治导向都取得良好的社会效果。以党和政府、新闻传媒为舆论主体虽然发挥了自上而下的作用，但是来自民间、自下而上的舆论监督在提高政府执政能力，提供决策参考等方面也能够产生积极效果，社会舆论的"自上而下"与"自下而上"的双向互动与对话的问题，早就引起了党中央的高度重视。1989 年，李瑞环同志在《坚持正面宣传为主的方针》讲话中指出："新闻舆论的监督，是人民群众通过新闻媒体对党和政府工作人员进行的监督，是党和人民通过新闻工具对社会进行的监督。"[①] 1994 年央视开播的《焦点访谈》栏目以批评报道为主要内容，在全社会产生了深远影响，从 20 世纪 90 年代开始，新闻舆论监督开始步入快速发展时期。

这一阶段对新闻媒介的宏观调控管理体系开始建立，1995 年 1 月中共中央办公厅发布《中共中央宣传部关于进一步做好新闻舆论工作的若干意见》，提出"要逐步建立健全党中央和省、自治区、直辖市党委统一领导，上述各部门党委宣传部协调指导，各级新闻出版行政管理部门和各新闻单位主管部门分工负责的管理体制，逐步完善信息、引导、协调、保障、约束等运行机制，建立新闻舆论工作宏观管理体系的基本框架"。

媒介经营管理是党和政府加强宏观调控的重点范畴，1994 年中共中央办公厅和国务院办公厅发出《关于加强和改进书报刊影视音像市场管理的通知》，注重抓总量结构、抓质量效益，明确提出"选择条件较好的单位，进行组建报业、出版集团的试点"。为进一步治理当时国内报业"散滥"状况，1996 年中共中央办公厅和国务院办公厅继续下发《关于加强新闻出版广播影视业管理的通知》，提出要重点转化内部报刊，压缩行业报刊，以后不再批办省部级以下的行业报、企事业报。依据上述管理原则，中国新闻传媒结构调整和组建集团的工作逐步展开。

总体来看，20 世纪 90 年代之后新闻法规的创建与媒介产业化、集团化发展的各项措施相互补充与互动，"党和国家主导媒介的市场化"是这一阶段新闻管理宏观调控的一大特点，体现了政府对新闻媒介的引导控制与市场力量兼容性的结合。这一时期各种文件中出现的关键词有："管理""规定""经营""批准""申请""许可""登记"等，新

---

① 李瑞环：《坚持正面宣传为主的方针》，引自中宣部新闻局编《中国共产党新闻工作文献选编》，人民出版社 1990 年版，第 172 页。

闻政策的连续性不断增强，政策体系逐渐趋于完整，党和政府的行政管理部门对于新闻政策的制定，"已经逐渐由过去的事无巨细、从头管到脚的方式，向较为宽松的宏观调控和政策引导过渡"①。少数民族新闻政策的宗旨更加侧重于民族团结，维护祖国统一和安定团结，打击极少数的民族分裂分子，防范国外敌对势力的渗透破坏。

二　多类别多语种系统化的话语载体

改革开放以来，在 20 世纪 80 年代转型并规范发展基础之上，从 20 世纪 90 年代开始，我国逐步形成多层级、多类别、多语种的较为系统的少数民族新闻传播体系。

（一）国家级少数民族新闻媒体

1993 年中央人民广播电台《民族大家庭》推出了若干新的小板块节目，节目形式活泼有趣，融知识性和趣味性为一体。1998 年中央人民广播电台民族部升级为民族广播中心，下设蒙古、藏、维吾尔、哈萨克、朝鲜、汉 6 个民族语言节目部。2000 年 12 月中央人民广播电台为配合"西新工程"（即西藏、新疆广播覆盖工程），增办针对边疆少数民族地区的第 8 套节目，2001 年 9 月，中央人民广播电台覆盖北京的第 4 套节目又增加 1 个小时少数民族语言的首播和重播时间。

中央电视台历来重视民族新闻宣传报道，一方面，在《新闻联播》日常播出的小栏目中，介绍改革开放十周年以来少数民族地区的发展成就，先后推出《来自大西北的报道》《西南掠影》等；另一方面，针对少数民族地区重大活动和事件，制定详尽的宣传计划和拍摄方案，组织大量的系列报道。1993 年中央电视台《民族之林》改版为由信息类《铜鼓》、议论性《风雨桥》、通讯类《勒勒车》、特写类

---

① 郎劲松：《中国新闻政策体系研究》，新华出版社 2003 年版，第 88 页。

《船形屋》以及人物类《鹰笛》、奇闻逸事类《孔雀翎》6 个小栏目构成的杂志型节目。1995 年国家民委与中央电视台合办《中华民族》栏目，集中反映各民族生产生活、文化艺术和风土人情等内容，坚持民族性的优秀传统文化传播，迎来电视民族传播的又一次飞跃。

1995 年 1 月，中共中央宣传部委托新华社主办的时事政治类期刊《半月谈》，在拉萨与乌鲁木齐分别出版藏文版、维吾尔文版。藏文版与维吾尔文版都是对汉文版《半月谈》进行选择性翻译，增加西藏、新疆等时事内容，时任新华社社长郭超人在《半月谈》（藏文版）发表创刊词，祝贺该刊多文种、多版本的全国发行。

1995 年 1 月，《人民日报》继 1956 年 7 月以来第二次扩版，由 8 版改为 12 版并在第 11 版开设"民族大家庭"专版，隔周星期四出版，1996 年改为每月一期。2000 年 1 月 1 日，由国家民委主办，面向全国各民族读者和宗教界人士的《中国民族报》创刊，办报宗旨为指导民族工作，传递民族信息，增强民族团结，促进民族发展。

（二）少数民族地区报业

这一时期是西藏报业发展的跃升时期，西藏报业体系进入全面发展阶段，1993 年 2 月《西藏日报》推出"周末版"，7 月《西藏日报》成立藏文指导小组。1994 年 4 月，西藏日报社激光照排系统投入使用，彻底结束了西藏省级报纸用铅字印刷的时代。1995 年，"藏文信息处理国际编码研讨会"在拉萨召开，当年《西藏日报》承印《人民日报》和《参考消息》卫星传版。1996 年 22 种藏文印刷字体通过审定，至 1997 年 6 月，藏文在我国少数民族文字中成为第一个具有国际标准，获得全球信息高速公路通行证的文字。1999 年，《西藏日报》的子报《西藏商报》创刊发行。

1992 年 9 月，《新疆日报》开通卫星传输系统，接收《人民日报》《法制日报》《中国青年报》《参考消息》等版面信息，1999 年在重庆举办的"中国新闻奖"首届名专栏奖（1997—1998 年度）评选中，《新疆经济报》的"政令追踪"，《兵团日报》的"世相杂谈"，新疆电视台的《今日访谈》获奖。

内蒙古地区拥有新华社《参考消息》（蒙文版）及几家专业化报纸，《内蒙古科技报》《内蒙古法制报》等因发行不利而终刊，而受到蒙古族读者欢迎的是蒙文服务类报纸《内蒙古生活周报》，创刊于2000 年 1 月，是我国首家省级蒙文生活娱乐周报。1992 年《内蒙古日报》全部采用胶印印制，到 20 世纪 90 年代末期，内蒙古地区已经形成了以自治区级和盟市级、旗县级党报为主的报业体系。

1998 年《银川晚报》电子版开办，拉开了宁夏"报网互动"元年的序幕。2000 年宁夏省级都市报《新消息报》创办，是宁夏报纸中发行量最大、广告收入最多的报纸。2009 年《新消息报》作为中国西部最具代表性的媒体，荣膺"全国十大创新都市报"称号。

广西报业在 1992 年 7 月已经全面实现卫星传输和激光照排、高速胶印的技术手段革新，1995 年广西地区省级都市报《南国早报》创刊，1997 年另外一家生活类报纸《当代生活报》正式创刊，是集知识性、趣味性、消遣性和服务性于一体的都市生活服务类报纸，且处于入市并创新发展的良好势头。

（三）少数民族地区广电媒体

围绕全国范围内广播电视上星工程，各少数民族广电媒体迎来全新拓展时期。1993 年天山电视台、天山经济广播电台创办，到当年 8 月新疆电视台的维吾尔、汉和哈萨克三种语言电视节目通过卫星覆盖全国以至亚太地区，全天播出 16 小时。1994 年 12 月，新疆人民广播电台维吾尔、汉、哈萨克、蒙古和柯尔克孜 5 种语言广播开始通过卫星传输，传播范围之广、传输技术之先进，在全国省级广播电台中名列前茅。1995 年在政府的大力投资之下，新疆人民广播电台的 5 种语言广播的播控设备启用数字化音频系统。1997 年，新疆维吾尔语、汉语、哈萨克语 3 种语言分频道播出，为改善中波电台信号传输，1998 年新疆广播电影电视厅 904 中波发射台经过一年多时间建成，发射中央人民广播电台一、二套节目和新疆电台哈萨克语、汉语、维吾尔语、蒙古语、柯尔克孜语 5 种语言的节目。1999 年，新疆电视台实现了对央视《新闻联播》的维吾尔语和哈萨克语当日译播。

1999 年，西藏广播电视卫星地球站建成使用，不仅扩大了藏语节目的覆盖率，而且提高了节目信号传输的技术水准，藏语节目的时效性大大增强，重要新闻信息与汉语节目同步播出。2000 年的"西新工程"和"村村通"工程，推进广播电视覆盖，少数民族语言节目译制设备的建设之中加大资金投入，新建或改扩建中波、调频转播台，至此实现了西藏绝大多数地区中央人民广播电台和中央电视台主频道的全覆盖。

1997 年内蒙古广播电视节目通过上星传播，覆盖亚太、澳新等广大地区，2000 年内蒙古广播电视信息网络中心挂牌成立。1993 年宁夏有线电视台筹备开建，1994 年宁夏经济广播电台开播，1995 年宁夏电台为中国国际广播电台《中国之窗》节目提供 10 分钟节目，对外宣传宁夏。广西电台和广西电视台都是在 20 世纪 90 年代初期推出壮语的新闻节目，到 20 世纪 90 年代末期，广西在农村注重实施"村村通"工程，在城市有线电视台推进有线电视数字化整体转换，取得显著成效。

总体来看，这一时期少数民族新闻话语载体种类丰富、质量提高，呈现较为系统化的报业与广播电视的多元化、多层级、多语种全面跃升。少数民族新闻话语的社会传播功能从单一宣教形态的"政治泛化"，过渡到融合"经济话语"的报道理念以及协调社会与文化传承、生活服务与娱乐消遣等多样化功能。周末报、晚报和都市报相继兴衰更迭，广播经济频率、交通频率、音乐频率等专业化频率分众化传播，电视新闻杂志型节目、综艺晚会和娱乐益智等节目形态创新，这些现象充分延展了少数民族新闻话语的特征趋向，其宏观路径必然走向主题"宣传化"与语态"大众化"和"民族性"多轨并行，"宣传化"作为报道的正确导向前提，建构典型事件与人物的社会普遍象征意义，"大众化"在语态层面上强调贴近受众口味的平民式口吻，"民族性"则要求在语境视角内体现民族个性化的价值内涵。

三　经济话语理念与重要报道回顾

（一）经济话语的理念特征

从媒介在世界上的普及发展角度来看，20 世纪 80 年代后期人类社会就已经进入高度信息化时期，信息是与物质和能源同等重要甚至比之更加重要的资源，整个社会的政治、经济和文化建构在以信息为核心要素的基础之上得以发展。信息的重要作用在国内社会的各个领域得以彰显是在 1992 年邓小平发表"南方谈话"之后，我国出现了促进改革开放新的局面。在这种社会背景的影响之下，媒体只有传播并且充分融通来自社会各个部门的信息途径，才能够充分发挥其基本传播功能，进而提升社会影响力和广告创收能力。与现今互联网和社交媒体非常便捷的状况相比，20 世纪 90 年代的社会通讯环境还算不上十分发达。各类企业发布广告信息，树立企业公关形象，拓展经营途径往往必须倚重报刊、广播和电视等媒体机构。所以，一时之间经济类报刊、经济类电台和电视台大量涌现，这些以经济报道作为内容专业化理念发展的媒体，全方位报道国家的经济政策、经济发展成就、股票期货市场行情、各类市场走势分析等内容，各类经济新闻成为这一时期的重点话语。

为了适应市场经济的发展，实施边疆少数民族地区变资源优势为经济优势的战略，参与国际国内市场大循环，调动吸收区域外的各方投资，促进边境贸易等一系列新的经济格局形成，20世纪90年代的媒体在报道内容、视角和采访评论领域相比80年代都有了很大突破。中央国家级媒体利用地方媒体不可能具备的绝对优势，立足中央并面向全国，从多个角度、多种事件切入少数民族地区经济发展主题，沿着各种新闻事件各自的方向，或追踪或拓展，交错递进、相互配合，反映全局以深化主题，具有特别突出的震撼力。

1992年中央人民广播电台系列报道《边城行》节目，反映了边疆改革大潮中各地新气象和新成果，从1992年3月到8月，中央人民广播电台民族部的报道组前往云南、广西、黑龙江、吉林、内蒙古、新疆和西藏7个省区，广泛接触并采访傣、景颇、壮、维吾尔、哈萨克、塔吉克、蒙古、藏、朝鲜等20多个少数民族，26集系列报道通过5种民族语言在节目中播出，受到听众欢迎。"边疆改革大潮"是1992年中央人民广播电台民族部新闻宣传的主旋律，及时生动反映了邓小平"南方谈话"后，中国少数民族边疆地区改革开放的新形势。除了《边城行》系列节目之外，中央台的《民族大家庭》节目先后播出《边疆改革潮》《今日塔城》《辽上京大地谱新曲》《中国西部的旱码头》等7组介绍云南迪庆藏族自治州、四川凉山彝族自治州、内蒙古呼伦贝尔盟（2001年改为呼伦贝尔市）、新疆塔城市、内蒙古巴林左旗改革开放的动态报道。

日常节目的播出安排方面，中央人民广播电台认真贯彻中央关于民族工作也要以经济建设为中心的精神，改变过去经济报道较为零碎、重点不突出的状况，及时把宣传工作的重点转移到经济报道方面，经济新闻成为民族新闻报道的主体。1993年1月起，中央人民广播电台民族部开始承办中央台第一套节目的18点新闻，贯彻"以国内新闻为主，重要国际新闻也要安排，注重编发边疆民族地区稿件"的编辑方针，18点新闻为中央人民广播电台的少数民族宣传提供了新的平台。

中央电视台每到 5 大民族自治区成立纪念日，或者重大民族节日庆典活动，都要派出报道组以突出宣传少数民族地区文化、经济、教育等方面取得的成果，同时播出少数民族地方媒体摄制的新闻，例如新疆台选送的节目《新疆运往内地的物资首次大于进疆物资》，内蒙古台选送的节目《包头市近郊农民积极发展庭院经济》等。中央电视台和国家民委从 1994 年 8 月 8 日起，在《神州风采》栏目中联合推出 36 集《民族自治区、民族自治州》系列专题节目，这套系列节目在 5 个自治区的采访中，突出反映了各民族地区依据当地实际所制定的差异化经济发展战略。内蒙古突出报道电力开发、煤炭和 21 世纪能源基地的新闻；有关新疆的报道按照"东进西出"的经贸战略，反映开放搞活的边贸经济带动全区发展；有关宁夏的报道突出民族教育是当地发展的基础；广西的报道主要从建设大西南通道的视角入手，报道西南各民族走向脱贫致富道路；西藏的报道主要表现民族干部的成长已经成为促进西藏繁荣稳定和进步的中坚力量。另外，中央电视台海外中心在 1996 年 10 月开始进行 100 集大型系列报道《边疆行》摄制，从广西防城港市出发到辽宁丹东，逆时针勾勒中国边疆版图，报道组穿越广西、云南、新疆、西藏、甘肃、吉林、辽宁、黑龙江、内蒙古共 9 个陆路边疆省份，电视视觉化地呈现了少数民族边疆的地理全貌，这是一次振兴少数民族边疆地区经济，加快改革进行的大规模报道。

结合区域特色和民族特色，各少数民族地区媒体立足区域并面向基层，以经济建设为主题，采制了一系列具有时代感的节目。1991 年内蒙古电台制作播出了一系列反映全区经济形势的综述节目。如《我区提前实现第一个翻番》和《又一个最好的历史时期》等，连续播发《思想更解放一点》等 10 多篇广播评论，组织"沿边""沿线"开发系列报道，在新闻节目中创办《来自国营农场的报道》《每周经济观察》《奋进中的国营大中型企业》《金融之声》《乡镇企业之声》等栏目，"仅在 1991 年至 1992 年期间，播发有关经济建设方面的典型报道和言论占到播出总量的 60％之上"①。蒙语新闻经济报道注重体现地区和民族特点，把退耕还牧、畜牧商品生产作为主要内容。广西电台《对农村广播》，长期宣传解读放在第一位的农村经济政策，针对某些农村实施国家政策而界限划分不清的问题，报道一批政策执行较好的典型，使得农村经济政策报道更为贴近具体实际。西藏电台从 1992 年起自办新闻节目中经济新闻比例已超过 30％，以经济宣传为中心的理念在各类节目中都有所体现。

贵州电视台根据 20 世纪 90 年代初期省委提出"南下、北上、东进、西联"的方针，以突出经济建设中心，在《贵州新闻》中开办《改革潮》栏目，共播出 110 期 200 多条新闻，每天的报道内容从政策信息到市场需求等，把经济建设延展到更为广泛的社会领域。

"经济话语"在社会主义市场经济的兴盛和扩张，符合"弘扬主旋律，提倡多样化"，建设有中国特色社会主义的主流意识形态的要求，同时适应了"冷战"结束之后中国实现新的战略目标的需要。"经济话语"对于消费主义的引导，一方面悄然改变年轻一代的生活观念，诱导人们享乐消费欲望的同时，媒体经营目标就是一切为了迎合广告客户的需要；另一方面"经济话语"一边倒畸形发展的恶果，就是无情地将一些具有思想文化性和公益性但又不怎么赚钱的节目或媒体淘汰出局。

（二）民族团结主题

民族团结内容的恒定表达，仍然是这一时期少数民族新闻报道的中心话语。从国家和中央级到各区域、各层级、各类别、各种语言的媒体，一以贯之地把宣传民族平等，弘扬民族团结和传播民族文化作

---

① 林青主编：《中国少数民族广播电视发展史》，北京广播学院出版社 2000 年版，第 232 页。

为指导思想。新疆、西藏、内蒙古、宁夏、广西等自治区，每年在媒体报道策划专题中，特设"民族团结教育月"宣传活动，高举民族团结的旗帜，从思想认识的高度，从宣传内容的全方位，采用活泼新颖的体裁进行民族团结教育宣传，收到了较好的效果。

典型模范孔繁森事迹报道，标志着我国民族团结的新闻报道进入一个新的阶段。1995 年 4 月 6 日晚，中央电视台《新闻联播》以头条新闻播出了 7 集系列报道《领导干部的楷模——孔繁森》，总长度约为 30 分钟。这条新闻播出后，在全国 56 个民族、各行各业引起了强烈反响，从 1995 年 4 月 15 日到 5 月 16 日，仅中央电视台就播出有关孔繁森的新闻报道 27 条，专题片《人民呼唤孔繁森》及电视连续剧《孔繁森》和几台歌颂孔繁森的专题文艺节目，使孔繁森的事迹为我国民族团结事业树起了一座丰碑。

此外，中央电视台对 1995 年"世界第四届妇女大会及非政府组织论坛"的报道中，有不少内容是关于我国少数民族妇女捍卫祖国统一、维护民族团结的现场直播报道。例如《西藏妇女驳斥境外攻击西藏妇女人权状况的言论》，这则新闻报道在国内外产生了重大影响。《中国新闻》栏目对外编发大约 500 条消息，总体概述我国 56 个民族妇女的生存发展现况，获得国际领域的积极评价。

（三）重大事件报道回顾

1991 年 3 月 10 日至 5 月 14 日，历时 56 天，由国家民委、中央电视台以及 18 家省、自治区电视台联合录制了大型系列报道《祖国大家庭》，节目总长度 260 分钟。这一系列节目贯彻中央提出的以"正面宣传"为主的方针政策，重点介绍各民族在中华民族形成和发展过程中的贡献，真实体现每一个民族在地域、风俗、文化等方面的特色。

为配合全国首次民族工作会议，1991 年中央电视台首次在国内拍摄电视政论节目《东方群体》，上、中、下三集分别为《历史的主旋律》《东方式道路》和《走向新世纪》，完整阐述了中国解决民族问题的基本国策。

"纪念西藏和平解放 40 周年"的宣传活动，是继 1959 年平息西藏叛乱以来，中央人民广播电台关于西藏问题最大规模的一次报道活动。1991 年 3—5 月，中央人民广播电台派出 16 人记者组，从川藏公路、青藏公路和空中航线三条线路，报道新中国成立 40 年来西藏社会发展的巨大变化。这期间民族语言节目播出 14 集专题系列节目《来自西藏的报道》，这次报道活动有力抵制了国外分裂主义势力预谋的"国际西藏年"行动计划，是中央人民广播电台西藏宣传的又一次成功实践。

中央电视台 1990 年对《兄弟民族》栏目改版之后，当时的筹划任务是首先组织 1991 年"西藏和平解放 40 周年"的宣传活动，接着筹备当年的全国民族知识大赛。"西藏和平解放 40 周年"的宣传活动之中，社教中心民族部拍摄了 5 集纪实栏目《西藏在述说》，该栏目让西藏各阶层人士讲述自身的经历，回顾西藏的巨大变化。《新闻联播》节目推出 16 集系列报道，军事部同西藏军区合作拍摄的《雪山丰碑》同时播出，海外中心也摄制了 6 集系列片《西藏》，翻译成 6 个语种并向外发行。另外，由《兄弟民族》改版而来的《民族之林》栏目组织录制了《全国民族知识大赛》节目，这个节目通过近一年的筹划和组织，在全国近千名代表中选拔出 12 省（区）代表队，于 4 月 20 日开始的连续 4 天内，在第一套节目的黄金时间向全国播出 4 场民族知识大赛，在沟通民族之间的了解，普及民族知识方面收到积极的效果。

对于民族区域自治法的报道，也是这一时期的重点内容之一。1994 年是民族区域自治法颁布 10 周年，国务院召开了第二次全国民族团结进步表彰大会。中央电视台和国家民委从当年 8 月起在《神州风采》栏目中联合推出 36 集《民族自治区、民族自治州》系列专题节目，以促进民族团结进步和繁荣发展为出发点，开篇介绍民族区域自治政策的确立以及民族区域自治的历史和现状，把重点放在"精神文明和物质文明"的建设之上，展现改革开放以来全国 30 个自治州经济发展的日新月异和时代风貌。

中央电视台《十世班禅转世灵童金瓶掣签仪式在拉萨举行》的直播新闻影响意义重大。从 1995 年 9 月至 12 月中央电视台对班禅转世灵童寻访、认定和坐床等全部宗教活动做了大量详细报道。当年 11 月 29 日在《新闻联播》中播出的新闻，现场记者在现场地形极为狭小的情况下，用单机准确完整摄录了仪式的全过程，为了体现金瓶掣签的完全公正性和真实性，记者注意了每一个镜头的准确性。采用十几分钟的同期声电视直播画面，反映了中国共产党、中央人民政府尊重藏族宗教信仰及风俗习惯，与达赖集团进行针锋相对的斗争，粉碎其妄图搞乱西藏和分裂中国的阴谋。

四　话语类型的张力与大众化语态

20 世纪 90 年代初期以后，话语载体多层级、多语种、多种类蓬勃发展的同时，围绕少数民族新闻报道的典型主题，各类媒介独特的新闻文本群开始逐步增多。

（一）新闻文本群张力

所谓新闻文本群，指的是新闻传媒从某一宣传目标着眼，集中性地将内容相似或者相近的三篇以上的报道安排在某一时段内播出或刊发。新闻文本群采用系列报道、连续报道的形式，受众对某些事件从头至尾产生较为全面的了解，或者是从多角度、多侧面反映同一社会现象或者典型问题，帮助受众对这些现象和问题形成一个全面的认识。从微观层面和中观层面来看，新闻文本群等同于某一家或者多家媒体的系列报道和连续报道，但是从宏观层面看，其内涵和外延更为丰富宽泛，主要是以报道内容的相近及风格的相似性作为整体衡量的依据。以美国新闻史上著名的"扒粪运动"为例，20世纪初期美国新闻界掀起了一股揭露社会黑幕、谴责社会不公、追求良知正义的浪潮，出现大量以揭丑为内容的报道，形成了大量主题类似的文本群，出现了"扒粪运动"这一名词。

从1991年到2000年，少数民族新闻文本群微观层面的代表作品，当属对每年在全国各少数民族地区开展的"民族团结教育月"活动的报道，各少数民族地区媒体综合采用各类体裁，创建新闻文本群，以突出报道的中心主题。比如《新疆日报》的做法是：第一，采用醒目的标题突出重心。在"第15次民族团结教育月"宣传活动中，采用"亲切的关怀 巨大的支持""同呼吸 共命运 心连心""加快经济建设 促进共同繁荣""民族团结是各族人民的生命线"等标题，在一版和各版通栏打出，使得各版的报道宗旨愈加突出。第二，采用今昔对照的方法。筛选一些过去在民族团结活动中报道过的典型事件或者人物，再以这个典型报道的当今状况为续篇，配之以插图或者图片，起到旧闻新知的作用。第三，完善新闻背景资料。介绍国家实施的重大援建项目时，交代这项工程的作用、决策过程、投资和建设状况和中央领导的指示等，以加深读者对这些项目的全面了解。第四，全方位展开连续报道和系列报道。连续报道有关民族团结教育的动态消息，成系列地刊播重要新闻评论及对少数民族领导干部的访谈，用图片和文字展现了党和国家领导人对少数民族地区的关怀，报道汉族与少数民族之间的帮助、军民团结和邻里互助的典型事件，公开揭露民族分裂主义的罪行等，这些内容联结成一个互相证实的整体范畴，所形成的张力和强大阵势，使受众的认知形成广泛性共鸣。

中观层面新闻文本群的代表作品，首要的是领导干部的楷模——

孔繁森的报道，新华社、中央电视台、中央人民广播电台、《人民日报》《解放日报》《光明日报》等全国各大媒体，从1995年4月6日开始集中进行声势浩大的宣传报道，通过浓墨重彩而又探幽入微的笔触，以炽热深沉的情思讴歌孔繁森高尚的理想情操。借助新闻文本群的张力，原本就是新闻焦点人物的报道，势必引起更高的社会关注度。

宏观层面新闻文本群的典型作品，以中央人民广播电台1992年26集系列报道《边城行》、中央电视台1996年100集大型系列节目《边疆行》及1996年12月开播的《中华民族》和《人民日报》的"民族大家庭"专版等为代表。这种类型的新闻文本群具有精心建构的封闭性，注重文本意义的单一明晰性，系列文本给观众与读者带来心理统一的连贯之感，听觉、视觉与叙事符合受众心理信任的美妙之感，体现了舆论的社会影响力和艺术的客观真实。所以，越是规模宏大的新闻文本群，除了详尽呈现事实信息之外，文本内容"主题"与意义"中心"的向心力和凝聚力就越强，抵御偏离主题反向解读的功能就更为突出，所产生的阶段性社会影响也就越大。

（二）新闻小单元和专题兴盛

这一时期少数民族新闻话语体裁的丰富完善，主要体现在各少数民族地区新闻媒体改版调整栏目，少数民族语言的新闻译制能力不断增强，数量逐年增多，广播电视节目体系更为丰富多样化，突出特点是广播电视综合板块栏目中新闻小单元和专题繁荣发展。比如，广西台从1992年开设纪实性、评论性和思考性板块节目《电视广角》，设置《企业快车》《农村致富天地》《今日论坛》《乡镇企业之路》等新闻小栏目，主要报道国营大中型企业、乡镇企业、农村经济体制改革的成就。

青海电视台从1994年8月开始实现《藏语新闻》每天播出，数量增加的同时，节目质量有了很大提高。新闻、文艺、服务等栏目形态更为丰富。综合性栏目板块《日月宝鉴》中设置"时代之春"新闻小栏目，播出国内外新闻信息及省内外各条战线先进人物的事迹等。1994 年 10 月试播的四川民族广播电台《金桥之声》板块节目中分别设置了汉语普通话、彝语、藏语新闻小单元。

　　电视板块栏目中的新闻小单元，是少数民族新闻话语功能进一步延伸的结果，以"说书人"为主的叙述模式，大多体现过去片断的或者现象化的事实存在，适于表现新闻事件在时间维度上的特征，与新闻专题相比较而言，它的画面表意功能相对较为薄弱。新闻专题片则体现为一种综合性的叙述话语模式，在"叙述"表达机制以外，还存在着具象化画面"展现"的传播过程，更多借助画面中人物的言行来讲故事，通过画面再现事物存在的表象，为观众呈现一个视听过程化的形象世界，以具象化的传播过程表现事件、人物在空间维度上的特征。

　　这一时期反映少数民族地区风情、人物、历史的专题片已经从电视新闻专题中分立出来，成为电视艺术中的一个单独门类。电视新闻专题把触角伸向社会各领域，例如，内蒙古电视台开设蒙语专题《兄弟民族》《城乡见闻》和《草原漫步》等。1992 年 3 月广西电视台为配合以经济建设为中心的专题，拍摄 5 集系列专题片《广西奔向 2000 年》，包括《隆隆向未来》《面向太平洋》《壮乡展雄风》《飞越万重山》和《八桂尽风流》。1994 年贵州电视台精心制作 30 个小时的专题和文艺节目，通过美国《美洲东方电视》每天播出一个小时，当年制作并反映贵州知识分子的 48 集系列节目，在《黔中英才》专栏播出，还有反映贵州改革开放 15 周年以来成就的 58 集系列节目《走向辉煌》。1994 年青海电视台由编译部采制的 6 集 80 分钟系列纪实短剧《藏族同胞在首都》在元宵节播出，反映了自 1949 年以来久居北京或初到首都的藏胞的工作、学习和生活情况。

同一时期，国内以央视新闻评论部《东方时空》《焦点访谈》《新闻调查》以及脱口秀节目《实话实说》等为典型代表的深度报道外，调查性节目也先后出现，深入揭露改革进程中的种种社会问题，建构了一个国家批准的表达公众诉求的话语平台，这种电视新闻的话语表达方式，虽然倾向于监督个人、监督基层，"将系统的社会问题归结为道德问题，但是其中相对的专业性和内容一定的开放度对于社会的冲击是深刻的，提升了电视新闻话语及其抚慰作用的公信度"[①]，但是这种节目形态较少涉及少数民族方面的新闻题材。

（三）大众化新闻话语兴起

进入 20 世纪 90 年代，少数民族地区社会各项事业不断进步，在发展理念的语境之下，中国少数民族新闻报道已经形成了一种新的话语结构，主要表现在由主导意识形态决定的宏大叙事与区域特点、族群文化、消费主义支配下的微观叙事相结合，前一种叙事主要反映少数民族地区发展成就，反映发展进程中的现实情景，建构社会和国家的认同感。后一种叙事主要用于呈现生活面貌，反映休闲、娱乐等通俗内容，表现差异化和个性化特征，满足受众多层面需求的大众化话语开始出现。

少数民族报道大众化新闻话语的兴起，首先源于大众传媒属性的确定和功能转型催生大众化新闻话语。1993 年 6 月，中共中央和国务院发布《关于加速发展第三产业的规定》文件，报刊正式被列入第三产业，传媒的商业属性得到确认之后，在全国范围内满足市民文化生活需求的周末报、晚报和都市报相继迎来了发展的热潮，广播电视领域的系列台、专业台，采用分众化的媒介竞争策略。如此宏观社会背

---

① 赵月枝：《传播与社会：政治经济与文化分析》，中国传媒大学出版社 2011 年版，第 188 页。

景之下，通俗大众化报刊在少数民族地区的创办普及以及广播经济台、交通台和电视经济台在少数民族地区出现的时期基本与全国平均状况持平，或者稍晚一些。例如，西藏地区最早的周末报是1993年2月《西藏日报》推出的"周末版"，最早的都市报是1999年9月《西藏日报》创办的第一张子报《西藏商报》。宁夏《银川晚报》于1998年创办，继而都市报《新消息报》于2000年创刊。广西地区都市报《南国早报》创刊于1995年，《当代生活报》于1997年12月正式创办。其次，中国社会城市化进程的加快助长新闻话语的大众化。从1992年到1998年，中国城市化率由27%上升到30%，城市化的直接结果是大量人口聚集到以城市为中心的区域范畴，融入城市生活的人们远离了乡村社会的传统信息环境，越来越多地通过大众传媒获得信息，享受娱乐休闲。风行一时的晚报和都市报及广播电视经济台、交通台等，迎合并满足市民生活所需的经济信息、生活娱乐等需求，与都市经济、娱乐生活相适宜的大众化新闻话语得以普及开来，类似通俗话语的社会新闻、人物新闻在新华社的报道中也时有出现。例如，新华社拉萨1991年2月20日电文《一位常流眼泪的藏族女县长》①。

一位常流眼泪的藏族女县长

47岁的藏族女县长白曲认为自己最大的弱点就是爱哭。在西藏南部的乃东县当了7年县长，她不知哭过多少次。

老百姓吃不上新鲜蔬菜，她着急得哭；遇上自然灾害，地里的庄稼被冰雹打得稀巴烂，她伤心得哭；去年全县粮食平均亩产达到750斤，居全西藏之首，她高兴得哭。她的同事们善意地取笑她说，乃东县这几年取得的成就，都是她"哭出来的"。

---

① 新华社西藏分社编：《新西藏的历史回声——新华社60年西藏报道精品选》，新华出版社2011年版，第87页。

白曲好哭，但并不脆弱。她以性格泼辣、办事果断闻名乡里。她说："我喜欢发现问题立刻解决，就像我当年在篮球场上，拿到球就要冲上篮一样。"

身高 1.70 米的白曲曾经是一位骁勇善战的篮球爱好者。1984 年，她从自治区经贸委调到这个海拔 3500 米，有 45000 人的边远山区县里任副县长，去年 8 月被选为县长。

几年来，为了解决这个县吃菜、环境卫生、社会治安、农牧业生产等问题，用白曲自己的话来说，她整天忙得像陀螺一样。去年这个县人均收入达到 545 元，居全自治区第二位。投资 20 多万元建起的 30 座温室基本上解决了全县吃菜问题。

白曲生在拉萨，长在拉萨，1965 年毕业于西藏工学院财会专业。此后，她一直在自治区经贸委任职。她的家人都住在拉萨，丈夫是军官，也在拉萨服役。

对于究竟去不去乃东县做这个"父母官"，当初白曲也有过一番考虑。因为这不仅意味着背井离乡和纷至沓来的繁杂工作，而且还要舍弃大部分温馨的家庭生活和丰富的业余爱好。

白曲说："我之所以愿意到山区来操这份心，受这份累，主要是想通过当县长证明自己、证明妇女的能力。"

几年来的工作成绩虽然给她带来许多欣慰，却也使她的额头增添了一些皱纹。她说："我现在工作起来还算得心应手，唯一头痛的就是藏文底子太薄。因此，现在一有时间，我就读些藏文书籍。"

对自己的未来，白曲做了这样的安排：当一天县长，就争取为老百姓多办几件实事；不当县长了，就回拉萨去当会计，过几天"清静"的日子。

这则新闻报道一改传统"新华体"倒金字塔式结构，用平和客观的叙事话语代替官方话语模式，没有"记者获悉""据了解""有关人士表示"等全知全能的讲述型叙事模式，取而代之的是直接引语、生动描述和"展示型"表达，极为简洁的描写与叙述报道构成生动的传播情境，突出新闻人物的真实性和感染力，力求还原一个可信可爱的女县长形象，说教的痕迹几乎全无，从而拉近与读者的距离。追求视觉化效果的话语风格是这则报道开篇的亮点，"着急得哭""伤心得哭""高兴得哭"等几处落笔的特写镜头，虽然没有过多文字的渲染，却几笔勾勒出一位心系百姓，为民服务的好县长形象，这样个性化的细节体现的视觉化效果最为鲜明，更能触及人们的心灵。

在传者与受众之间，大众化新闻话语呈现多元化和开放性的对话交流模式，柔化了由一种叙述声音所主导的硬性话语表达模式，进一步提升媒介新闻叙事的生动性和感染力，吸引受众积极参与到传播活动中来，成为一种引导受众理解内容的重要策略。

五　转型"大众化"话语与国家认同

从 20 世纪 80 年代初期到 90 年代末期，少数民族新闻话语向"大众化"话语方向转型，与之对应的是中国社会主义市场经济体制的逐步建立，整个社会的政治、经济以及社会心理等诸多方面都发生了急剧变革。这一时期少数民族新闻报道的文本样式显著增多，转型"大众化"话语的主要特征是：口语化的表达成为一种风尚，平民化的视角得到广泛推广，报道的组合式和系列式等多样化运用等。

少数民族新闻话语转型的"大众化"表征，主要缘于媒体处于高速多元化发展时期，大众文化传播的广泛性所构成的社会趋同机制，有助于融合地域性的文化认同与民族认同，形成和而不同的社会文化基础，整合并构建了民族国家的文化共同性。大众文化的传播赋予社会行为规范性和文化意义，而且因为传播活动的重复性和累积性，使得遵循社会规范和文化意义成为一种集体无意识心理，所以大众文化对文化认同和民族认同整合提升为国家认同起着重要的作用。

少数民族文化顺应媒体的迅猛发展态势，自然无法逃脱大众文化带来的急剧变迁，对此我们应该秉持乐观合理的期待，"原封不动地保护各种地域性民族文化的做法，与其说是尊重对方，不如说是企图永远俯视地去观察某些僵化了的文化化石"①。我们应朝向有利于国家认同和民族融和的趋势，而非继续扩大民族之间"他者"的差异性，所以，打着保护民族文化的口号，将少数民族的文化认同、民族认同感固化封闭的观念不可取。

另外，大众文化的广泛传播以及由此展开的"大众化"社会语境对于公民国家认同的形成也会产生一些负面影响。首先，大众媒体为了发行量和收视率，一味迎合大众的趣味，"大众化"话语无法避免低俗化的倾向。面对这样的态势，如若不加以适当的引导和管控，文化趣味的低俗化势必影响公民素质的提升，甚至影响公民国家认同的文化根基。其次，大众文化的易变性、流动性、多样性和碎片化的特征，强烈冲击着相对稳定的主流文化的主导位置。来自不同根源的特质文化，在大众文化的裹挟下进入社会文化洪流中，不可能形成稳定的文化内涵，受众的心灵将无处安放。

总之，这一阶段大众文化传播和"大众化"话语的盛行，随着少数民族新闻话语的转型，对提升公民的文化认同、民族认同感进而整合公民国家认同发挥着积极的影响，但同时大众文化和与之相伴的这种话语转型，在某种程度上构成对文化认同和民族认同的一定冲击。

---

① 韩震：《全球化时代的文化认同与国家认同》，北京师范大学出版社 2013 年版，第109 页。

政府不应漠视大众文化流变性的巨大社会影响，必须有针对性适时调整文化政策，以适应大众口味的多样性和趣味性的变化。这种情况下，主流文化不仅仅要力图引导大众文化，还应该适应大众文化的流变性，扩大与大众文化的重构领域，才能有助于国民文化认同的形成，进而促进和巩固国家认同。

第四章　少数民族新闻话语的网络化和
"微传播"时期（2001—2014）

　　2001 年是国家"十五"计划的第一年，对未来五年中国发展战略的部署，重大转折之一就是明确了以信息化带动工业化的方针。中央有关管理机构对网络媒体的建设予以高度重视，2001 年 8 月，中宣部、国家广电总局、新闻出版署联合下发《关于深化新闻出版广播影视业改革的若干意见》（即中办第 17 号文件），明确了新闻网站建设、管理和经营的指导方针。同年 3 月在北京召开"互联网新闻宣传经验交流会"，8 月在上海召开"地方新闻网站发展工作座谈会"，11 月在北京再次召开"互联网新闻网站经验交流会"。2001 年是中国宽带建设、网络接入和内容供给具有里程碑意义的年份，网络媒体作为新媒体的舆论监督作用日益显现威力，网络媒体的原创评论锋芒初现，对新媒体技术的运用更为迅捷，2001 年 8 月 20 日，中央电视台国际网络在南京建立宽带节目镜像试验站，宽带多媒体内容已经成为媒体下一步关注的重点。

第一节　少数民族新闻话语的网络化
时期（2001—2009）

一　国家投入与弹性管理的政策语境

2001—2009 年，国家在少数民族宏观发展战略导向方面，颁布了一些主要的政策：2001 年第九届全国人大常委会讨论修改《中华人民共和国民族区域自治法》，时任国家主席江泽民同志签署第 48 号主席令。2002 年，国务院做出关于深化改革加快发展民族教育的决定，颁布"中国农村扶贫开发纲要"。2003 年时任国家主席胡锦涛同志确定"新世纪民族工作"主题，国家在草原牧区全面启动退耕还草工程。2004 年，国家民委、财政部出台《关于继续推进兴边富民行动的意见》。2005 年，中国政府发布《中国的民族区域自治》白皮书，我国首次编制少数民族和民族地区发展专项计划。2006 年，全国人大常委会将《民族区域自治法》列为全年执法检查重点，有力推动《民族区域自治法》的贯彻落实。2007 年，国家十一部委联合发布切实加强民族医药事业发展的指导意见，国务院正式发布少数民族事业和兴边富民行动"十一五"规划。2008 年，国家出台扶持民族地区发展重大政策措施，"5·12"汶川特大地震后羌族文化保护备受瞩目。2009 年，国务院新闻办发表三份与少数民族和民族地区有关的白皮书，国务院发布《关于进一步繁荣发展少数民族文化事业的若干意见》。

具体到新闻政策领域，2001 年 8 月中共中央办公厅、国务院办公厅颁布《关于深化新闻出版广播影视业改革的若干意见》，文件第 20 条具体指出："要进一步扶持西部和少数民族地区新闻出版广播影视业的改革发展，加大国家投入，组织对口支援，鼓励互惠合作，从当地实际出发，帮助开发资源和市场，形成自我发展、自我积累的机制，走集约化、内涵式发展道路。"这个文件意味着进入 21 世纪初期，国家将进一步加大促进少数民族新闻事业繁荣发展，国家将宏观经济协调与少数民族传媒产业化微观运营结合起来，宏观协调与局部整合型少数民族新闻政策开始发挥作用，国家新闻政策整体"刚性"调控与局部传媒个体的"弹性"自我发展处于并轨路径之中。

宏观经济的协调与加大扶持力度方面，2004 年 7 月国务院办公厅转发广电总局《关于巩固和推进"村村通"广播电视工作意见》的通知说明，中央财政对纳入"新西工程"实施范畴的新疆、西藏、内蒙古、宁夏，以及青海、甘肃、云南、四川等少数民族地区建设"村村通"项目的经费给予一定补助。2008 年中宣部和国家民委发布《党和国家民族政策宣传教育提纲》，对民族地区文化基础设施投资和文化事业进行经费单列，建设"万里边疆文化长廊建设""文化资源共享工程""万村书库"等项目。

2009 年国务院发布《关于进一步繁荣发展少数民族文化事业的若干意见》，这项意见主要包括三项内容：第一，加大对少数民族新闻出版事业的扶持力度。重点支持涉及少数民族事务的重大报道活动，传播社会主义核心价值体系，普及科学文化技术知识的报刊书籍和音像制品。重视少数民族语文翻译出版工作，提升汉文、外文出版物和少数民族文字出版物双向翻译出版的数量和质量，大力支持、加强管理和引导少数民族重点新闻网站建设。第二，大力促进少数民族广播影视业发展。通过"村村通"工程和农村电影放映工程，巩固并扩大少数民族地区广播影视覆盖面。提高少数民族语言广播影视节目制作能力，加强优质广播影视作品的少数民族语言译制工作等。第三，强化民族边疆地区文化产品的进出口监管，清除各类非法出版物，加强卫星接收设施监管工作，防止接收和传播境外广播电视节目，有效防范境外敌对势力的文化渗透活动，维护少数民族边疆地区文化安全。

这一时期在相关新闻法规的完善方面，有两个具有重要意义的条例颁布实施。其一，2007 年 11 月执行的《中华人民共和国突发事件应对法》第三十九条规定："对于突发事件报道，有关单位应做到及时客观和真实，不得迟报、谎报、瞒报和漏报。"而且还在第六十三条规定了迟报、瞒报、漏报的相关法律责任。其二，2008 年拉萨"3·14"事件之后，同年 5 月，《中华人民共和国政府信息条例》正式实施，该条例将政府"第一时间及时公布事件真相"明确为政府部门的法定义务，并要求以报刊、广播、电视等方便民众知晓的方式告知，为新闻媒体报道突发事件提供制度保障。

关于民族团结、民族宗教的新闻宣传纪律一直得到持续强化，2002 年重庆市委、民族宗教委员会、统战部等相关部门出台《正确处理新形势下影响民族团结问题的意见》，强调各类新闻传媒要不断提高党的民族宗教理论、政策法律法规和民族团结的教育，以更好地贯彻执行党的民族宗教政策。2008 年中宣部、国家民委发布《党和国家民族政策宣传教育提纲》，郑重强调为防止发生侵犯民族风俗习惯的事件，明确要求新闻、出版、文艺、学术研究等相关单位和从业人员严格遵守此项规定。此外，刑法专门设有"非法侵犯少数民族风俗习惯罪"，对于侵犯少数民族风俗习惯的行为进行刑事处罚。

总之，这一时期新闻政策在全国新闻业调整种类结构与组建媒介集团、规范媒体发展秩序与弹性管理措施的大背景下，开始对新兴网络媒体进行管控，2008 年出台了《互联网视听节目服务管理规定》。各种文件、政策的关键词是："管理""规定""经营""应当""发行""申请""登记""批准""不得""设立"等。同时国家继续加大少数民族地区传媒发展的投入力度，始终如一地强调党和国家民族政策的宣传和教育方针的重要性，强调维护民族团结的报道主题。

二　突破传统话语载体的网络化延展

进入 21 世纪，中央媒体对少数民族的新闻报道，主要在媒介语言种类及广播电视频道专业化两个方面体现新的亮点。2003 年 5 月由国家民委主办的《中国民族》杂志英文版创刊，是新中国成立以来第一本展示中国 56 个民族文化和社会生活的国家级英文刊物，主要设置了热点观察、纪实民族学、西部大开发与中国少数民族等栏目，主要发行到全世界 150 多个国家的图书馆、民族事务研究机构。2009 年 8 月《人民日报》（藏文版）正式创刊，这是我国第一个用少数民族文字出版发行的党中央机关报，由《人民日报》和《西藏日报》共同主办。2002 年 5 月至 2004 年 10 月，中央电视台"西部频道"发挥地域特色化定位，专业化报道"西部大开发"战略，是少数民族新闻报道的重要窗口。2004 年中央人民广播电台"民族之声"成立，针对少数民族地区播出的受众专门化广播频率，采用蒙古语、藏语、维吾尔语、哈萨克语、朝鲜语 5 种民族语言播出，覆盖西藏、内蒙古、新疆、吉林、辽宁等地，据相关统计国内少数民族听众大约有 2500 万人，世界各地听众近 1 亿人。2009 年 3 月 1 日中央人民广播电台藏语频率开播，主要报道国内外重要新闻和西藏现代化发展成就，介绍西藏、四川、甘肃、青海等地藏区农牧民生活，反映西藏的社会历史文化变迁，为各地藏族听众提供文艺娱乐等内容。

总体来看，全国各少数民族地区以当地党报为核心，形成都市报和行业报竞争发展，服务当地繁荣稳定和初具规模的报刊体系。"村村通"和"西新工程"的大力建设使中央人民广播电台和中央电视台的第一套节目基本实现各少数民族地区城镇全覆盖，广播电视栏目品牌化不断增多，尤其是新闻类栏目所占比例最多，占各类栏目种类的 60% 左右，影视作品的少数民族语言译制水准和播出规模稳步提升。

2000 年元旦，西藏传媒集团在《西藏商报》基础上成立，西藏地区形成 6 报 1 刊 1 网的报业体系，成为西藏最大规模的主流新闻媒体。传媒集团建构之举旨在让党报或者自治区（省级）电台、电视台等，通过市场运营机制夯实产业基础。有研究者指出报业集团被视为实现宣传和商业最理想的组织形式，传媒集团的成立对于少数民族地区媒介种类的组构具有深远影响，同时互联网技术在全球的快速普及，为少数民族地区新闻载体的扩容提供了充分的动因和前景。

国内少数民族新闻网站最早始于 20 世纪 90 年代中期，起步时间基本与网络新闻发展同期，创办主体可以划分为三种类型。

（一）以中央级主流新闻媒体为主体

主要设置民族要闻、民族文化、民族经济、民族公益、民族教育、民族旅游、文化遗产、兴边富民等栏目，建设目标是面向世界的门户网站，具有国家主流意识形态决定的宏观叙事特征，针对少数民族地区发展的报道，主要依托国家级主流通讯社、报刊、电台或者电视台等传统媒体创办起来的新闻网站。比如，1997 年 1 月"人民网"是在《人民日报》基础上创办起来的，是国内最大的网络综合媒体之一，网站开设蒙古文、藏文、维吾尔文、哈萨克文、朝鲜文、彝文、壮文等少数民族语言报道。2000 年 5 月"中国西藏信息中心"成立并推出汉文版（包括简体版和繁体版），此后推出藏文版和英文版、法文版，分别设立西藏各地区子网站，开设"新闻""观察""名家""讲述""聚焦""雪域之子""百姓人家""藏传佛教"等十余个栏目，这是中国"涉藏"专题最大的综合网站，以促进国际社会对西藏的了解为宗旨。

2000 年以《民族团结》杂志社为依托的"中国民族网"开办，报道理念是"传播民族文化、展现民族特色、弘扬民族精神、宣传民族品牌、构建 56 个民族大家庭"。2001 年由《中国民族报社》创办的

"中国民族宗教网"开通，宗旨为"讲中华万象、说民族风采"。2001年开始，"新华网"在当年2月改版后，推出"发展论坛"和"统一论坛"，地方频道涉及西藏、新疆、广西、内蒙古、宁夏五个少数民族自治区。

这一类新闻网站无论在信息采编资源还是技术支持方面，都具备比较雄厚的发展实力，这是网站作为"子媒体"背靠"母体"所获得的连带优势。

（二）以少数民族地区党委和政府为主体

以新疆"天山网"为例，这家网站于2001年12月开通，由新疆维吾尔自治区人民政府、自治区党委宣传部和"人民网"合建，是该地区唯一一家报道新闻的重点网站，由《新疆日报》《新疆经济报》、新疆电视台、新疆人民广播电台等10余家新闻媒体供稿。"天山网"现有汉文简体、繁体和俄文、维吾尔文三个语种的四个版面，拥有电信和广电两个传播途径。2003年5月12日，"天山网"汉文网页进行了建网以来的首次整体全新改版，汉文繁体版也与此同时推出。汉文网页设有"新疆""评论""视听""图片""法治""兵团""财经""能源""房产""文化""旅游""户外""援疆""娱乐""体育""新疆网上办事大厅"等。"天山网"开通不久就迅速成为"全国地方新闻网联盟成员""网络宣传西部联盟成员"，并与全国近百个著名网站在信息共享、技术保障等方面建立广泛合作关系。截至2010年，新疆各级政府创办维吾尔文网站数量9个，其中省级1个，地州市级网站4个，3个厅局级网站，1个县级网站。这种定位性质的网站体现了官方话语的地域化色彩，传播官方的理性声音主导社会舆论，密切当地少数民族各个社群的联系，营造官方与民间互动的新空间，新闻话语的影响力逐步呈现对当地传统媒介"议程设置"的补充和延伸。

（三）以少数民族地区新闻媒体为主体

这类新闻网站的地域化特征比较突出，正在朝着综合化网站方向发展，比如，2002年《西藏日报》社主办，西藏传媒集团运营的"中国西藏新闻网"开通，设藏文、英文、汉文三种文字版本。开设"西藏新闻""图片新闻""社会民主""财经新闻"和评论等。这一类新闻网站是"母体"的衍生媒体，打破时空和地域的局限，把传统媒体的报道引入国际舆论空间。2009年6月，西藏人民广播电台《中国西藏之声》网站开通在线广播。

2003年12月，新疆人民广播电台"新疆新闻在线"维吾尔文和哈萨克文新闻网正式开通，开设新闻中心、教育、生活、医疗等栏目。2005年新疆电视台"新视网"完成系统的升级改造工程，是新疆主流媒体网站中，唯一以200兆宽带接入互联网干线核心层的网站，2009年"新视网"再次进行升级改造并正式开通，截至2009年2月，"新视网"年度累计访问量突破900多万人次，覆盖世界一百多个国家和地区。

2004年1月，延边人民广播电台主办、延边地区唯一的门户网站"延边信息港"开通，当年6月"延吉之声"网站开通，播发延吉人民广播电台、延吉电视台的新闻节目。2010年10月，《吉林日报》集团主办的"中国吉林网"朝鲜文版正式开通，致力于打造国内及东北亚颇具影响力的朝鲜文网站。2006年1月内蒙古电视台新版互联网站正式开通，2009年《宁夏手机报》实现移动、电信和联通三大运营商全面覆盖。

以传统新闻媒体为依托所创办的衍生网站，主要目标是延展并控制网络信息环境中的舆论引导权，存在的主要问题是：目前的新闻改制尚未实现重大突破之前，新闻信息主要还是从传统媒体向网络媒体输送，来自网民的互动与输入传统媒体的信息总量相差悬殊，它的总体运营机制与受众的社会现实需求之间尚存在一定的脱节。

（四）以少数民族地区电信企业为主体

各地电信企业运营的商业网站开设的新闻频道，比较典型的是"西藏之窗""西藏在线""中国藏族网通"等网站，创建于 2000 年的"西藏之窗"是西藏第一家网站，主要涉及旅游、娱乐等内容，这一类网站中"意见领袖"的中介作用增加了少数民族文化传播的范畴，对于少数民族新闻网站"自上而下"的官方话语产生了辅助传播效果。

我国少数民族的部分新闻网站详见表 4-1。

表 4-1　　　　　　　　我国少数民族部分新闻网站一览

网站名称	所在地区	主办单位	通用网址
中国民族网	北京	《民族团结》杂志社	www. mzchina. org
中国民族宗教网	北京	《中国民族报》	www. mzb. com. cn
中国西藏信息中心（2010 年更名为"中国西藏网"）	北京		www. tibetinfor. com
新华网西藏频道	西藏	新华网	www. xz. xinhua. org
"人民网"地方联报西藏频道	西藏	人民网	www. unn. people. com. cn
中国西藏新闻网	西藏	《西藏日报》	www. chinatibetnews. com
新华网新疆频道	新疆	新华网	
"人民网"地方联报新疆频道	新疆	人民网	www. unn. people. com. cn
新疆新闻网	新疆	中国新闻社新疆分社	www. xjnews. cn

续 表

网站名称	所在地区	主办单位	通用网址
新疆"天山网"	新疆	新疆自治区党委、政府和"人民网"合办	www.tianshannet.com.cn
新华网内蒙古频道	内蒙古	新华社主办	www.nmg.xinhuanet.com
内蒙古新闻网	内蒙古	中国新闻社内蒙古分社	www.nmgnews.cn
新华网广西频道	广西	新华社主办	www.gx.xinhuanet.com
广西新闻网	广西	中国新闻社广西分社	www.chinanews.com.cn
新华网宁夏频道	宁夏	新华社主办	www.nx.xinhua.org

总之，我国少数民族新闻网站的建构体系，面向国际与国内两个环境，以中央重点新闻网站为主，与各个地区少数民族新闻网站密切协作。我们必须认识到西方"文化霸权"及国内经济文化和信息技术发展不均衡所导致的"数字鸿沟"现象，少数民族新闻网站是对文化传播中"西方霸权"的有效遏制阵地，同时也能消弭国内少数民族地区与东中部较为发达地区之间的"数字鸿沟"，必然会加快少数民族新闻传播的现代化进程。从麦克卢汉"媒介即信息"观点出发，少数民族新闻网站在传播资源丰富化，海量信息和双向传播，声音、影像、文字、数字等多种传播技术手段的融合，实现传播速度快捷和全球化等方面，成为少数民族新闻话语的有效载体，突破封闭局限的社会环境，促进少数民族文化与国内外交流互动，抵制不良文化侵蚀破坏，有利于少数民族文化传播产生新的价值和意义。

三 传播话语理念与重要报道回顾

（一）传播话语的理念特征

"传播话语"是与"灌输话语"相对的一种话语优化模式，"灌输话语"更注重宣传功能，"运用各种符号，传播一定的观念以影响和引导人们的态度，是控制人们行动的一种社会性活动"[①]，它更强调传者单向的"告知"行动。而"传播话语"侧重于信息的共享意义，传播体现一定的社会关系，是一种双向的社会互动行为，传播成立的前提是传受双方要有大体一致的生活经验和文化背景，它所强调的是受众"欲知"的需求。从"灌输话语"向"传播话语"理念转变，其社会背景和诸多表征如下。

首先，新闻媒体顺应了自2002年11月党的十六大以来党中央从执政理念和治国方略层面对舆论引导提出的新要求。党的十六大以后，"以人为本"的理念开始贯穿于新闻舆论引导之中，如何提高舆论引导能力日益受到各级各类媒体的重视，加强党的执政能力建设被提到党的重要议事日程上来，舆论引导被视为党的执政能力的组成部分。党中央十分重视互联网的"思想文化信息的集散地和社会舆论的放大器"作用，致力于加强主流媒体和新媒体建设，倡导舆论引导的新格局。

另一方面，传媒在产业化的市场竞争中，传统媒体与网络媒体在融合竞争中共同发展，受众已然是各类媒体竞相争夺的目标。毋庸置疑，受众对于传媒所提供的各类信息较之以往有了更多的选择和接触空间。一味以"传者"为中心，把受众当作"靶子"式的传播方式，已然彻底改变。如何贴近受众的认知心理，增强传播的艺术性和感染

---

① 陈力丹：《新闻理论十讲》，复旦大学出版社2011年版，第285页。

力，是多媒体时代新闻报道的应有之义。

新闻话语作为一种复杂的文化象征形式，"它总是包罗于具体的社会—历史背景与进程之中，它们在其中被生产、传输和接收"①。社会—历史背景塑造新闻话语被生产、理解和评估的方式。"传播话语"理念受到上述相应社会背景的影响，社会背景特征在此并非简单限制新闻话语，相反它起到对新闻话语的建设性和可行性的正向作用。

其次，我国少数民族新闻价值观，已经从以政治和舆论两方面属性作为主要价值标准，转向兼顾受众和社会整体对于新闻的需要。有报道价值的新闻，包含受众所期待的"获益性"，它的效用是满足受众的精神世界需要，包括获知性、激励性、娱乐性等方面。新闻价值的客观性，不仅仅表现为新闻的客体性，也不只是表现为传者和受众的主体性，而是新闻客体和传授主体之间的一种特定关系，即新闻价值是客观事物属性与人的需求的统一。"传统新闻价值提出事实所包含的足以构成新闻的特殊素质，只是说明了价值因素，但是价值因素并不等同于价值本身。"②"传播话语"理念体现了新闻价值观从一元走向多元，从封闭迈向开放，与社会价值和受众需求相统一的多维取向。

最后，"传播话语"意义体现着观念的互动与融合，观念的传达具有一定的开放式前提，而非一种独断式的总结概括。只有真正实现多元主体间的交流对话，才可能从传统的单线叙述结构转向多路径的复线结构，是打破新闻文本封闭式结构的根本途径。

比如，2008年"人民网"对贵州瓮安群体冲突事件的报道，从叩问信息公开的角度展开评论，《中国青年报》的新闻评论从"疏导民怨"的角度打通"下情上达"的传播渠道，反映人民群众的意见和

---

① ［英］约翰·B.汤姆森：《意识形态与现代文化》，高铦等译，译林出版社2012年版，第145页。

② 刘建明编著：《当代新闻学原理》，清华大学出版社2003年版，第202页。

呼声。

乌鲁木齐"7·5"事件中媒体议题的设置，改变了突发事件中报道内容的选取惯例，比如往常会强调暴力分子的残忍行为、政府高度重视、社会各界纷纷谴责暴力分子等。通过此次报道，可以看出除上述议题之外，主流媒体还采访了目击者、受害者、的士司机、旅游者等，主要关注点之一是展现现场各方人士的意见，另增设了如"善后重视心理救援""事件最大的受害者是无辜百姓""民族互助显现人性真情"等议题，政府议题、媒体议题、公众议题三者之间形成互动模式，易于得到公众的认可。新闻媒体根据社情民意，巧妙地把政府议程转化为媒体议程，设置社会公众关心同时又是党和国家重大事项的议题，媒体议程的最终目标是形成公众议程。受众个体接触公众议程后形成受众个体议程，个体受众在小范围内交流形成小众化传播的群体议程，最后由于不同群体之间的交流，扩大原有范围内的传播，这时可能出现两种变化：其一，某个群体会更新原有的群体议程，因为肯定有比原来更重要、更能吸引绝大部分受众的议题存在，新出现的议题受到更多人的关注，群体内部与群体之间进一步交流后上升为公众议程；其二，原有的议题在群体内部与群体之间的交流得到加强扩展，最终形成公众议程。

受众对媒介议程做出选择、理解和记忆的机制，说明媒介的议程是受众"应知"和"预知"，或者已经开始关注的事实，违背受众意向的媒体议程不可能形成受众议程，否则必然会被受众议程否定或改变。最终，"传播话语"的意义体现着政府议程、媒体议程、公众议程、个体议程四个环节之间的互动，产生强大的社会影响力。

（二）民族团结主题报道

"汉族与少数民族谁也离不开谁"，少数民族地区发展离不开本地人的奋发自强，更离不开来自五湖四海的建设者的无私奉献。从合适的角度选择一个民族团结的典型人物，远比积极宣传一个典型人物的事迹更具有说服力，深入挖掘先进典型人物的时代精神，让民族融合的现实基础得到进一步的升华。2009 年 5 月 5 日《青海日报》发表了长篇通讯《烛光奏鸣曲》，报道了一位天津人刘让贤来到高原偏远山区，在山沟沟里扎根 21 年办小学的感人事迹。该报编发评论指出，刘让贤孺子牛般的奉献精神，艰苦执着的探索精神，博大深沉的爱心播撒，对那些缺乏信仰和失落理想的当代大众尤其具有振聋发聩的启示力量和榜样作用。6 月 11 日中共青海省委、省人民政府做出"向刘让贤同志学习"的决定，6 月 13 日《天津日报》转载了长篇通讯《烛光奏鸣曲》，由刘让贤和有关人员组成的"刘让贤事迹报告团"在青海和天津作巡回报告，引起中宣部的重视，并且将刘让贤树立为全国先进典型进行宣传。新华社、《人民日报》、中央人民广播电台、中央电视台、《光明日报》等 12 家新闻传媒组成采访团赴青海进一步采访刘让贤。

这一时期国内新闻传媒重点报道的其他主题事件还有：2001 年，全国各地百名民族少年儿童代表进京参加第一批各民族少年"手拉手"主题教育活动。2005 年，中央民族工作会议暨国务院第四次全国民族团结进步表彰大会在京召开。2006 年，国家民委将孔繁森同志纪念馆等 27 个纪念馆命名为全国民族团结进步教育基地。2008 年，教育部、国家民委联合印发《学校民族团结教育指导纲要》，要求全国中小学要设置专门的民族团结教育课程。2009 年，民族团结纳入我国基础教育体系，国务院表彰全国民族团结进步模范。

（三）重大事件报道回顾

1. 2006 年青藏铁路全线铺通

2006 年 7 月 1 日上午 11 时 05 分 46 秒，北京新华总社向全世界发出一条快讯："格尔木开往拉萨的第一列旅客列车'青1'今天上午11时05分在欢乐的锣鼓声中由格尔木火车站徐徐启动向拉萨驶去。"快讯全文只有49个字，但却传达了划时代意义，人们盼望一个世纪之久的青藏铁路终于实现全线通车。7月9日新华社刊发通稿《一个世纪的伟大穿越——党的中央领导集体关心青藏铁路建设纪实》，次日的《人民日报》《光明日报》《解放军报》《新华每日电讯》《中国青年报》等中央各大报均在头版头条的重要位置转发这篇通讯。新华社的这篇全景式报道，因其权威性、独家性，成为国内媒体关于整个青藏铁路通车报道的扛鼎之作。

2. 西藏百万农奴解放暨民主改革50周年纪念

2009年1月初，人民网、西藏网、新华网西藏频道开始关注"西藏民主改革50年"活动，连续发布对西藏的采访报道，当年2月5日中央人民广播电台在京启动"纪念西藏民主改革50周年大型采访活动"，3月1日"民族之声"推出18小时的藏语广播。"中国之声""民族之声"，中国广播网联合推出大型系列报道《雪域高原格桑花》《西藏，扎西得勒——纪念西藏民主改革五十周年》专题节目。中国西藏信息中心围绕"西藏民主改革50年"开展一系列报道，包括《"西藏民主改革第一村"的新一代：我们勇敢向前》《西藏民主改革大事记》《西藏今昔》《西藏百万农奴解放纪念日庆祝大会》等报道，并推出"西藏民主改革50周年"百题有奖问答活动，吸纳广大网友积极参加，一同走进西藏、了解西藏。

3. 庆祝中华人民共和国60周年宣传报道

中央人民广播电台"民族之声"的藏语、蒙古语、维吾尔语、哈萨克语、朝鲜语5种少数民族语言节目，以维护社会稳定、增进民族团结，组织系列报道、开辟专题专栏、举行征文比赛和演唱会等形式，集中报道新中国成立60周年以来少数民族地区经济建设取得的巨大成就，为新中国成立 60 周年庆祝活动营造和谐气氛。

《中国民族》杂志从 2009 年第 4 期至第 9 期，连续 6 期推出"1949—2009 新中国记忆专栏"，设置"特别关注专栏"，对"两会""西藏民主改革""7·5 事件""国际人类学民族学大会"进行热点报道，2009 年第 10 期和第 11 期为合刊，以"民族·物象"为主题，回顾少数民族地区社会政治经济、文化教育和民生改善等方面所取得的巨大进步。

2009 年 8 月，中国国际广播电台为迎接新中国成立 60 周年，策划组织"看中国·CRI 中外记者边境行"，西藏站的活动在拉萨正式启动，23 名中外记者在 10 天时间里走访日喀则、樟木、亚东和江孜等地，深入边境口岸和边贸地区，报道西藏发展的新面貌。

4. 重大突发事件报道

2008 年拉萨"3·14"事件、乌鲁木齐"7·5 事件"发生以后，网络多媒体传播手段融合的优势更加显现，人民网、新华网、央视网、中国广播网、新浪网等媒体通过大量文字、图片、视频等方式，对事件进行深入披露，抨击偏见、谣言所引发的谬误言论，引导受众辨别是非，代表社会舆论的主旋律。中国国际广播电台"国际在线"土耳其网站与土耳其伊斯坦布尔"方向"调频合作，在 13 日至 17日，围绕新疆经济社会发展与少数民族权益保障，各民族和谐相处等问题，展开了题为"来自乌鲁木齐的声音"的网络互动讨论。

少数民族地区重大突发事件危机传播阶段，我国从中央到地方各类新闻媒体相互补充、相互推进，策划组合议题，立足于积极代表舆论并引导舆论，构建"上情下达"与"下情上达"舆论引导双向议题，增强舆论监督，从突发公共事件的负面议题中体现舆论引导的正面效应。新闻舆论成为占据社会主导地位的主流舆论，为积极有效消除谣言、谬论等负面舆论，为事件的平息提供强有力的舆论支持。

5. 其他重要文娱事件

2001 年第二届全国少数民族文艺会演在京举行。2002 年"全国民族知识电视竞赛"举行，少数民族文学、影视"骏马奖"颁奖。2003 年《中国民族》英文版在北京创刊，第七届全国少数民族传统体育运动会在宁夏举办，中法文化年"中国少数民族服饰展演"获成功。2004 年十部中国民族民间文艺集成志书完成编纂。2005 年我国少数民族传统艺术形式首次入选"人类口头和非物质遗产代表作"。2007 年统一平台的少数民族文字文档识别系统研制成功，首届"中华民族文化周"在中国香港举办，中国人类学民族学研究会在京成立，第八届全国少数民族传统体育运动会在广州举办。2008 年海峡两岸各民族中秋联欢活动在中国台湾举办。2009 年《中国民族民间十部文艺集成志书》出版。

6. 重大节庆纪念事件

针对少数民族的重大节日、纪念日等进行的一系列庆典活动通常形成一定的周期规律，英国学者康纳顿认为，媒介的仪式性操演传达和维持着社会记忆。媒介通过对纪念仪式的记忆与放大，强化了社会记忆的形成。国内从中央媒体到地方媒体 2001—2009 年主要报道的事件包括：2001 年中央民族大学、西南民族学院（2003 年更名为西南民族大学）、中南民族学院（2002 年更名为中南民族大学）隆重庆祝建校 50 周年，时任国家主席江泽民同志为民族院校题词"努力发展民族教育，促进各民族共同繁荣"，时任国务院总理朱镕基同志到中央民族大学视察，为庆祝西藏自治区和平解放 50 周年，中央人民政府向西藏自治区赠送由时任国家主席江泽民同志题词的"民族团结宝鼎"。2005 年西藏自治区成立 40 周年，新疆维吾尔自治区成立 50 周年庆典活动受到党中央、国务院高度重视，并取得圆满成功。2007 年隆重庆祝内蒙古自治区成立 60 周年。2008 年宁夏和广西隆重庆祝自治区成立 50 周年；时任国家主席胡锦涛同志致信西藏民族学院祝贺建校 50 周年。2009 年拉萨举行了西藏百万农奴解放纪念日庆祝大会；新中国成立 60 周年"全国五个少数民族自治区"成就展在京举办。新闻传媒对于少数民族重大文体事件和纪念活动的集中报道，体现了媒介记忆的文化象征意义，突出国家认同最为重要的两个方面，即政治认同和文化认同，塑造社会公众对国家的政治和文化形象的心理认同。

四 话语类型超文本与导向化语态

20 世纪 90 年代中后期以来，少数民族新闻话语通过网络传播逐渐成为这个时代蔚为壮观的景象之一，以往大量分散的信息源，从中央到地方传统媒体涉及各个层面的报道，与少数民族相关的组织机构和广大受众，都可能统统被整合到网络信息系统中。美国传播学者梅罗维茨曾提出著名的媒介三喻："媒介即容器""媒介即语法""媒介即环境"，精辟深入地道出媒介技术变革带来媒介使用方式的创新，媒介的传播特征决定了媒介的内容风格和表述机制。

（一）超文本篇章组合

随着少数民族新闻网站的兴起，出现了少数民族新闻话语多元化和立体化的超文本篇章组合，尽管不同体裁的组合方式在传统新闻报道中早已出现，但是从受众"使用与满足"的角度而言，显然缺乏独立、系统化的主动选择手段。网络的超链接技术，使得网络新闻在单个篇章的基础上，借助关键词或句子与主篇章之间的关系，实现了横向、纵向或者树状的大规模信息组合。信息关联的模式是指与相关话题并列，通过新闻背景、连续报道、深度报道、历时报道、新闻评论、独家专访等各种体裁，整合报刊、广播、电视等传统媒体的多种传播手段。文本超链接的多元化与交互性，汇集党报言论、精英话语和民众话语所代表的社会多重主体，体现传播者与网民之间多种沟通互动，形成"互为主客体"的对话关系，突出了网络新闻文本"主体间性"的一些特征。

从报道的形式和功能考察"天山网"，再塑党报言论和精英话语的栏目主要有："头条要闻""丝路快讯""第一观察"（深度调查）、"新闻专题""阿凡提评论""图解新疆""官方微博""新疆24小时"（新闻客户端下载）等，反映民众话语的栏目主要有："天山论坛"（包括时评、摄影、楼市、我要爆料）、"民生直通车"（包括投诉、回应）、"人大代表网络平台""新疆绩效民众评议网""新疆互联网辟谣与举报平台""暴恐音视频举报平台"等。当传播者在采集和撰写、拍摄作品时，作品就是他的直接创作客体。当网民浏览、理解报道作品时，他们便成了主体，而原文作者就变成了间接客体，不仅作品作为直接客体，原文作者即传播情境中的传者也变成网民对话和交流的间接客体。

"文本间性"的内涵不仅涉及发话者如何建构自身传播"伦理哲学"的问题，也包括发话者与其他发话者，即"自我"与"他者"之间的对话关系。网络的交互便捷性，极大改变了传统媒体信息单向流动和反馈迟滞的局限，形成信息多向传播与即时互动平台，解构了传播主体作为传播活动的唯一的信息输出角色。在传播者与网民关系的重新定位中，除了传统的从自在客体→传播主体→观念客体的思维结构外，也就是在"我们→它们"之间的关系外，显著补充传播主体与其他客体之间的关系，就是强调"我们→你们"之间的关系价值，力求"我们→你们"之间平等的对话和交流，非"我们"居高临下或置身其外发话，而是想方设法与"你们"相呼应。

少数民族新闻"主体间性"的对话交流，主要策略是以"互补和创新"作为根本宗旨，首先，对话交流使得具有不同思想文化的人们相遇，由此引发人们的共性思考，激发人们的洞察力和创造力，以他者的认识为参照从而提升自我的思想认识水准。其次，对话性不仅是信息的交流和思想观念的碰撞，也更加注重情感的激荡和心灵的相通。对话交流让人们在社会热点问题背后，致力于创新更为开阔的认识空间。最后，对话交流的途径有助于在全球化背景下，促进不同国家之间、不同地域之间、不同民族之间、不同文化背景的人们形成共识，传播主体只能以更积极的态度在对话中丰富和充实自我，才能获得持续更新的话语动力。

（一）导向式语态和舆论合力

2009年8月3日《人民日报》社社长张研农以"舆论引导新格局中人民日报新追求"为主题与网友在线交流，有位网友提问："舆论引导还是引导舆论，事实和利益哪个更重要？"张研农的回答是："总书记讲了，要在报道新闻事实中体现党的主张，所以报道在前引导在后，引导要寓于报道之中，要尊重事实，尊重规律……"① 这个答复诠释了时任国家主席胡锦涛同志讲话中提到的"用事实说话"的内涵，强调把"事物"的客观存在与新闻舆论引导的主观倾向统一起来，在舆论引导中按照"事实"本身的倾向体现党的主张。

新闻舆论引导中对"事实"真相的追求，既包括直观的实事求是，更注重辩证的、全局的实事求是，反映客观事物的相互关系与本质。"实事求是"的内涵包含两个层次：一是新闻事件性质单一，牵涉其他范围小，只需简单具体地反映事物本来面貌即可；二是新闻事件性质复杂，牵涉其他范围大，需要以辩证逻辑全面分析，并预测未来的发展趋势。

导向式语态首先表现为新闻媒体的话语支配权，大众传媒的"议

① 人民网—强国论坛—强国社区，2009年8月3日。

程设置"功能隐藏着一种话语机制，成为衡量事件重要性的标准，新闻话语的支配权实际上是对社会进程的一种控制。新闻传媒主要通过知觉模式、显著性模式和优先顺序模式来设置议程，从感知到重视，再到为一系列"议题"按其重要性排出顺序，这是一个传播效果依次累积和不断引发共鸣的过程。少数民族新闻"议程设置"的特殊性在于，要把加强民族团结、维护国家统一、建设巩固边防作为舆论引导的重要任务，积极拓展蕴含于民族特区独特的自然风貌、悠久的历史文化、变革中的民族经济、民族教育、民族团结等广泛领域的特殊议题资源，发挥少数民族"意见领袖"在媒介议程对公众议程的重要中介作用，慎重报道关于少数民族的生活风俗和宗教信仰等内容。

其次，导向式语态代表的是社会主导舆论形成的合力机制，无论个体意见如何试图扩大其影响范围，终将被具有压倒优势的媒介意见所牵制，个体意见的独立性即发生动摇。多种媒体的共同报道会消除公众意见的差异，为舆论传播持续增加动力，逐渐稳固舆论合力的特定倾向。

再次，导向式语态通过汇集多种新闻表现方式以增强传播效果，网络新闻话语的建构在传统新闻话语的框架上进行延展，利用网络海量数据存储和随时提取信息的优势，使用超文本链接手段，以关键词、背景链接、相关文章和延展阅读等模式，聚合一切相关的话题并超时空组构新闻。这种"集纳式"传播手段带来新闻话语的整合传播效应，一种观点一旦被多家新闻传媒持续扩散，传播的广泛性和累积性就能在人们的思想深处形成观念合力，观念的合力必然转变为舆论合力。

少数民族新闻报道建构的是社会公共舆论，"公共舆论"与"公众舆论"是含义相近却并不相同的一组概念。塔尔德认为"公众"与"群众"的界限在于，前者具有"彼此之间的精神纽带"，或者称为"同样的信念和热情""共享一种思想和意愿"，而后者却不具备。真正的公众舆论是在印刷术、报刊和铁路等相应传播渠道出现后才产生的，记者和时事评论员属于创造和引领公众舆论的人。"公众舆论"和"公共舆论"相同的目标是表达公众共同的意志或共享的信念，但是二者之间仍存在一些严格意义上的区分。"公众舆论"的主体是与公共管理权力机构相对的公众，"公共舆论"的主体则包括全社会成员（政府、机构、个人）。从政治性质的根本界限而言，"公众舆论"是一种相对于公共事务权力的抗衡力量，而"公共舆论"则是一种与公共事务管理权力相协同的力量。

新闻话语所建构的公共舆论具有社会整合和统一的功能，形成个人与群体、群体与群体之间、机构与机构之间共享的观念和意识，有助于社会的稳定和谐。在全民动员起来抗击自然灾害、抵御民族分裂势力和"暴恐"破坏行径等重大突发事件、凝聚社会认同和维护民族团结时，少数民族地区公共舆论的作用表现得最为明显。

第二节　少数民族新闻话语的"微传播"
时期（2010—2014）

2010 年 1 月国务院常务会议决定加快"三网融合"建设，尝试从技术层面打破广电网、电信网和互联网分业经营的格局，传统媒体直面"三网融和"时代的来临，通过媒介传播形态的融合，力图重塑主体竞争力并赢得优势地位。媒体进行跨媒体、跨区域和跨行业的融合发展，横向和纵向延伸传媒产品链条，整合扩大媒介产业资源。媒介融合带来所有权融合、营销策略融合、组织结构融合、信息采制和话语融合等多种形式。随着 2011 年年底"三网融合"第二批试点名单确定，我国三网融合试点区域覆盖人口已经达到 3 亿以上。无论从政策层面还是技术层面看，2012 年对于"媒介融合"都是非常重要的一年，这一年党的十七届六中全会将文化产业列为国家支柱型产业，"宽带中国战略"进一步加速我国信息社会建设，云计算、物联网和新技术应用将会促进数字家庭、智能终端和多屏运用的普及，促进广电、电信和互联网业务的交叉融合。

一　推进媒介融合转型的政策话语

媒介融合背景下传媒格局正在经历前所未有的重大变革，传统媒体的传播终端将更加多样化，内容资源的结构创建转变为推荐或者链接，改变传统的线性编播方式，进一步加强内容生产与受众接受。媒介融合从单一媒介向多元化媒介过渡，即从简单初级形式向复杂高级形式转化发展。

2014 年 8 月 18 日，习近平同志主持召开中央全面深化改革领导小组第四次会议并发表重要讲话，会议审议通过了《关于推动传统媒体和新兴媒体融合发展的指导意见》。这份文件是当前中国媒介融合的指导思想，这份指导意见强调传统媒体和新兴媒体的融合发展，要遵循新闻传播规律和新兴媒体发展规律，坚持传统媒体和新兴媒体优势互补、一体发展，坚持以先进技术为支撑、内容建设为根本，推动传统媒体和新兴媒体在内容、渠道、平台、经营、管理等方面的深度融合，着力打造一批形态多样、手段先进、具有竞争力的新型主流媒体，建成几家拥有强大实力和传播力、公信力、影响力的新型媒体集团。该文件同时强调融合与管理两方面并重，确保融合发展沿着正确的思想意识形态方向推进。

这一时期，党的民族工作的中心任务围绕习近平同志 2014 年 9 月在中央民族工作会议上的讲话，讲话指出做好民族工作，最为关键的是搞好民族团结，最管用的是争取人心。围绕民族地区经济建设的中心，加强基础设施、扶贫开发、城镇化和生态建设，不断释放民族地区发展潜力，更加注重改善民生，促进公平正义，大力传承和弘扬民族文化，为民族地区发展提供强大精神动力。民族地区推进城镇化，要与我国经济支撑带、重要交通干线规划建设紧密结合，与推进农业现代化紧密结合。还要重视利用独特地理风貌和文化特点，规划建设一批具有民族风情的特色村镇。把生态保护放在重要位置，继续在民族地区实施重大生态保护工程。

进入 21 世纪第一个 10 年以来，媒介融合转型的格局与中央民族工作的会议精神共同推动少数民族新闻报道紧紧围绕新时期党和政府民族工作的中心内容，加快完善基于移动互联网的现代传播体系建设，极大改变了少数民族新闻的内容生产与传播格局。

二 "轻型"便捷交互的话语载体

传统新闻媒体着力布局基于互联网架构的各类信息集成交互平台，充分开发内容资源优势，力争占据手机媒体终端系统的优势竞争地位，新闻话语载体形态变革的战略趋势锐不可当。如果说融合是起因，那么媒介的转型则是必然结果，目前传统媒体正在和各类视听新媒体聚合，原有的传播形态、管理方法、业务流程、战略目标和监管体制都悄然发生着历史性的巨变。新闻话语传播载体的转型不仅仅是理念层面，还引发了新闻文体、新闻价值、传播模式、产业赢利等多方面的转型。新闻价值转型主要是由计划经济时代单一的政治宣传价值，"向包含政治价值、文化价值、经济价值和公共价值、人性价值等五种价值在内的综合价值体系转型"[①]。传播模式转型主要从由点到面、线性的单向传播转入双向、互动的社交网络传播形态，产业赢利向新闻行业以广告创收和发行盈利、收取有线电视费用为主的单一结

---

① 庞井君：《融合转型飞跃——从传统广播影视到现代视听传媒》，《中国广播》2013年第 8 期。

构向多元赢利结构模式转型。

以 3G 的普及为正式发端，移动互联网不断融合发展，4G 时代也正在不断加速发展，移动互联网的渗透力和影响力不断加强，信息传播生态和模式在移动互联网的冲击下迅速重构，一种以"轻型"为鲜明特征的新闻话语载体已经形成。"轻型载体"主要指手机或平板电脑等体积较小而传播效能巨大的介质，新闻话语载体朝向"小型轻便"的趋势发展，新闻客户端的下载成为当下应用软件下载的潮流，人机互动更加直观生动，越来越多的受众青睐移动终端浏览、转发并评论新闻。新疆"天山网"正在加快转型，布局丰富的移动互联网产品体系，开设新疆手机报、维吾尔文客户端、手机天山网、新疆 24 小时新闻客户端下载。少数民族地区传媒的生态和模式正在重新被定义，以"天山网"为代表的领先者处于与全国发达地区媒介融合转型的同步进程。

新型网络门户、传统媒体的官方微博、微信，甚至是个人有影响力的"微信"公共账号，都开始承载主流新闻话语的生产和传播的辅助功能，相比传统媒体，以"微博"为代表的"轻型"媒体融合最新的信息传播技术，在内容的采集制作分发，传播的运营整合模式等方面都具有一些独特优势。第一，生产运营成本较低。实现自动化、无纸化办公，主要资产是人力资源和智力资源，产品易复制和大量传播。第二，信息生产流程简洁高效。通过在线审核编辑信息内容，新闻信息得到实时发布与接收。第三，拥有庞大的用户资源。从受众"使用与满足"的需求角度看，受众以相对低廉的价格能够获取大量的信息资源，因而"轻型"媒体的大众化普及程度较高。第四，交互式多维传播。"轻型"媒体平台上，每个人都有可能是信息的生产和发布者，也可能是接收者和消费者，信息传播呈现双向式、多维化和高度交互循环的特点，极速裂变和交叉扩散成为"轻型媒体"信息传播的一大显著特征。少数民族地区新闻媒体已经开通了官方"微博"

且传播影响力巨大，粉丝人数较多的"微博"主要有：@"中国民族报"，讲中华万象、说民族风采，粉丝数 103 万；@"西藏在线"，向世界介绍中国，粉丝数 85 万；@"内蒙古日报"，内蒙古自治区机关报，粉丝数 88 万；@"天山网"，新疆重点外宣网站，粉丝数 19 万；@"西藏商报"，立足西藏、放眼全球，"微播"现场、高度悦读，粉丝数 12 万；@"新疆日报"，记录新疆、引领时代，粉丝人数 4.5 万。

此外，以"少数民族"为关键词在新浪搜索精选微博，查询结果主要有三种类型：第一，少数民族名人微博。例如"切糕王子"阿迪力（粉丝数 10 万）、少数民族摄影师"阿卓石甲"（粉丝数 72080）、少数民族文物保护协会执行副会长"于今"（粉丝数 26909）、四川省少数民族地区卫生发展促进会"防艾"宣教中心副主任"藏语防艾者"（粉丝数 11467）、少数民族原创音乐组合"吉克老鹰"（粉丝数 8156）等 50 余个精选微博；第二，少数民族事务相关机构的官方微博。如"鄂尔多斯发布"（粉丝数 33 万）、"共青团德宏州委"（粉丝数 925）、"三峡大学学生会少数民族学生部官方微博"（粉丝数 3887）、中国少数民族对外交流协会民族文化艺术工作委员会官方微博"投十二"（粉丝数 2583）等。第三，关注少数民族文化艺术体育的民间公益团体或个人。"哈尼游—少数民族文化之旅"（粉丝数 403）、"中国少数民族研究中心"（粉丝数 136）、"少数民族体育社"（粉丝数 254）、"公益关爱城市少数民族"（粉丝数 84）等。

从以少数民族为主体的"微博"内容分类来看，在移动互联网内容体系的布局中，中央及地方新闻媒体或政府机构依然牢牢把握主流议题，尽管当下"微博"关于少数民族的议题也呈现多元化、碎片化、表面化、大众化、情感化等特征，但是单个"微博"的浏览数量并不多，尚未形成显著的社会热点效应。"微博"关于少数民族的热门话题大多是在传统媒体突出这个"显著议题"之后。如 2014 年 8

月 14 日云南鲁甸地震之后，"切糕王子—阿迪力"为受灾群众免费赠送重达 5 吨、价值 50 万元的新疆切糕，此事经新华社、《人民日报》《光明日报》《中国青年报》《京华时报》、央视新闻、新疆卫视、新浪网、网易、搜狐、和讯网等各大媒体报道后，其个人"微博"逐步上升到少数民族名人"微博"人气指数最高位（粉丝数 10 万），基本无负面评论和跟帖，2014 年阿迪力入选"感动中国"之感动新疆人物。传统媒体与网络媒体形成"媒介议程"的互动效应，正向放大"切糕王子"的雷锋精神。

移动互联信息流变的"微传播"背景下，"微博"话语空间形成多层面、多渠道、变化快且成分复杂的特点，容易冲击或淹没社会的核心价值观。主流传媒以社会主义意识形态引导"微博"话语思潮，通过推动互联网管理和"微博"治理法制化，推动各族民众"微博"传播自律行为和技术过滤机制建设，对于少数民族新闻报道主流意识的建构依然占据强大的话语权，有力维系着各族民众对社会主义主流价值观的凝聚力和向心力。

三　聚合话语理念与重要报道回顾

（一）聚合话语的理念特征

"微传播"时代少数民族新闻呈现的"聚合"话语特征，体现为在更广阔的社会语境下，手机随时随地"嵌入"人们日常生活情境，传播多样化意义的生成和协调。少数民族新闻话语在一定的目标驱动下，通过"微博"平台实现异质性话语的不间断融合，"微博"页面即刻持续刷新的情况下，话语聚合的特征显示短促而又连贯的循环更新状态。少数民族新闻话语的聚合性由以下几方面构成。

第一，主题建构的话语。"微博"空间话语的表达主要以语言的主观性表达为主，从话语分析的角度来看，"主观句"指的是说话人的观点、态度和情感。"主观句"从不同侧面分类，分为推测句（他可能开会）、意愿句（祝您健康）、情感句（我很开心）、观点句（他很优秀），语言表达中的"情感分析"或称"倾向性分析"主要针对的是观点句。基于一定的社会话题和社会事件形成的话题型微博，往往引起网民大量围观和议论纷纷的现象，"根据有关研究者对微博400篇评论和20篇话题型微博中观点句的统计结果，话题型微博在表达观点时以否定倾向居多"①。与"微博"一般化话语的负面表达相反，关于少数民族新闻的话题型"微博"常常以正面报道呈现，表4-2是对《西藏商报》和天山网官方微博从2014年11月9日至12月9日1个月期间290篇话题型"微博"搜索观点句的统计结果。

表4-2　　　　"天山网"与《西藏商报》话题型"微博"观点句极性比较

微博主体	话题型微博（篇）	观点句总数（个）	正面倾向句子数（个）	正面倾向句子数比例（%）	负面倾向句子数（个）	负面倾向句子数比例（%）
天山网	159	102	92	90	10	10
西藏商报	131	114	81	71	33	29

表4-2显示，"天山网"和《西藏商报》话题型"微博"观点句子中正面的倾向分别占到90%和71%，少数民族新闻报道中大量主观正向话语的建构，旨在宣传正确的观念并将之转化为社会公众褒扬的舆论，"褒扬性舆论"是发自公众内心的一种舆论现象，体现公众对先进人物的赞颂，对正确经验和理论的肯定。新闻正面报道对少数民族地区"褒扬性舆论"的形成起到推动作用，通过对民族团结先进人物的讴歌，以少数民族地区现代化建设的成就和经验鼓舞各族群众，不断建构、强化和维护与社会公共利益相符合的价值观，使人们对社

---

① 侯敏、滕永林：《话题型微博语言特点及其情感分析策略研究》，《语言文字研究》2013年第2期。

会发展的光明未来形成肯定的态度。所以，没有正面新闻报道的建构，人们就无法认识社会发展的积极因素。"褒扬性舆论"围绕典型的优秀人物，创新的成就和特殊经验等，符合人们通过个体认识一般，通过个性理解共性的认知规律，向整个社会普及积极的观念。少数民族新闻的正面报道有效调动公众的思想动力，促进了生产力发展对社会精神的要求。

首先，主观正向的话语建构，还体现为修辞倾向明显，情感的表达鲜明饱满，升华为颂扬的主题意义，淡化对新闻人物和事件的理性评价。例如：

（1）2014年12月9日"天山网"＃阿凡提播报：【第二届新疆文博会总交易额达到1300万元】12月8日，第二届新疆丝绸之路文化创意产业博览会落下帷幕。据组委会统计，本届文博会三天半展会期间，参展人数近12万，交易总额达1300万元，新疆市场的潜力还是很巨大的呦。［赞］

（2）2014年12月12日＠《内蒙古日报》＃呼伦贝尔【"黑土地上写就丰收传奇】10年前，呼伦贝尔的小麦亩产也就是160公斤，今年达到420公斤。在呼伦贝尔这片辽阔的黑土地上，人们写就了一个又一个属于中国高寒地区农业的传奇。

（3）2014年11月17日＠"活力内蒙古"＃家乡小人物【内蒙古阿旗小伙在辽沈传播正能量】阿旗90后小伙王杰在沈阳打工已经四年了，每月资助锦州市义县一个白血病患儿500元，直至康复为止，王杰以自己的微薄之力在辽沈大地传播正能量。

其次，表达含蓄委婉的批评声音。例如：

（1）2014年12月10日＠"天山网"＃阿凡提播报：【乌鲁

木齐醉驾司机自称雍正】乌鲁木齐一男子醉酒驾车，面对交警他拒绝配合执法，自称是雍正，要见七公主。交警为执法无奈和他对起台词："报告皇上！七公主在我们大队等你呐，现派专车把你送去……"面对交警的盘问这位醉酒的司机一直以"朕"的口气说话。大哥，穿越剧您没少看吧？

（2）2014年11月21日@"天山网"♯阿凡提播报：【骂门卫是"看门狗"哪来的戾气？】骂门卫"看门狗"是气急败坏？还是有其他原因？戳图～～

（3）2014年12月2日@《西藏商报》♯新鲜事儿：【男子偷五毛被抓蹲监狱七月罚一千】你怎么认为？

第二，情感交际话语。抒发主观情感、体验和期待，用多种励志视角抚慰心灵。例如：@"天山网"♯奶茶馆、@"中国民族报"♯每日一悟、@"活力内蒙古"♯早安草原、@"西藏商报"♯早安西藏等栏目，几乎每天定期发布这类内容。

第三，参考评述话语。报道国际国内重大新闻事件及评论，描述大千世界各种动态。例如：@"天山网"♯小喇叭、@"中国民族报"♯微行走和微观察、@"西藏商报"♯新鲜事儿和今日西藏等栏目，参考评述话语大都以"消息体"简洁勾勒各种事件的原因、过程和结果，为人们认识各种社会现象提供了一种"把关"视角。

第四，文化身份话语。文化身份的浮现，主要通过传播对不同身份人们的内化活动进行，当人们把象征符号意义同个体的自我联系起来时，不同族群的文化身份就得到定位。此外、通过社会互动的分类来发展和修正文化身份。例如：@"西藏在线"的文化身份确认感和显著性较强，每天发布西藏独一无二的地理风貌、文化起源、宗教信仰、藏汉往来历史、旅游美食、市井街容等内容，尽管这种文化身份的差异性突出，但是对于不同族群建立自我意识，增进传受双方彼此了解，实现社会和谐至关重要。文化身份认同的话语只有在恰当范畴内进行，才能实现有效的社会整合目标。

（二）重要报道回顾

1. 西藏和平解放 60 周年报道

西藏和平解放 60 周年的庆祝活动，从中央至各地方层面新闻媒体刊发大量的新闻稿件，仅"西藏自治区各类新闻媒体共刊发稿件15000 多篇"①。中央人民广播电台推出系列报道《阳光雪域 60 年》，从 5 月初到 6 月中旬，藏语频率《阳光雪域 60 年》报道组行程近万公里，深入西藏 4 个地市、近 20 个县域，稿件直接用藏文写作，采访对象涉及各行各业，报道领域涵盖农牧、工矿、边防等方方面面，采写录音报道 60 余篇。《阳光雪域 60 年》专题报道节目通过藏语广播，用西藏老百姓自己的母语，又一次集中展示和反映党和国家对西藏各族人民长期以来的亲切关怀，取得了预期的宣传效果。同时策划推出《东西合作、和谐发展》大型系列报道，安排蒙语部、哈语部、朝语部、藏语部记者赴江苏、广东两地基层采访当地援疆、援藏的工作情况。

2. 少数民族民生建设报道

2011 年是新疆民生建设的主题报道年，新疆新闻媒体以自治区启动的 18 座"定居兴牧"水利工程，农村公路"畅通富民"工程，11条重点公路建设工程、新疆大学生赴内地培养计划等大型民生项目为契机，采用连线报道、评论等形式做好民生建设年宣传，开设 5 种民族语言广播《凡人新事》《我这一年》《一年计划在于春》等专栏，系列报道《民生暖万家》、专稿《给力民生暖民心》，评论《民生建设涌春潮》等重点报道。西藏自治区新闻媒体以"创优争先强基惠民"活

---

① 《中国新闻年鉴》，中国新闻年鉴社 2012 年版，第 209 页。

动为重点的民生宣传，挖掘感人事迹、先进典型和先进经验，通过公开报道和内参形式做了大量宣传报道。2011 年中央人民广播电台维吾尔语频道策划组织"促进民生改善、推进跨越发展——十九省市援疆报道大型采访活动"。

3. 玉树、舟曲特大自然灾害报道

2010 年 4 月 14 日青海玉树发生 7.1 级地震之后，中央主流媒体做了大量报道，截至 5 月 5 日新华社共播发对内对外文字稿 3000 多条，图片 6000 余张，音视频首发稿件 1450 条。中新社 10 天之内播发文字电讯稿 350 余篇，图片 300 余张；中新网播发文字稿件约 3000 条，图片稿件 1500 张。

4. 其他重要新闻事件

这一阶段党中央、国务院大力推进新疆跨越式发展，民族团结模范龚曲此里的先进事迹在全国引起反响，《兴边富民行动计划 2011—2015》和《扶持人口较少民族发展规划 2011—2015 年》相继出台，第九届少数民族运动会成功举办，"十二五"期间全国将重点保护和改造 1000 个少数民族特色村寨，国家加大开发性金融支持助推武陵山片区发展等诸多重要事件，成为新闻媒体报道的热点议题。

四 话语类型的多模态和交流语态

"微博"话语类型除了具有超文本和"互文性"等网络传播特征之外，语篇文字不仅更为简洁，能在 140 个字以内表现不同体裁的交融特征，而且文字、图片、表情符号、网页、音频和视频等超链接加载等其他形式，都很难用传统体裁形式予以界定。"微博"话语类型是一种典型的多模态话语，多模态话语分析方法将话语分析从语言的社会符号学研究发展到了对颜色、图像、声音、动作等其他模态话语资源的研究，目的在于分析这些符号资源如何在一个完整的新闻语篇中共同建构意义。下文主要从话语的表达层面、内容层面、语境层面、语态层面四个方面，对《中国民族报》的"微博"内容进行分析。

（一）表达层面

1. 分栏标题

《中国民族报》"微博"最醒目的是以蓝色"＃"符号凸显的分栏标题，清晰明确地显示内容的关注点，起到导读的作用。比如："＃非遗＃""＃民族风＃""＃微观察＃""＃舌尖上的民族＃""＃记者一时间＃""＃微行走＃""＃宗教眼＃""＃微评＃""＃民族学堂＃"等栏目。

2. 新闻标题

重大新闻报道的主标题仍然以分栏标题形式凸显，但字体颜色改用黑色，副标题紧随其后，如＃国家公祭日＃【缅怀逝者铭记历史】，文尾再链接网络视频。有些新闻报道的标题在分栏标题之后，以前后加粗加黑的方括号表示强调，如：＃微行走＃【西藏盐井里的"洋味"】、＃微观察＃【喀什市长淘宝网上"吆喝"特产】、＃舌尖上的民族＃【川藏线上的"团结包子"】。另外仅以单题出现的标题，由一句话或者两句话组成，如：【贺兰山上的岩壁"精灵"】【祀我国殇传播大爱】【牛奶比矿泉水便宜？青海奶农因牛奶滞销倒奶卖牛】等形式。

3. 图片装饰

《中国民族报》"微博"的任何一条内容，编辑都要至少配发一张图片，一条信息通常要配发多幅图片，生动的图片与简短内容结合起来，使用户对新闻报道一目了然，满足用户随时随地接收新闻的"碎片化"认知需要，图文信息顺应以视屏终端内容消费为特征的媒介发展潮流。

（二）内容层面

《中国民族报》"微博"话语的内容大都从较为宏观的角度展开，定位于高屋建瓴、辐射全国的报道中心角色。内容视角主要分为：动态化、情景化、结构化三种。"＃微观察＃""＃记者—时间＃""＃微行走＃"等栏目动态化报道各少数民族地区的新闻消息；"＃民族风＃""＃舌尖上的民族＃"情景化呈现各个少数民族文化、历史、器艺、美食、旅游等绚丽场面；"＃微观察＃"针对公众关注的社会现象，有理有据引导社会舆论。

如"＃微观察＃"【国宗局答寺庙景区违规开发八问】，新华社"中国网事"栏目连续播发"故宫附近寺院古迹内藏会所"，"寺庙景区借功德箱敛财"等相关调查报道，在此新闻背景之下国家宗教局就其中反映和涉及的8个焦点问题接受记者专访，阐明国家宗教主管部门的意见以及加大整顿的相关举措。该条"微博"首先列出比较重要的4个问题，其余完整内容在附带的网页链接里面，这种内容选择和形式排列是一种双结构的视角。比较三种话语类型的内容视角，情景化视角是最为典型的表现形态，彰显了传播民族个性与风尚的文化传播定位。

《中国民族报》"微博"内容的表层结构是：结果→评估→情节→结束→图片（或网页链接），如2014年12月25日19：01发布的信息：

> 【"最美高铁"贵广高铁明日开通】全长857公里的贵（阳）广（州）高铁将于明日正式开通运营，广东、广西、贵州进入了4个小时旅游圈。贵广高铁途经21个车站，沿途南中国山水风光和民族风情让人流连忘返～

（三）语境层面

话语类型的语境层面从狭义角度看，指的是话语表达的具体言说环境；从广义角度看，指的是话语表达的宏观社会环境。《中国民族报》"微博"的言说环境，是针对无论个人还是集体，无论现实还是虚拟，尽可能吸引更多受众的互动参与，期待受众积极回应。它影响传播者特定的话语表达、话题视角和内容设置。通过设置醒目的分栏标题和新闻标题，话题视角具有动态化、情景化和结构化的特征，内容选择的主题意义和问题意识，以及形式上注重精美生动的图片，超文本链接等做法，创造愉悦的视觉观感和简洁清晰的文本样态。

概而言之，《中国民族报》"微博"信息发布是依靠语言、惯例和交互体裁的情景化行为，这种情景化行为是与中国社会文化整合的一种"对话"。任何一个民族的文化都是在一定的社会环境中运行的，当社会处于转型变化时期，文化系统必须在变化的环境中通过信息交换的过程进行整合。文化整合，就是把各具特点、相互独立或者冲突的价值观、行为规范、社会思潮等文化因素，进行有序化、层次化和结构化的梳理，使之形成相互关联、彼此作用并且服务于社会整体发展目标的过程。全球化和中国社会的变革所带来的巨大的冲击力和渗透力，正在冲击各个少数民族文化系统的稳定性，少数民族原有的文化系统必然要在吸纳新的影响因素的条件下重新整合。这样的宏观语境下，《中国民族报》"微博"信息，力图反映当今少数民族文化的创新图景，包括少数民族文化内容创新和文化观念创新，促进民族文化对维护国家统一、民族团结、实现社会的全面进步而发挥作用。

（四）交流感语态

"微博"新闻体现着参与性、自主性和即时性的特点，"微博"新闻话语的价值在于为社会舆论领域搭建了新兴的互动交流平台。"微博"话语中绝大部分关于少数民族的新闻来自传统媒体，与社会个体"微博"发声相比，它的直接化、感性化、主观化等话语修辞色彩都并非主要特征。传统媒体在地域空间内，往往受限于印刷、发行、零售等其他因素，受众群主要关注本地或邻近地区的事务。"微博"话语空间打破了固有的地理和时空限制，原本由于地域性因素组合起来的受众群体可能被拆解，受众完全可以按照自身需要和兴趣主动选择新闻，这样具有大致心理接近性的人们重构了新的受众群。所以，具有交流感话语的指向不一定在地域层面赢得关注，更首要的是以心理的接近认同为前提，发布消息以时政议题、社会热点和目标受众群体日常生活密切相关的信息为主，在传播者和受众之间营造"润物细无声"的认知、交流和反馈的空间。

其次，交流感的语态应该是受众一看就懂的语言，要符合浅显通俗、具体形象、富有实感、短小精悍、活泼有趣的特点，而不能在语言使用上咬文嚼字、故弄玄虚、趋新猎奇，避免使用生僻的成语、典故、隐语、行话等。

"微博"新闻话语潜藏着一种"对话性"的内涵，"微传播"把信息的输出与输入连接起来，技术的可行性改变了传播主体的封闭局限和自给自足的信息输出状态，把受众个体或者群体的"他者意识和价值"，作为信息输入的一种"异质性"资源补充到"微博"平台。在巴赫金看来，"他者的意识"是传播对话的基石，"他者的精神思想"不是抽象空洞的符号，而是真实的个性呼吁，没有"他者的意识"，传播对话就不可能存在。传播主体所建构的观念客体，如同每一个自我在观察自己时都可能存在盲区，自我的存在发展离不开他者，只有在他者的帮助下才可能完善自我认知。尽管传播主体占据着不可替代的位置，但它无法避免不完整和片面之处，更高层面的传播主体性存在于"主体间性"的对话交流中，"主体间性"是对传播主体性的修正完善和在更深层意义上存在的主体性，这是对交流感语态传播互动深层次意义的引申。

综上所述，通过梳理少数民族新闻话语的政策语境及传播载体的显著变化回顾话语理念和重大新闻事件，分析话语类型和语态变化等显著相关的社会影响因素，我们应该以整体、历史和动态的观点来看待少数民族新闻话语的历史演变，作为新闻媒介的一种文化传播现象，少数民族新闻话语与整个社会的发展动态相互交织在一起。马克思在《政治经济学批判导言》中指出，随着社会经济基础的变化，上层建筑也在不断地或快或慢地产生变革。英国文化传播学者威廉斯认为，上层建筑涉及人类意识问题，必然是非常复杂的，它的多样性历史演变，既包括对现实的反应，也包括对过去的延续。威廉斯文化社会学观点的启示在于，对媒介产品不应仅作孤立的文本分析，而应把文本分析与社会制度结构的动态变革联系起来，始终致力于考察媒介产品与文化领域中社会关系之间的关联。

五　转型"新宣传"话语与国家认同

少数民族新闻话语的各个历史时期并非截然分开、非此即彼，伽达默尔曾提出人类经验的历史性概念，他指出"人类的经验是历史性的，新经验总是要吸收过去事物的余留，了解新事物必须以已有的情况为基础"[①]。少数民族新闻话语历史分期从全局来看演化为一种连续的进展态势，它与国家的新闻制度法规、市场经济繁荣、媒介多元化类型、传媒技术变革、受众信息需求等社会宏观语境联系在一起，从中央到地方形成关于少数民族新闻报道"新宣传"的一些特征。

与传统宣传相区别，"新宣传"改变了传统宣传力图单向地操纵

---

① ［英］约翰·B. 汤普森：《意识形态与现代文化》，高銛等译，译林出版社 2012 年版，第 299 页。

受众的手法，"让人在传播所产生的快感中接受某种价值观和生活方式"①。少数民族新闻话语向"新宣传"体系转型的特征主要有：面对市场细分化的受众，用事实说话、利用统计数字和对于某种事实的阐释说明问题，吸引个体对社会热门话题的参与和互动。网络传播是主导社会互动的理想传播载体，只有通过受众的积极参与和回应才会验证传媒的宣传效果。

少数民族新闻话语的历史转型，带来的是显著升级后的"新宣传"一体化，与以往坚持新闻宣传的党性原则及建构中华民族国家认同的目标完全一致，不同之处是更加尊重新闻传播规律、讲究新闻传播艺术、实践"三贴近"原则、高度重视互联网等新型传媒对社会舆论的影响，"新宣传"话语努力摒弃少数民族新闻宣传的传统刻板印象，话语的呈现更加尊重受众的需要，具有更多公正、客观等新闻专业主义的色彩。在国家和政府主导下进一步深化族际沟通与融合发展的新闻价值观，旨在促进各个民族在社会政治、经济、文化之间的交流与进步。

各个民族之间的接近和趋同是民族一体化进程的基础，少数民族新闻话语反映意识形态机制，并且以国家认同统摄少数民族群体的民族认同和宗教认同，国家认同的一体化进程并未消弭各个民族之间的差异，而是在各个民族之间相互了解、形成共识的基础上所构建的民族共同体，也就是认同中国国家实体的"中华民族"概念。当前国内外各种社会矛盾的复杂化不断加深，全球化背景下中国社会转型期间多元价值观念的冲击，从某种程度上使国家认同的问题继续成为统一多民族国家的一个挑战。

"中华民族多元一体"的价值趋向已经成为社会共识，"新宣传"

① 刘海龙：《宣传：观念、话语及其正当化》，中国大百科全书出版社 2013 年版，第319 页。

话语在增强汉族同少数民族之间认同的"共生互补"关系方面，它的话语功能和传播价值不断凸显，面对"汶川地震""玉树地震"等自然灾害和社会危机事件时，表现出全民族团结的爱国主义国家话语，社会稳定时期少数民族谋求发展的自省式话语，作为策略吸引受众的娱乐消遣话语等，它所体现的民族主义的复杂性和多样性在历史的变迁中，自然而然要受制于国家的政治控制，同时与国家主导的民族主义、不同地域的民族主义、国际分裂民族主义等社会力量博弈，越来越多地显现国家传播以及不断深入大众生活的"新宣传"话语特征。

少数民族新闻向"新宣传"话语转型，需要把握不同民族共性存在的新闻价值趋向，不可刻意突出各个族别意义上的"他性"和差异。每一种民族文化向来不是存留于封闭的环境之中，必然要与"他者"保持接触和互动，从而获得生生不息的动力源泉。不同民族文化之间的差异因素在历史的进程中原本就存在，同时在相互对照借鉴中形成差异本质，当世界上诸多国家，以至一个国家内部的发展因素都在不同程度上受到全球化进程的裹挟和影响，当传统社会文化差异的参照体系已经转换的时候，不同民族文化差异的本质不仅继续存留而且进一步变异深化，由此增添了更多更新的差异现象，因而统一多民族国家内部不同民族之间的国家认同必然面临着重构。

主张尊重不同民族之间的文化差异，并不意味着因循文化的保守主义，全球化进程中传统观念与现代思维的交融碰撞，使得任何一个民族的内部都绝少存在完全不变的本质，所以不同时期少数民族的国家认同感必然根据社会的变革而随之变化，随着少数民族的生活方式和思想观念变化而重构。草原上流动放牧的牧民、精耕细作的农民、远至偏僻山区或者在农村与城市生活的少数民族，在解读现代化国家的主流价值观念方面，都存在着相当明显的差别，而且这种差别会完全融入少数民族受众的日常情境，保持着一种继续扩展和延伸的状态。

　　总之，不同民族的国家认同是在差异化的社会时空中形成和凝聚起来的，"新宣传"话语担负着重构中华民族共同文化基础的使命，在实现这个宏伟目标的过程中，国家也因此得以聚合社会成员的认同感。此外，进一步扩大文化认同的中介和基础作用，扩大文化认同与民族认同和国家认同的重叠领域，最终得以提升并强化现代公民的国家认同感。

第五章　少数民族新闻话语文本分析

　　20 世纪 50 年代中期，我国社会主义建设出现了许多新的面貌，90％以上聚居的少数民族实行了民族区域自治，当时党和国家民族工作的中心任务是巩固社会主义民族关系，深入贯彻民族区域自治政策。在此背景下时任中央统战部部长李维汉，国务院副总理乌兰夫倡导创办《民族团结》杂志，经中共中央统战部和宣传部批准，《民族团结》杂志于 1957 年正式创刊出版发行，当时的国家民委副主任萨空了担任第一任主编，郭沫若为创刊号题写诗文《民族大花园》。办刊宗旨为"宣传党的民族政策，反映各族人民的新生活、新面貌，报道民族地区各项建设事业和成就，促进民族之间的相互了解及共同进步，加强各民族的团结"。李维汉、乌兰夫曾经强调该刊是党和国家在民族宣传工作方面的一个阵地，既要有一般党的报刊的特点，又要体现民族专业报刊的特点。

　　1966 年，"文革"开始不久，《民族团结》杂志于同年 8 月被迫停刊，停刊时间长达 13 年，直至 1979 年 7 月在时任全国政协副主席、中央统战部部长兼国家民委主任杨静仁同志的关心指导下，该刊才得以复刊。1985 年该刊从民族出版社分离，并扩建为《民族团结》杂志社，在快速前进的道路上步入一个崭新的发展阶段，先后于 1987 年和 1988 年在汉文版的基础上推出独立采编内容的蒙古文版、维吾尔文版、朝鲜文版和哈萨克文版，2001 年第 1 期正式更名为《中国民族》，并于 2003 年创办了英文版。

　　以中央政府的名义为国内的少数民族创办一份新闻期刊，同时以6种不同的文字向国内外出版，迄今为止的办刊历史超过半个多世纪，这份杂志在世界上都是绝无仅有的。半个世纪以来，《中国民族》杂志较为完整地登载了中国民族理论，阐述了中国民族政策，积极向海内外展示中国56个民族的历史和生活变迁。《中国民族》杂志是我国研究民族问题，宣传党的民族政策和传播民族工作信息的重要新闻媒体，在少数民族宣传领域具有重要和特殊的职能。以《中国民族》杂志作为分析样本具有典型的研究价值，在少数民族新闻话语与国家认同的研究方面，可探索到诸多重要的规律与启示。

第一节　《中国民族》杂志的新闻议题

　　《中国民族》杂志于1957年创刊并于1979年复刊，因为1979年该刊仍然是双月出版，自1980年后改为月刊，为方便统计内容，所以本书的内容分析起止期限是从1980年到2014年。该刊在1985年之前直接对"社论"等重要新闻稿件进行字体的显著标识，从1985年才开始明确进行栏目化编排。本书采取系统抽样的方法，选择35年以来每年第10期的新闻报道作为分析样本，这一选择主要出于每年的"国庆节"对国家认同的特殊建构意义，在这个特定时限民族文化、国家认同的传播往往得到最大程度的彰显，对于国庆节《中国民族》杂志新闻内容的详细考察，能够有效探讨少数民族新闻话语与国家认同之间媒体建构的变化轨迹。

一　样本内容的概况

　　抽样从1980年开始至2014年，抽取每年的《中国民族》杂志第10期，主要选取每期的新闻评论、深度报道（包括新闻长消息和新闻调查）、领导讲话、新闻访谈、史实或人物回忆 5 种新闻体裁作为样本内容，筛除会议动态、游记散文等文学或文艺体裁与内容，把最后的 2014 年也纳入其中，总共有 35 年的样本，35 个年份的新闻稿件总数为 494 篇。

二　新闻议题分布描述

借鉴相关的社论归类尝试，归类的原则是类别之间的对立关系，准确把握特稿议题的历史内涵，如若议题涉及两个领域，但在话题侧重上存在主次之分，则依据议题的主要性质归类。总体来讲，将《中国民族》新闻内容分为 10 个类别，包括马列主义与中国民族政策、党和国家的民族理论、民族立法、民族区域自治、民族团结、民族经济、民族教育、民族文化文艺与体育、国族意识、民族科技医药。详见表 5-1。

表 5-1　　1980—2014 年《中国民族》杂志样本的议题分布数量

类别\年份	马列主义与中国民族政策	党和国家的民族理论	民族立法或法制	民族区域自治	民族团结	民族经济	民族教育	民族文化文艺与体育	民族科技医药	国族意识	合计
1980	2		2		6	1		11			22
1981	1					3		9		3	16
1982	1				1	6	1	5			14
1983	1	1			7	1		2			12
1984				2	1	2		2	2	2	12
1985		3			1	1	4	4			13
1986					1		3	5		1	10
1987				3	3	5	1	4			16

续　表

类别／年份	马列主义与中国民族政策	党和国家的民族理论	民族立法或法制	民族区域自治	民族团结	民族经济	民族教育	民族文化文艺与体育	民族科技医药	国族意识	合计
1988	1	1	2	1	3	5	3		1		17
1989	3	1	2	2	1	3	1	2	2	1	18
1990			2		1	8	1	2			14
1991					2	5		5	3		15
1992	1		2			5		2			10
1993	1					7		1	3		12
1994					2	9	1			1	13
1995	1				1	3	1	2		1	9
1996	1					10	1		1	1	14
1997					1	4	2		1	2	10
1998						9	1		8	1	19
1999				1	1			2	1	8	13
2000					1	5	1	2			9
2001			1		1	10	12	1		1	26
2002					3	4	3	5	1	1	17
2003					1	6	2	1	1		11
2004			4		2	4	3	3	1	1	18
2005			1	1		3		2		5	12
2006	1				2	2		4			9
2007		1				1	3	7			12
2008			1			2	2	6			11
2009			2	2	4	2		3		2	15
2010	1		1		3	1	2	3			11
2011	1					1		6	13	1	22
2012					1	1	1	3			6

续 表

类别 年份	马列主义与中国民族政策	党和国家的民族理论	民族立法或法制	民族区域自治	民族团结	民族经济	民族教育	民族文化文艺与体育	民族科技医药	国族意识	合计
2013	1					1	2	2			6
2014	2		1		20		2	1		4	30
合计	20	7	20	15	67	122	53	114	39	37	494

从表 5-1 可以看出,《中国民族》杂志新闻话题主要集中于民族经济发展、民族文化文艺体育和民族团结三大方面,每年第 10 期中这些议题的稿件数量较多。民族经济发展的议题在 35 年期间发稿 122篇,占总样本数量的 25%;民族文化文艺与体育的议题在 35 年期间发稿 114 篇,占总样本数量的 23%;民族团结的议题在 35 年期间发稿 67 篇,占总发稿数量的 14%(见表 5-2)。

表 5-2   1980—2014 年《中国民族》杂志新闻议题分布比例

议 题 分 类	平 均 比 例
马列主义与中国民族政策	4
民族理论	1
民族立法(法制)	4
区域自治	3
民族团结	13
民族经济	25
民族教育	11
民族文化文学艺术体育	23
民族医药科技	8
国族精神	8
合 计	100

民族经济类的议题中，"脱贫致富"（或者标题为"扶贫攻坚""兴边富民"）类的议题有 45 篇，占总数的 37％；多元化经营类议题有 21 篇，占总数的 17％；资源开发与保护类议题有 18 篇，占总数的 15％。改革开放以来，我国少数民族地区的传统经济生产方式仍然有待变革，农牧民在少数民族人口中比例较高，贫困问题依然普遍存在，少数民族地区的基础设施、经济基础和科技教育发展都较为薄弱，即使拥有丰富的矿产资源，仅仅凭借自身的能力也无法得到有效开发，所以支援和扶持少数民族地区经济发展，成为党和国家恢复和落实民族政策的重要内容。《中国民族》杂志以"民族经济"为中心议题，按照"脱贫致富、多元化经营和资源开发"的顺序设置议题，体现了党和国家逐步调整并加大力度，实施有利于西部少数民族地区的发展战略，符合我国社会主义初级阶段的基本国情（见表 5-3）。

表 5-3　1980—2014 年《中国民族》杂志民族经济类议题各小类分布

小类 年度	资源保护/开发	民生改善	牧业渔业	多元化经营	对口支援	区域经济	脱贫致富	农产品市场	粮食生产	边贸发展	合计
1980	1										1
1981		1	1	1							3
1982	1	2	1	1	1						6
1983			1								1
1984					1	1					2
1985		1		1			2				4
1986	1		1								3
1987		1					2	1			5
1988	1		1	1		1			1		5
1989	1					1	1				3

续　表

小类\年度	资源保护/开发	民生改善	牧业渔业	多元化经营	对口支援	区域经济	脱贫致富	农产品市场	粮食生产	边贸发展	合计
1990	2			4			1			1	8
1991				4	1						5
1992			1	1			3				5
1993				2		1	3			1	7
1994							8	1			9
1995		1				2					3
1996				1			9				10
1997	1			2		1					4
1998	6			1			2				9
1999							1				1
2000		1					3	1			5
2001				1							1
2002						2	2				4
2003							1				1
2004	2						1				3
2005							2			1	3
2006	1						1				2
2007			1								1

续　表

小类＼年度	资源保护/开发	民生改善	牧业渔业	多元化经营	对口支援	区域经济	脱贫致富	农产品市场	粮食生产	边贸发展	合计
2008	1									1	2
2009					1		1				2
2010		1									1
2011		1									1
2012						1					1
2013						1					1
2014											
合计	18	9	7	21	4	11	45	3	1	4	122

在 35 年间少数民族艺术议题的发稿数量最多，为 54 篇，占文化文艺议题的 47％；少数民族体育议题的发稿数量为 25 篇，占文化文艺议题的 22％；少数民族文化议题的发稿数量为 20 篇，占文化文艺议题的 18％；少数民族文学议题在 35 年间发稿数量为 15 篇，占文化文艺议题的 13％（见表 5-4）。

表 5-4　　　　　民族文化、文学、艺术、体育议题各小类分布

小类＼年份	文化	文学	艺术	体育	总计
1980			11		11
1981		5	4		9
1982			3	2	5
1983	2				2

小类 年份	文化	文学	艺术	体育	总计
1984				2	2
1985	2		2		4
1986					
1987		1	3		4
1988					
1989		1		1	2
1990	1	1			2
1991			1	4	5
1992		2			2
1993	1				1
1994					
1995			1	1	2
1996					
1997					
1998					
1999				2	2
2000	2				2
2001			12		12
2002	1	2	1	1	5
2003				2	2
2004	1		2		3
2005	2				2

续　表

小类 年份	文化	文学	艺术	体育	总计
2006	2		2		4
2007	2		5		7
2008			2	4	6
2009	1		1	1	3
2010	1	1	1		3
2011	1	1		4	6
2012	1		1		3
2013			1	1	2
2014			1		1
合计	20	15	54	25	114

35 年间《中国民族》杂志国庆专刊的民族团结议题中典型人物报道有 30 篇，占此类议题的 45%；其次是民族团结政策路线的阐释和社论，为 16 篇，占此类议题的 24%（见表 5-5）。

表 5-5　　　　　　　　民族团结议题各小类分布

小类 年份	重要社论	重要讲话	实践经验	表彰活动	典型人物/ 事迹	总　计
1980					6	6
1981						
1982	1					1
1983		1	2	3	1	7
1984				1		1
1985		1				1

小类 年份	重要社论	重要讲话	实践经验	表彰活动	典型人物/ 事迹	总　计
1986						
1987	3					3
1988	2			1		3
1989	1					1
1990	1					1
1991					2	2
1992						
1993						
1994		2				2
1995					1	1
1996						
1997		1				1
1998						
1999		1				1
2000					1	1
2001						
2002			3			3
2003						
2004			2			2
2005						
2006	1				1	2

年份 \ 小类	重要社论	重要讲话	实践经验	表彰活动	典型人物/事迹	总 计
2007						
2008						
2009	4					4
2010	2				1	3
2011						
2012			1			1
2013						
2014	1			2	17	20
总计	16	6	8	7	30	67

三 新闻议题分布结论

(一) 经济类话题数量多、集中度较高

经济类话题占各类特稿议题总量的 25%，这一方面说明"经济"类的内容覆盖面非常广泛；另一方面说明少数民族地区经济的发展关系国计民生，"文革"结束之后，党和国家就把支援和扶持少数民族地区的经济发展确定为恢复和落实民族政策的重要内容。我国是一个农业大国，解决好农民的问题是首要问题，同时也是解决民族问题的关键，是建立平等团结互助的社会主义民族关系的基础。"民族问题的实质是农民问题，对一个多民族国家来说，解决各民族的农民问题，在当时突出的就是解决温饱问题，这对于解决

民族问题具有基础性的重大意义。"① 具体而言，1985 年以后《中国民族》杂志"脱贫致富"的话题在 20 世纪 90 年代中期经历了一个高峰时期，1994 年和 1996 年第 10 期杂志分别登载了 8 篇和 9 篇文章，这种议题设置的集中度与当时的现实图景存在高度的对应关系。自 1978 年改革开放之后至 20 世纪 90 年代中期，随着国家经济实力的不断增强，对少数民族地区的经济扶持力度不断加大。1990 年国家设立"少数民族贫困地区温饱基金"，重点扶持全国 141 个贫困县，1992 年设立少数民族发展基金，同年实施沿边开放战略，确立少数民族地区 13 个对外开放城市和 241 个一类开放口岸，边境贸易成为促进少数民族地区经济快速增长的重要途径。1994 年实施的《国家八七扶贫攻坚计划》，通过放宽标准使得享受优惠政策的少数民族贫困县增加到 116 个，当年国家将少数民族地区中央与自治区的矿产资源补偿费的分成比例调整为 4：6，国内其他地区为 5：5，对口支援方面国务院确定由 15 个东部发达省、市对口帮扶西部 11 个省（区）。

其他关于少数民族地区"多元化经营"和"资源开发"的报道也居于"经济"类议题的主要位置，对于这两种议题的聚焦反映了国家在实施东部与西部地区"两个大局"的差序和梯度发展进程中，东部与西部地区由于历史性经济基础的差距，在 20 世纪 90 年代呈现扩大化趋势，少数民族地区出于自身经济发展的迫切诉求，于宏观经济战略方面所达成的策略共识。

（二）少数民族人文资源议题

少数民族的人文资源是中华文化不可或缺的组成部分，关于少数民族艺术、体育、文化和文学等人文资源方面的议题，占 35 年间

---

① 郝时远：《中国共产党怎样解决民族问题》，江西人民出版社 2011 年版，第 129 页。

《中国民族》杂志每年第 10 期全部议题总量的 23％。保护和传承少数民族的人文资源，是党和国家高度重视的民族文化事业，同时也是中国民族政策和民族区域自制制度的重要内容。

《中国民族》建构的少数民族人文资源议题，主要体现出两个方面的特征：其一是地区性，体现全国各个少数民族地区在艺术、体育、文化和文学等方面的发展，开掘并提升少数民族音乐、舞蹈、美术等艺术精华，彰显少数民族艺术特别的吸引力和影响力。弘扬历史悠久、丰富多彩、和而不同的少数民族传统体育精神，刊登题材广泛的少数民族文学作品，树立符合时代发展的少数民族文化价值观，创造地域性的少数民族人文资源氛围。其二是民族性。针对不同少数民族在语言文字的传承、音乐舞蹈美术等艺术的培育、民间文学的收集和整理、宗教文化活动的保障、历史建筑文化古迹的保护等方面，较为均衡地把民族类别与地域因素结合起来。相对于人口规模庞大的汉族传统人文资源，因绝大多数少数民族没有文字，加之各个族别的人口数量差异极大，少数民族的传统人文资源在历史的进程中处于相对闭塞的状态，缺乏一定程度的吸纳能力，同时也就意味着丧失了一定程度的维系活力，少数民族传统人文资源在与现代文化的交流互动中也更容易流失。少数民族的人文资源是各少数民族文化的重要特征，是各个少数民族凝聚力和创造力的重要源泉，因而保护和发展少数民族的人文资源的任务绝不可忽视，其重要性并不亚于少数民族社会经济的发展，今后随着全球化、城镇化的快速推进，各民族之间交往的日益密切，各种民族文化之间的相容和适应问题会不断加剧，民族文化的相异性是影响民族关系平等、团结、互助与和谐的重要因素，尊重民族文化的差异、包容民族文化多样性的原则，为形成思想共识、凝聚社会精神动力指明了方向，《中国民族》杂志一贯坚持在民族差异中建构国家认同、在民族多样性中追求社会和谐的传播理念。

　　（三）和谐民族关系的议题

　　改革开放以来，巩固和发展平等、团结、互助的社会主义民族关系，是党和国家民族事务的重要目标，2006 年中国共产党第十六届六中全会发布《中共中央关于构建社会主义和谐社会若干重大问题的决定》（以下简称《决定》），党中央与时俱进提出中国民族关系的第四个特征：和谐，也就是建立平等、团结、互助与和谐的民族关系，是统筹兼顾多样性的利益需求，是调整各种社会关系的内在需求。民族关系的和谐，必须加强民族团结，必须通过民族之间的互助来巩固。《中国民族》对于民族团结的报道，大部分通过宣传典型人物的事迹进行。关于民族团结的议题中，有关典型人物的报道数量最多，占这类议题报道比例的 45％，以 2014 年第 10 期《中国民族》所报道的 17 个民族团结先进典型人物为例，具体报道的人物和视角见表 5-6。

表 5-6　　　　　　　　2014 年第 10 期《中国民族》典型人物

序号	新闻标题	叙事者聚焦	主题建构
1	阿里木江：新疆的"贵州好人"	限知视角	助学帮困
2	布茹玛汗大妈的"中国心"	限知视角	爱国义务护边
3	韩丽：胸怀在蓝天　深情藏沃土	全知视角	新农村建设
4	洪汉英："润物细无声"的"老师妈妈"	全知视角	培养少数民族大学生
5	韩忠、谢晓君夫妇：雪域支教 12 年	限知视角	义务支教
6	黄坚：让边境民族地区开出富裕团结之花	全知视角	脱贫致富
7	降巴克珠：钢铁好战士	全知视角	爱国战士
8	林发：阿其玛山一棵松	全知视角	为牧民服务的热心人
9	吴东方：藏民的好医生	全知视角	援藏好大夫

续 表

序号	新 闻 标 题	叙事者聚焦	主 题 建 构
10	热心人王兰花	全知视角	帮扶困难群众
11	敬老院的"好巴郎"	全知视角	奉献基层民政事业
12	爱国兴教的伊玛目	全知视角	爱国兴教
13	伊淑梅：民族团结的实践者	全知视角	热心助民
14	克西巴特：牧民的带头人	全知视角	脱贫致富
15	网络"名人"刘廷江	全知视角	村民的好带头人
16	一个民族乡书记的"爱民方程式"	限知视角	牧民奔小康的领路人
17	耶里夏丽：上海与新疆的牵手	全知视角	清真餐饮企业榜样

法国叙事学家热奈特和荷兰叙事学家米克·巴尔都主张用"聚焦"来代替"视点"和"视角"，因为"视点"和"视角"无法清晰区分叙事者与被叙事者之间的关系，而采用"聚焦"一词强调叙事者呈现的内容与受众感知之间的关系，由此可以区分"谁看"与"谁说"，因而"聚焦"一词更具有操作性。

表5-6中，对于17个民族团结典型人物的报道，采用叙事者全知视角的文章有13篇，相对于新闻叙事而言，全知视角叙事的权威性建立在记者对于事实信息的掌握基础上，当然记者对于事实信息的获取也很有可能是不完全的，但是相对于受众而言，新闻叙事者具有对事实信息"知"的优势，这一"知"的相对优势扩展开来就成为全知视角聚焦的心理基础。新闻文本中这种权威性的全知视角叙事，通常被认为较为强烈地掺入了包括意识形态在内的价值观念，因为当看待世界的某一种观念形式被视作权威体系之时，文本中的其他价值观念只能通过这个权威体系才能得到评价。此外，"新闻叙事者可以根据需要，通过时间顺序自由调配信息，呈现一个事件的'点'，而不是

连成'线'，这种单一的叙事者聚焦方式，比较容易形成权威话语对事实的呈现"①。权威话语中所隐含的内容，使事实材料显示或暗示了新闻传播者所认同的主题意义。与此相对而言，"限知视角"的聚焦者不是叙述者，而是作为叙述对象的人物。"限知视角"造成叙事者的限制叙事，实际上意味着对叙事者的话语权限所做出的限制，叙述者从权威位置上稍稍后退，这样遵循着客观报道的原则，也就是说看起来更为客观。

建构民族团结的主题报道，采用单一全知视角远远不能够说明社会问题的诸多复杂性，因而采用更加多元化的报道方式，比如深度调查、连续报道和系列报道、人物访谈等体现效果意义。此外，在内容的组织方面，呈现少数民族地区改革开放成就，共享"人的发展"的均等机会实现，坚持公共教育资源和卫生资源，以及公共文化服务设施向中西部地区、少数民族贫困地区、边疆地区发展，针对社会事业发展和解决民生问题为重点，这一系列议题应该成为在单一的典型人物报道之外，更加具有现实积极效果而且内容资源更加富集的范畴，将会起到补充和完善民族团结议题的作用。

第二节　《中国民族》杂志话语行为与分类

结合"表意"和"行事"行为对话语进行划分，前者按照语言学家奥斯汀的界定涉及言语的命题或意义，而后者涉及言语的意图。新闻话语作为一种言说行为，兼具"表意"和"行事"两种属性。

---

① 陈霖、陈一：《事实的魔方：新叙事学视野下的新闻文本》，中国书籍出版社 2011 年版，第 41 页。

一 新闻话语行为归类

首先，将新闻话语划分为阐释、评判、使令和申明四大类型。其次，为具体区分话语行为的类别，在区分四大类型的基础上，再将话语行为细分为 16 小类。

（1）解释类：解释、说明；

（2）论证类：论证、论述；

（3）赞扬类：表扬、歌颂；

（4）批评类：批评、责备；

（5）驳斥类：斥责、揭露；

（6）号召类：号召、呼吁；

（7）指令类：指示、命令；

（8）指导类：指导、布置；

（9）劝导类：倡导、告诫；

（10）支持类：拥护、认同；

（11）禁止类：阻止、警告；

（12）祝贺类：祝贺、祝愿；

（13）纪念类：回忆、怀念；

（14）承诺类：承诺、誓言；

（15）期望类：希望、期待；

（16）坚信类：信心、决心。

这 16 类可以看作四大类型的次类型，（1）—（2）两类大致对应于"阐释型"，（3）—（5）三类大致对应于"评判型"，（6）—（9）四类对应于"使令型"，（10）—（16）七类对应于"申明型"。有些综合性的新闻稿件体现了多种话语行为，因而依据正文意向、标题意向、传者与受众的关系模式、语气倾向模式等原则划分类别。

二　新闻话语行为分布描述

35 年来《中国民族》每年第 10 期合计 494 篇新闻样本在话语行为的四大类型分布情况显示，阐释类话语共 210 篇，占总样本数量的 43％；评判类话语共 160 篇，占总样本数量的 32％；使令类话语共 41 篇，占总样本数量的 8％；申明类话语共 83 篇，占总样本数量的 17％。

三　新闻话语行为分布结论

（一）阐释型话语所占比例最高

阐释类话语包括解释类和论证类两种情况，第一，解释类话语体现为既统领少数民族新闻报道大局，又能够细致入微地针对某一地域、某一少数民族所取得成就、经验和问题而展开，常常以省略和概要形式产生叙事加速度时距。

解释类话语最高峰值出现在 2011 年第 10 期，本期共刊发 13 篇解释类话语的稿件，主要涉及第九届少数民族运动会的综述，以及深入分析少数民族对辛亥革命的贡献，少数民族文化发展的机遇、挑战及对策，从仡佬族文字的发现探析仡佬族的"和合"精神等议题，这些内容以新闻长消息和深度报道的体裁出现，体现新闻叙事时距的差异，即加速、等速和减速三种形式。"时距"通常指新闻事件所经历和延续的时间与新闻叙事所占据篇幅长短的比较，如果事件发生的时间长，叙事的篇幅短则为加速叙事；反之则为减速叙事。

第二，论证类话语往往围绕党和国家关于少数民族地区的重大方针、政策以及少数民族地区面临的热点问题而展开，论证类话语的峰值出现于 1988 年第 10 期及 1996 年第 10 期，这两期分别刊登了 5 篇论证类文章。1988 年第 10 期立论选题围绕"增强民族区域自治意识""民族理论的深化和创新""粮食生产徘徊不前""花大力气培养少数民族干部""杂散区的民族法规"等重要议题展开，1996 年第 10 期则主要以"扶贫攻坚"为中心发表一系列社评。

总体来看，《中国民族》的论证类话语针对少数民族地区重大事件、重要典型人物立论建言，这类社评尤其在每年 10 月的国庆专刊是必然要出现的特殊文体，它不仅仅具有一般新闻评论的特点，而且具备与《人民日报》社论相类似的"规格文体"，遗憾的是其他短小精悍、掷地有声的"时评"并不多见。长期以来《中国民族》的社评带给读者的文体印象和接受定式是较为刻板的，因而《中国民族》需要建构自身对新闻事件及时、敏锐的反应和判断，不仅要重视评论新闻事件的价值意义，同时也要多做一些对事实的具体评论，转向"社论化时评"的发展趋势，建构未来言论表达的新目标。

（二）评判型话语的赞扬意态

1. 新闻涵化

巧妙地使用特殊词语修饰新闻内容，被称作新闻的话语涵化。运用一定的新闻意识突出新闻主题，实际上是"涵化"新闻主题的一种法则。记者对于新闻内容的"涵化"，从选择新闻事实那一刻起就必然受到主观倾向的控制，客观世界每天有无数事实发生，能够进入报道途径的只是极少数，这本身也是新闻媒介"筛选—涵化"的结果。

许多新闻事实都具有丰富的角度，如果记者写稿只是注重一个角度，就会不可避免地产生错误的新闻涵化，如若记者再不以事实的主要方面为主，而是重视某种预设的意义，新闻意识就会不可避免地陷入主观化。赞扬类话本身就是记者主观倾向的直接表达，也就是用某种新闻意识说明事实，尽管如此记者对事实的处理也必须真实、准

确，否则记者的报道主观性过强，将会使新闻"涵化"的效果走向
反面。

2. 时空环境

《中国民族》杂志通过对各地典型先进人物和事件所蕴含的意义
进行褒扬，树立典型人物践行民族团结精神的榜样，反映民族地区快
速发展的繁荣景象，这是对国家认同建构表现出的一种象征价值，这
些象征价值所传播的形式以及它们被受众解读的意义，终归融入了中
国社会转型的历史进程之中，某种程度上取决于传播和支撑其中的社
会体制背景。

作为一种象征形式的建构与接受，赞扬类话语产生于特定的社会
背景时空环境内，以不同方式附带着建构它们的社会背景印迹。
1980—1990 年，《中国民族》对于先进典型人物事迹的弘扬主要集中
于"为四化多做贡献""从新中国成立前的奴隶到新中国的少数民族
干部""少数民族干部的年轻化、专业化""关爱越战少数民族烈士家
属"等特定社会背景。1991—2000 年，《中国民族》在国企改革转制、
少数民族地区扶贫攻坚及 1998 年特大洪灾等社会语境下，报道了一
大批各地各行业的先进人物。2001—2014 年，《中国民族》在"实践
三个代表""兴边富民行动""繁荣民族文化产业""民主与法制建设"
"让奥运更绚丽""中国梦"等社会语境下，报道众多先进典型的好人
好事以及各地各行各业可以借鉴同时兼具推广意义的经验和做法。

3. 社会思想培育

赞扬性的话语以正面的事例，启迪公众如何处理不同民族之间的
关系，如何以科学的世界观、人生观和价值观看待或应对社会问题，
具有深刻的教化和借鉴作用。《中国民族》杂志所报道的大量先进典
型的事迹，不仅来源于具体的环境和现实需要，同时许多先进人物、
合理的经验和正确的做法具有跨越社会各个阶层、各个民族的整合

性，褒扬舆论的实质是讴歌、赞美社会的正向一面，把人们的注意力引向对典型人物与先进事迹的美好向往，以积极的思想培育促进全社会的和谐发展。

典型的报道所提倡的榜样示范意义，不断强化和维护社会公共利益的至高无上精神，浸润着个体形成积极人生信念的价值观，从而规范并提升社会公众行为的尺度。《中国民族》杂志的褒扬报道，使公众充分认识到社会发展的积极因素，将鼓舞性、热情光明的观念向全社会弘扬，体现出褒扬舆论的社会培育意义。"促进生产力进步，推动社会和谐发展必须要肯定人的道德价值，社会理念的真理价值和社会政策的惠民宗旨，这是褒扬性舆论的社会功能，社会形态的演变需要先进精神作为助推器，褒扬所产生的思想动力满足了生产力发展对社会精神的需要。"① 但另外，中国社会处于急剧的转型期，社会结构日趋复杂而且同质性较弱，因而社会褒扬的时空有限效果难以长久持续，加之先进人物和事物的局限和片面之处，褒扬舆论的单面效应也不容小觑。

（三）使令型话语的号召形式

党和国家的民族理论、民族政策宣传方面，《中国民族》杂志发挥着重要的号召职能，每年第 10 期《中国民族》刊载关于党和国家重要领导人的讲话摘要、重要社论等就是最重要、最直接的动员形式。这些内容反映了在新的社会历史发展阶段，党和国家的民族政策在理论、实践方面的新拓展，体现出时代的鲜明特征。

改革开放以来关于民族问题的理论，主要在四个方面有突破：第一，对于民族问题的性质做出正确判断，纠正了"民族问题的实质是阶级问题"的错谬认识，民族矛盾是人民内部矛盾；第二，赋予民族

---

① 刘建明、纪忠慧：《舆论学概论》，中国传媒大学出版社 2009 年版，第 94 页。

问题的含义新的认识，民族问题既是民族自身的发展问题，又涉及民族之间，民族与阶级和国家之间的关系；第三，提升了对民族问题重要性的认识，民族问题关系社会的长治久安，关系国民经济发展和边防稳固及挫败国际敌对势力阴谋的重大问题；第四，关于民族工作以经济建设为中心的目标，使各个民族真正实现改革开放的民族理论。

党和国家的民族政策在适时创新和发展中更加具有生命力，《中国民族》杂志的号召动员角色，主要作用于三个方面：其一，将上位话语的意识形态化，经过广泛传播转变为社会的下位话语，形成社会公共舆论；其二，重要领导人的讲话摘要及重要社论作为一种"组织—大众传播性质"① 话语，为地方从事民族工作的党政干部提供思想和实践指导，同时为他们在某一机构内部进行组织传播，进而提供文本依据和话语资源；其三，直接对广泛的读者进行号召和宣传，发挥媒体在社会动员中的鼓动者、宣传者和动员者的作用。

第三节 《中国民族》杂志话语的意义建构

《中国民族》杂志作为权威报道中国各个民族的国家级新闻月刊，主要职能是服务于党和国家政府、各级各类民族事务管理机构，由此决定了它的核心话语是一种意识形态话语。中国共产党的意识形态宣传，从它诞生之日起就建构了以马克思列宁主义为指导的无产阶级革命、实现社会主义和共产主义理想的国家图景。中国共产党作为统一的多民族国家执政党，凝聚民族和社会的力量，突出国民的共同性，强调以"统一"和"和谐"作为价值取向的意识形态，能够引导各个

---

① 陈月明：《使命与主体：〈人民日报〉社论（1949—2008）的话语呈现》，复旦大学出版社 2013 年版，第 196 页。

民族之间的团结与国家认同的建构，倘若强调各个民族之间的区分和各个民族自身利益的意识形态，则会削弱多民族国家的合法性，不利于国家认同的形成。

一　新闻话语与"上位话语"

通过传播和实践活动把理想的意识形态变为一个自然化、普遍化的过程，以容易接受的方式把党和国家的意识形态贯彻到各族党员干部和群众中去，使之成为各族党员干部和群众的共同意识，这是党的民族工作新闻报道的核心要领。

《中国民族》杂志根据党的各项民族工作的决议部署，对于各项民族事务发表立场、观点和态度必须参照"上位话语"。"上位话语是中国共产党和国家权力机构的话语，构成形态是党和国家以集体机构的名义发布的各种官方话语和文本，也包含着党和国家领袖的话语。"①"上位话语"除了具有明确的政治内涵以外，也具有清晰的道德内涵，不仅维护多民族国家的统一和巩固，而且维护多民族国家在内各个民族已经形成的整体利益。

"上位话语"在结构和层次上分为核心层面和延展部分。核心层面由党关于民族政策、民族关系和民族工作、民族地区发展的基本主张和法律法规构成。主要包括：坚持民族平等团结、民族区域自治的基本国策、发展少数民族地区经济文化事业、培养少数民族干部、发展少数民族科教文卫等事业、使用和发展少数民族语言文字、尊重少数民族风俗习惯、尊重和保护少数民族宗教信仰自由。核心层面的话语具有相对持久性和稳定性的含义，它决定了党和各级政府对于民族事务的发展目标、行动框架和行为准则，同时规定了其他延展性层面

---

① 陈月明：《使命与主体：〈人民日报〉社论（1949—2008）的话语呈现》，复旦大学出版社 2013 年版，第 90 页。

话语的叙述方式，对整个"上位话语"起到提纲挈领的作用。核心层面如果出现新的话语表述，一般通过中央和国家政府集体决议加以明确。

"上位话语"的延展部分是党和国家依据核心层面话语，在特定时间、特定领域内对特定问题所表述的思想观点、行动主张、实现目标和政策措施的话语，存在于中央和政府的各种各类文件报告之中以及党和国家核心领导人的重要讲话等。延展话语是核心层面话语在具体实践中的应用，针对某一阶段和某一领域的工作，具有很强的指导性和操作性。

《中国民族》杂志新闻话语与"上位话语"的等级关系决定了新闻话语只能依据"上位话语"的核心层面对民族事务做出阐释、评价和表态，必须与"上位话语"核心层面保持立场和倾向的一致性。因而，"上位话语"核心层面是《中国民族》新闻报道最重要的宏观语境，同时为该刊新闻话语的延展层面提供最重要的主题设置和语用资源，"上层话语"体现着对新闻媒体话语权力的制衡与规约。

二　文化认同与民族认同

《中国民族》杂志新闻话语的呈现与国家认同，在 35 年间清晰勾勒了一条阶段化发展的脉络，每个阶段的实现目标围绕民族政策在不同时期的侧重点展开，针对性地融合文化认同、民族认同的指向目标，两者整合的最高目标是体现国家认同。

1978—1985 年是民族政策的恢复发展时期，以少数民族文化传播为重点，《中国民族》杂志在力图实现文化认同的基础上，积极构建民族认同。本书中的民族认同主要指向对中华民族整体的认同和归属意识。

十年"文革"结束之后，原有的各项民族政策得到恢复和落实，

1978 年我国恢复了各级民族工作机构，1979 年中央批转国家民委《关于做好杂居、散居民族工作的报告》，中央提出要积极促进少数民族地区经济文化，保障其平等权利、尊重其风俗习惯。1984 年颁布的《民族区域自治法》对民族地方的自治权利，国家对于民族地区的扶持和帮助都做出明确规定，与此同时在全国范围内举行规模较大的民族团结表彰大会，为我的民族团结进步表彰活动奠定了坚实的社会基础。

国家少数民族政策导向下的宏观社会文化语境，直接影响《中国民族》杂志新闻话语的文本视角，集中呈现了少数民族文艺文学体育等丰富有趣、迥然各异的多元文化角度。从 1980 年到 1985 年，每年第 10 期中对少数民族文艺文学体育的报道一共有 89 篇，占这一时期总样本数量的 37％。《中国民族》杂志对于少数民族文化的关注、传播和弘扬，发挥了在社会文化"场域"的美学凝视功能，是对少数民族文化认同的表征。按照布尔迪厄的观点，"当艺术和文化消费成了预设之物，它的社会功能就是加强社会差异的合法化"[①]。将民族文化之间真实的差异自然化，在各个少数民族文学文娱体育等艺术范畴内，让读者达成对审美目标的情感认同以及对于共同精神家园的热爱，本质上讲这是文化意义上的中华民族的认同过程。

文化认同的内涵，意指人类对于文化倾向性的认可和共识，文化的认同表现为对文化的归属意识，从同一民族、同一信仰到同一文明圈的文化认同，都是建立在对民族传统文化价值的内化、保持和延续之中。文化的差异性是一个民族区别于其他民族的特质内核，是一个民族过去、现在和将来的灵魂所在，所以文化认同是民族认同的内在要求和必要前提，一个民族的文化艺术体育等范畴，在一定程度上能

---

① ［英］约翰·斯道雷：《文化理论与大众文化导论》，常江译，北京大学出版社 2010 年版，第 272 页。

够深刻表达这个民族的本质精神特征，在民族认同中占据核心地位。

我国各个少数民族丰富多元的精神内涵，经由《中国民族》杂志撷取和升华，并且广为传播和弘扬，形塑了社会公众对于中华民族的认同，对于增进民族融合，建设中华民族共有的精神家园具有重要意义。因此，利用社会传播系统从少数民族文化视域着手，建构少数民族良好的文化形象，以社会公众对少数民族文化认同作为中华民族认同基础的价值取向，是媒介协调与整合社会并致力于现代化建设的首要路径。

三　经济话语重心与国家认同

1986—2000 年是我国民族政策适应并加快市场经济发展的阶段，《中国民族》杂志把国家的经济激励政策作为报道的重心之一，国家经济蓬勃发展的势头，造就了政府惠泽于民的良好社会氛围，成为建构国家认同的驱动力量。

1986 年以后少数民族地区市场经济不断发展，教育部在内地 16 个省市开设西藏中学和设立西藏班，并于 1987 年和 1990 年两次召开会议，实施内地高校支援新疆以及为新疆培养专业人才的协作战略。尤其是 1992 年邓小平"南方谈话"之后，同年召开的中央民族工作会议提出要以经济建设为中心的方针，国务院批准将吉林珲春、内蒙古二连浩特、新疆伊宁等城市列入边境开放城市，1994 年又把内蒙古乌海市、新疆伊犁哈萨克族自治州列入民族地区改革开放试验区，构建民族地区全方位开放的格局。1989 年设立少数民族贫困地区温饱基金，增加民族地区的扶贫力度，1991 年设立民族用品生产企业技术改造的补息贷款，1994 年国务院安排支援西藏 62 项工程，同年财政部实行新的财税体制之后，逐步增加了对少数民族地区政策性转移支付的力度，对"老、少、边、穷"地区新办企业，三年内可减征或者免征所得税，生产落后和生活困难的少数民族地区，减少农业税的征收。1999 年党中央和国务院提出"西部大开发"战略，国家民委倡议发起的以富民、兴边、强国、睦邻为宗旨的"兴边富民行动"正式启动。

一系列行之有效的经济激励措施，在现代化的转型进程之中，促进国家的治理方式、组织形态和发展理念之进步，切实推动民众对于国家的信心。民众的获益心态能够内化为对国家的自豪感，创造了生机勃勃的国家认同感。累计这一时期《中国民族》杂志每年第 10 期刊发的民族经济方面的稿件有 82 篇，占这一阶段总样本数量 225 篇的 34％，民族经济类稿件的峰值出现在 1996 年第 10 期，有 10 篇之多。

任何一个国家在充满不确定性的前行中，经济激励体系都能够成功地赋予民众一定程度的安定和富足状态，振兴少数民族地区经济，使得少数民族地区从"文革"后经济崩溃的边缘迈向现代化建设目标，民众的生活水平不断提升，国家抵御各种国内外风险的能力显著增强，体现了以经济激励体系有效提升国家认同的稳固性。这一时期《中国民族》杂志大量呈现少数民族地区经济发展的巨大成就，在国家叙事的宏大语汇之外，经济的进步已经具体化为读者的感悟和认知，对于生活变化的认同及欣喜与报道对象是息息相通的，媒介的传播力量使得民族认同和国家认同不再是抽象的概念，而是发自内心的对于国家的信任和归依。

主流媒体凝聚社会共识，可以建构民众的国家常识，消弭不同民族人群、不同社会阶层成员的分歧和敌意，应对全球化背景下的各种边缘化组织的挑战，不断吸纳有利于社会协调的新的因素。《中国民族》杂志未来如何才能更加凝聚共识，其中一个重要的报道价值标准就是发展理念优先的原则，发展优先的新闻要素所具有的合理性应至少符合三个条件：其一，社会长期实践已经证明，某项发展成就具有全国的普适性和推广意义；其二，某项发展成就能够满足大多数人实际获益的诉求，为大多数人所赞成或享用；其三，某项发展成就是未来面向中国统一的多民族国家现代化进程。除了秉持发展优先的新闻价值标准，《中国民族》杂志以经济话语为重心的传播方式，还需扩展到社会环境与人协调发展的全面媒介景观。

四　重构国族意识与国家认同

从2001年到2014年《中国民族》杂志长期把文化认同、民族认同的题材作为主要报道领域，进入21世纪面临国内外环境的变化，必须重构中华民族意识的建设，进一步提升各族民众的国家认同感。

进入21世纪以来，《中华人民共和国民族区域自治法》在2001年第九届全国人大常委会讨论修改。2002年国务院做出关于深化进一步加快发展民族教育的决定，同年颁布"中国农村扶贫开发纲要"。2003年，时任国家主席的胡锦涛同志确定21世纪民族工作主题，国家在草原牧区全面启动退耕还草工程。2004年，国家民委、财政部出台《关于继续推进兴边富民行动的意见》。2006年，全国人大常委会将《民族区域自治法》列为全年执法检查重点，有力推动《民族区域自治法》的贯彻落实。国务院正式发布少数民族事业和兴边富民行动"十一五"规划。2008年，国家出台扶持民族地区发展重大政策措施。2009年，国务院发布《关于进一步繁荣发展少数民族文化事业的若干意见》。2010年，党中央、国务院大力推进新疆跨越式发展，我国首次建立草原生态保护补助奖励机制。2011年，国务院出台促进牧区又好又快发展的若干意见，中央把集中连片的特困民族地区定位为新一轮扶贫攻坚主战场，武陵山片区区域发展与扶贫攻坚试点率先启动。2012年，国务院常务会议讨论通过《全国游牧定居工程建设"十二五"规划》。国务院批复同意《西部大开发"十二五"规划》。2014

年，第二次中央新疆工作会议召开，国家有了支持民族地区资本市场发展的新举措。与前两个阶段相同，这一时期党和国家的各项民族路线方针政策，通过有力促进少数民族地区社会各项事业的发展，提升少数民族的地位以建构和谐的民族关系。

国际上的地区战争和冲突此起彼伏，大部分地区表面上尽管稳定，实则隐藏着极为尖锐复杂的非传统安全隐忧。反人类的国际恐怖主义、反现代化的宗教原教旨主义、反对国家共同体的极端民族主义，还有反对社会化的新自由主义等各种势力逐渐膨胀，全球化时代各个民族、各种宗教之间的文化信仰对抗剑拔弩张，加之与国际不同地区的经济问题相互交织，由此导致世界各地国家认同的危险因素初露端倪，国内整个社会信仰的"空洞化"和消费主义甚嚣尘上的"拜金主义"以及众所周知的严重腐败等现象的侵蚀和消解，都使我国传统的国家认同陷入某种程度的失落危机。

完善与重构国家认同的进程，也就是各个民族进一步凝聚为国族的过程，国族是由民族国家创造的，没有民族国家的创建，国族将无从谈起。进一步来讲，国族是获得国家形式，披上了国家政治外衣的民族，最早可追溯至西欧的民族国家的构建。《牛津当代英语词典》对于"国族"（Nation）的解释是：由于共同的血缘、语言、历史或者政治机构，共同生活在一定的领土范围内，共同拥有一个政府的人群共同体。为了维系和巩固国族的共同体，国家必须通过政治整合、文化整合和经济整合来提升一体化程度，国族成员的彼此认同度越高，同质性程度越高，国家认同的基础和条件就越好。中华人民共和国的成立，标志着中国民族国家的成立，中华人民共和国是中华民族的国家，中华民族是中国的国族，作为国族的中华民族是一个"多元一体"的结构，如何处理既能巩固"一体"又能维系"多元"，这是国家认同的一个长期根本任务。少数民族新闻话语的意义建构，实质上也必须在反映国族意识与非主体民族意识之间的动态平衡中展开。

2001—2014 年,《中国民族》杂志关于"国族"意识方面的内容共有 16 篇,纵观 1980—2014 年的类似报道,峰值出现在 1999 年第 10 期,这一期刊登的这方面内容有 8 篇之多,本期杂志,编辑部精心组织,用整期篇幅来报道共和国 50 周年纪念的主题,策划编排了"见证共和国""共和国的怀念""共和国往事""风雨兼程五十年"等栏目。与此同时 1999 年全年,《中国民族》杂志精心推出了"百年说民族"的重点专栏,20 世纪近百年的社会历史演变中中国少数民族的社会生活发生了巨大变革,在这样一个特殊的时间节点,从 1999 年第 1 期开始,由当时的编辑部主任郑茜提议,开设了"中国少数民族百年回望"特别专栏,在每期版权页之前的第 2—3 页间,设立了一个"中国少数民族百年大事记"的跨页通栏标题,将百年间中国少数民族所经历的巨大历史变革,归纳成"中国少数民族实行社会制度改革""中国少数民族实行民族区域自治制度""中国对少数民族进行民族识别""从刀耕火种到科学种田——中国南方山地民族原始农业生产方式的变迁""从游猎到定居到全面的社会经济文化发展""从游牧到定居——中国游牧民族的社会经济文化变迁""中国少数民族文字的创立""全面继承、发展中国少数民族传统文化""空前发展的少数民族教育""中国少数民族获得科学技术事业的巨大发展""建立和发展社会主义民族关系""中国少数民族对中国革命的伟大贡献"12 个方面。这 12 个题目是《中国民族》杂志编辑部与中国社科院民族研究所的相关学者经过认真研究后拟定的。应该说这个重点专栏为读者提供了一个完整认知 20 世纪中国少数民族百年历史的视角。

《中国民族》杂志在"国族"意识的建构方面,符合并体现了我国的实际国情,展现了民族政策的贯彻结果,反映了我国的民族政策长期采用并坚持的"民族主义"价值取向。需要澄清的是,这里所说的"民族主义"价值取向是就国家政策制定的偏好立场而言,而非意识形态意义上的民族主义,二者存在本质的区别。长期以来我国的民族政策是十分丰富和卓有成效的，从巩固民族团结的角度来看，国家民族政策的制定以同情、关心和帮助非主体民族的发展为目标，我国一系列的民族政策在革命和建设中发挥过重大作用，促进了"族际政治整合"①。

　　具体而言，从《中国民族》杂志的样本分析来看，少数新闻话语中更多强调了组成"国族"的各个民族的特性，突出少数民族的族裔意义和区域社会生态。总之，少数民族新闻话语中要完善"国族"意识的传播，不断倡导民族融合的价值，既要报道已经充分显现的历史价值的融合，也要彰显其未来的现实前景，大力弘扬中华民族文化和中华民族精神，增强中华民族的"国族"意识。

---

① 周平：《多民族国家的族际政治整合》，中央编译出版社 2012 年版，第 108 页。

第六章　少数民族新闻话语与
国家认同间距反思

第一节　新闻文本间距的形成

一　新闻文本间距的溯源

少数民族新闻话语与国家认同的问题归因，必须涉及文本内外各种影响因素的关联分析，如把文本的新闻框架、语境与意义的建构以及少数民族新闻话语的生产与接受等方面整合起来的思路，莫过于借鉴一些富有价值的解释学理论。

解释学（Hermeneutics）也被称为"阐释学""诠释学""释义学"等，该词来源于希腊神话中的旅者之神（Hermes），赫尔墨斯主要为希腊众神的使者，据传在神话故事中穿着带飞翅的凉鞋，手持魔杖，来往于神界与凡尘之间，为世人传送众神的消息，被誉为穿越边界的旅行者之神，他对于神谕的解释相当于阐明来自陌生世界的意义，并传送到人们所熟悉的世界。古希腊时期解释学主要用于解释词句的精确内容并阐发真理的意义。

解释学在不断演变的历史中，作者的原意、文本的原意和读者的理解始终成为研究者们争执的中心，它是一门关于文本—意义—解释的学问。早期德国哲学家伽达默尔提出理解的历史性这一解释学的核心理念，他认为人作为历史性的存在，无法消除时代的局限性和特殊性，理解的主体和客体都具有这样的特征，真正的理解不是去克服这种历史局限，而是去适时地评价它，所以对于任何事物的理解都要有"效果历史意识"[①]。美国哲学家赫施进一步发展了伽达默尔的思想，他认为理解的历史性并非文本的原初含义产生了变化，而是文本的意义历经读者在不同时期解读的差异，其含义存在于作者通过语言的象征符所创造的文本中，意义是含义与不同个体、不同情境、不同领域产生互动的结果，而文本的含义是稳定的，意义的变化常常处于流动之中。

当代法国著名哲学家保罗·利科比较了文本与话语的三个特点：第一，文本具有永恒性。文本一旦由文字书写下来，就能够得到长久保存和流传，话语的声音相传只能转瞬即逝；第二，文本具有独立性。一旦脱离了交谈双方的那一刻的情境，此后文本只有在新的语境中被理解；第三，文本的意义是不确定的，随着解读情境的变化而变化。

保罗·利科的间距思想为新闻文本间距的客观存在提供了重要依据，传播的实质是消除事物之间的任何不确定性，它的正向功能是满足人们对各类信息的需求，帮助人们缩减认知差异而非消除差异。正是因为人们对信息的欲知和未知，不同个体存在认知的差异，"距离"才成为信息共享传播意义的前提，利科的"在距离中通过距离交流"的思想，突破了传播学的经验学派在效果研究方面的单一局限性，带来了从文化理解层面关注效果研究的开阔和多元化思路。

总之，文本的独立前提在新闻传播者和受众之间植入了文本意

---

① 陈秀云：《新闻误解——论新闻文本间距》，中国书籍出版社 2011 年版，第 30 页。

义，它使得传播者、文本和受众互相分离，同时又是传者和受众之间联结的纽带，新闻文本间距由此得以产生。文本独立是新闻间距产生的条件，语境是新闻间距存在的空间，间距是新闻理解所必须跨越的通路。一言以蔽之，"新闻间距就是新闻文本与新闻传播流程中各传播因素之间的意义间隔"[①]。

新闻文本间距意味着在新闻传播的流程中，意义在不同阶段和环节，不断受到中介因素的影响而产生变异。引入新闻文本间距概念的意义也恰恰在于此，少数民族新闻文本间距与时空距离、心理距离、社会距离等相关，这是着眼于影响意义认同的隔阂，在文化层面的一种多元化阐释。

二　新闻文本间距的类型

语境决定新闻文本意义的生成，语言学中语境指的是上下文关系（context），通常包含两层含义：其一，狭义层面指的是文章里的字词句在上下文中的位置，以及与其他字词句的关联；其二，广义层面指的是语言之外的环境，包括时间、地点、人物等制约交流的具体因素，也包括社会宏观的政治、经济与文化环境。与此含义类似的是，在传播学中语境常常被理解为传播情境，既包括具体的传播活动进行的场景，如时间、地点等，广义上也包括传播活动的参与者所处的群体、组织、规范、文化等宏观社会环境。很多情况下传播情境会形成符号文本自身所不具有的新意义，并对符号文本意义的重构产生制约。由于语境的差异，传播活动中会形成不同的意义间隔，以新闻文本为核心，大体可以划分为四种间距类型：新闻文本与事实的间距、传播者与事实的间距、新闻文本与受众的间距以及传播者与受众的间距。

---

① 陈秀云：《新闻误解——论新闻文本间距》，中国书籍出版社 2011 年版，第 88 页。

新闻文本间距是受众理解新闻的一种客观存在，新闻文本间距的大小程度，决定了受众可能会形成哪种解读方式，无论什么样的间距变化都会影响传播者和受众的关系。

（一）极度间距与支配式解读

如果新闻文本与受众认知之间距离过大，传播者对受众进行支配式解读的可能性较大，容易产生支配式解读的情况大概有三种：信息来源的高度权威性、新闻话语权的高度控制、受众的亲身体验较少。传播学经验学派的有关研究表明，"议程设置效果是否产生，议题的强制性接触可能是一个重要的因素"①。某些特定的新闻报道，受众的直接经验越少，与新闻文本间距越大，就越是容易形成支配式解读的效果。霍尔的支配式解读模式中，受众处于被支配的地位，完全赞同和接受事实和意义。

（二）适度间距与协商式解读

如果新闻文本间距与受众的距离保持在一个适度的水准，受众对于事实和意义的建构，一部分保持认同，另一部分不接受，某种程度上固守自己原有的认识。受众这种既不完全接受，也不完全拒斥的解读方式是普遍存在的，新闻传播效果的类型中大部分都是这种情况。

（三）间距绝对化与对抗式解读

间距绝对化指的是新闻文本的内容、观念和意义的表达与受众存在绝对的悖反、对立关系。受众出于各种逆反心理，对文本的解读结

---

① ［美］沃纳·赛佛林、詹姆斯·坦卡德：《传播理论起源、方法与应用》，郭镇之译，华夏出版社 2000 年版，第 256 页。

果与传播者预先的意图完全相反，在对抗式解读的类型中，新闻文本的意义彻底被颠覆，受众在解读方式上呈现刻意对抗，这种行为和心理产生于十分深刻复杂的社会原因。

三　新闻文本意义的流动

传播者如果想要达到预期的目标，减少间距因素的制约，最大化促进意义的生成和流动，要尽可能符合以下三方面的前提。

（一）传受双方要有共通的意义空间

共通的意义空间大体有两层含义：一是对传播中所使用的语言、文字等符号含义的共同理解；二是传受双方要有较为接近的生活经验和文化背景。传者与受众的意义空间不可能完全一致，但是传播意义的生成与流动只能凭借共通的部分来完成。

如果传受双方并非处于共通的意义空间，但是传者和受众的距离保持在适当水准，通过受众的协商式解读，促进传播意义得以产生并在流动中适当变化。传者和受众间距绝对化，受众就会出现与传者对抗的情况，意义的产生无从谈起，反而被受众歪曲或者误解。从事少数民族新闻报道，记者事先要对民族地区的语言文字、日常生活习俗和禁忌充分了解，否则就难以接近少数民族群众，难以了解少数民族群众的想法，一个对民风、民俗知之甚少或者一无所知的记者在采访中注定一无所获，何谈达到预期的传播效果。

2012 年新疆《兵团日报》的记者王遐，撰写 1.6 万余字的长篇通讯《历史的回声》和《不夜的边关》，描写"伊塔事件"以来，兵团边境团场屯垦戍边人为捍卫我国领土主权而无私奉献的感人事迹，得知荣获中国新闻奖最高奖——"长江韬奋奖"，她在接受《新闻战线》记者采访时感慨："心中涌起的是这些年在兵团基层采访过的许多平凡又伟大的人物。"① 这些人物给了王遐灵感和魔力，她怀着深深的感动走进人物的内心深处，终于成就了职业生涯的辉煌。王遐自嘲就是这么"草根"，与边境团场的职工群众在一起，她总有说不完的话，写不尽的事，身为兵团人的女儿，认为自己有责任把几代人屯垦戍边的感人故事写好。

意义的生产与流动虽然在传者和受众之间交换的是精神内容，如果没有传播者实践的各类丰富社会领域，传播者将无从提炼意义，更谈不上意义的共通与互动。所以，传播者与受众之间共通的意义空间，归根结底要依赖一种人与人之间、人与群体之间的社会互动关系进行。

（二）传者的组织化语境和新闻文本的专业化语境共通

传播者的组织化语境，体现了传媒在报道中一系列的"把关"过程，传播者作为个人的主体特征或态度并不重要，重要的是组织机构施加于个体的限制与约束。新闻文本的专业化语境，要求在一定程度上符合新闻专业主义规范，以客观报道手法体现新闻真实性的基本要求。在有些少数民族新闻报道中不难看出，就是新闻传媒一味地为了完成宣传指令，所谓"经验""进步""成就""改善"等宣传意义成为一种表达习惯，而不顾社会实际任意拔高事态的进展状况，甚至还有一些虚假、片面的报道屡见不鲜，流于一般化和高唱"赞歌"式的应景报道较多，掩盖了民族地区发展过程中的困境、难题和滞后的现象，长此以往带给受众的就是虚假宣传，使受众产生逆反心理。

受到新闻管理体制和传播观念的制约，一些少数民族地区的媒体应对突发事件反应比较被动，应对方式相当保守，2008 年拉萨发生的"3·14"事件就是一个典型例子。"3·14"事件发生几天之后，西藏

---

① 杨芳秀：《新闻当有色彩——王遐访谈录》，《新闻战线》2012 年第 11 期。

新闻媒体仍然保持缄默，导致大量谣言散布，给境外敌对势力造成可乘之机，后来西藏媒体的反戈一击中，多数是口号多于事实的刻板报道。少数民族地区的新闻报道，首要的是政治立场坚定和与党中央保持高度一致，此外新闻专业主义的智慧和精神也是不可或缺的。总之，整合组织化的语境与新闻文本专业化的语境，减少传播者和新闻文本的间距，必然会促进意义的生成与流动。

（三）受众的私人化语境和新闻文本专业化语境的共通，是达成受众的认知和理解的必要前提

受众的私人化语境，主要包括受众个体的认知"基模"及当受众接收信息时的个人环境。所谓基模，"指的是人的认知行为的基本模式，或者叫心智结构、认知结构或者认知导引结构"[①]。"基模"是人类与生俱来的行为方式，并非针对每个具体的事例作出的反应，而是具有一般化和抽象化的特征，它以有机的知识、经验、认识等结构体系预留在人的大脑之中。"基模"的功能应用于受众个体层面是潜意识的、自然而然的。

新闻专业文本要适合特定受众群体"基模"的结构，激活受众头脑中的相关基模，促使"基模"启动并积极参与到信息处理的每个环节中去，这样才有可能体现传播者预期的意义构建。新闻文本专业化的语境，意味着少数民族新闻话语体现着鲜明的受众民族文化、受众民族心理的特点。"民族文化是民族群体在历史发展过程中所创造和传承积累下来的一整套东西，包括认知图式、价值观念、行为方式等无形部分和语言、器物、产品等有形部分。"[②] 它是民族群体适应自然环境和社会环境的产物，民族文化的组成要素存在极牢固的稳定性，民

---

① 郭庆光：《传播学教程》，中国人民大学出版社 2011 年版，第 68 页。

② 方铁、何星亮：《民族文化与全球化》，民族出版社 2006 年版，第 201 页。

族文化是维系一个民族生存、延续的灵魂，这种"内核"发挥着极强的凝聚力，支撑着一个民族的精神天空，维系着其最神圣的情感。中华民族多元一体的文化格局之下，要深入研究各类民族文化，以及与之并存亚文化之间的相似性与差异性，增加少数民族受众理解信息的准确性，减少信息歧义导致的隔阂与误解，增加不同民族文化背景的人们相互了解借鉴的途径，寻找各类民族文化的冲突点，把它们剥离出来，避免由于新闻传媒而引发社会不安定。此外、重视少数民族语言节目，增加并延长少数民族语言节目的播出次数与播出时间，体现鲜明的少数民族生产、生活特点，构成具有时代特征、民族风格和乡土气息的节目内涵，打造少数民族语言精品节目，使之成为少数民族受众喜闻乐见的节目，新闻建构的意义会在潜移默化中有所体现。

第二节　语境与少数民族新闻文本间距

一　政治因素的显性影响

国家和政府对新闻传媒的控制，直接限定了少数民族新闻传播的内容定位，也就是什么信息可以传播，什么信息不可以传播。这种限定是通过媒体与政府的隶属关系，国家和政府制定的有关法律、法规和政策来保障媒介报道实现地域性的，同时为国家整体发展目标服务。政治因素对新闻间距的影响因素有以下几个方面。

（一）新闻媒体与政治的关系

我国新闻传媒的所有制形式是社会主义公有制，从传媒与政治的关系对新闻传媒的职能进行定位，我国的少数民族新闻报道通常来自高度"组织化"的把关,与党和国家执政理念必须保持高度一致,特别是关于少数民族方面的重大新闻,一般都采用新华社的通稿。所以,总体来看我国少数民族新闻话语鲜明地体现着政治制度所带来的意识形态印记,但是从微观层面来看,并不是所有的少数民族新闻报道都具有政治性。"关于传媒是喉舌的比喻,主要是一种在传媒与政治之间关系的界定,传媒所处的地位本身并不是独立的,而是隶属于一定阶级的组织(政党)、国家政治的组织,或者更直接成为某个党的领导机关的一部分。"①

从我国新闻媒体与政治关系的职能定位来看,政治影响少数民族新闻的目标性十分明确,主要决定的是新闻宣传价值。这就意味着作为组织化的传播者,力图完成组织的传播目标,必然要受制于组织一系列的把关要求和规范。如果把突出政治上的主旋律和时代感,与遵循新闻传播规律的专业主义理念巧妙地结合在一起,实现传播者组织化语境与新闻文本专业化语境的共通,就能保证传播者预期意义的生成,否则这两方面绝对间距的形成,可能导致受众出于逆反心理而产生对抗式解读。

(二)新闻政策法规的限制与禁止

改革开放至今,党和国家历来非常重视并颁布了一系列的新闻政策法规,明令禁止某些涉及少数民族敏感内容的传播,禁止报道有损少数民族权益及危害社会文明风气的各类内容,旨在规避因新闻报道所可能引发的民族矛盾,甚至可能因此扩展为社会动荡的事件。不难看出在少数民族新闻报道领域,我国采取限制或者禁止信息传播的做法,总体上起了很好的警戒和规范作用,有效推进了传播者与新闻文本、受众之间的适度间距的形成。

---

① 陈力丹:《新闻理论十讲》,复旦大学出版社 2011 年版,第 136 页。

（三）实行总体国家援助计划

国家和政府对少数民族新闻事业采取积极指导和扶持的政策也是非常重要的一方面，多年来国家通过制定一系列优惠政策和总体援助计划，促进少数民族新闻事业蓬勃发展。比如，西藏自治区在极为落后的社会经济基础上，完全凭借自身的力量建构现代传媒体系是不可能的，国家和各省市对西藏地区新闻事业的有力援助，成为该区域建构现代新闻事业的基本保障，尤其是以广播电视业的发展最为典型。通过"三区工程"（包括西藏、内蒙古和新疆维吾尔自治区）、"西新工程"，西藏的广播电视业得以建构基本的框架，国家化的援助政策为西藏新闻传媒业提供了最强有力的物质、技术和人力资源。

国家的总体援助计划与适应少数民族区域化的战略结合起来，有利于构建传播组织化语境、新闻文本语境与受众个体化语境之间的极端间距或者适度间距，从而有助于创造和谐的少数民族新闻文本系统。

总体来看，政治的主导因素对新闻文本间距的影响，不能被理解为各种间距要素之间简单排列的距离，正如布尔迪厄所言："场域是一个'高度配对型'的关系型构，其中每个位置的变化都会改变其他位置的边界。"[①] 借鉴布尔迪厄关于"场域"的权力、资本和文化等多维度的分析，少数民族新闻的"场域"在结构性和功能性方面也是同构的，传媒工作者在这种"场域"中追求特定的价值取向时，可能会在"场域"的同构性中撰写出同质化的报道内容。

---

① ［美］戴维·斯沃茨：《文化与权力：布尔迪厄的社会学》，陶东风译，上海世纪出版集团 2012 年版，第 142 页。

二 经济因素的隐性影响

（一）话语表达方式的变化

如果说政治主导因素的影响是直接的、显性的，那么经济因素对少数民族新闻文本间距的影响则是间接的、隐性的。1978 年，党的十一届三中全会召开，明确地将工作重点从阶级斗争转入经济建设。1979 年 3 月，中共中央宣传部召开全国新闻工作会议，明确新闻宣传的中心也要转入经济建设方面，随着改革开放之后社会主义市场经济体制逐步确立，少数民族的"经济话语"成为新闻报道的重点。

"经济话语"的表达方式有别于单调刻板的政治宣传话语，由于"经济话语"的广域性，不知不觉中融入了通俗化、地域化、大众化的民间话语色彩，少数民族的经济报道将国家意识形态和主流价值观的抽象话语，转化为区域发展新貌、各行业改革成就、个人命运的传奇跌宕等平实具象的新闻叙事，更加有利于政治层面的宏观语义与大众话语相互对接，某种程度上体现了国家政治话语、精英话语向大众话语层面的下移，这样就促使传播者组织化的语境、新闻文本专业化的语境，与受众的私人化语境三者之间的关系更加协调顺畅。

（二）丰富文本的内涵

社会总体经济发展水平的提升，带动经济新闻报道日益增多，同时经济新闻也成为传递经济信息的主要途径之一，社会公众经济生活的越发常态化，使公众对经济新闻的依赖越来越多。

计划经济的转轨改制，企业主体经营地位的日益提高，市场价值规律的日益凸显，经济新闻的内容也从单一围绕计划的制定、执行和完成，转向流通、分配、消费等经济活动的全部过程，经济新闻报道的思维也从以往仅仅局限于生产者的角度，扩大到关注民众生活利益的消费者视域，经济新闻的服务功能更加受到认同和重视。尤其是中国加入 WTO 之后，包括少数民族地区在内经济活动的国际化程度越来越高，经济新闻还交叉渗透到科技、法律、教育、文化、民生等相关领域，从不同侧面反映了纷繁多彩的社会生活内涵，宏观社会语境的变化，引导少数民族新闻文本间距的形成和变化趋向，朝着更为有利的主、客观环境发展。

三　科技因素的替代影响

传媒科技的更新换代给新闻文体带来了非常直接和密切的变革，1844 年莫尔斯发明了电报，随后电报的通信技术在新闻传播活动中应用，直接催生了新闻文本的"倒金字塔"式结构，这种文体的结构在广播诞生之后得到继续完善和改进，同时广播媒介又创新了新闻文体的丰富和繁荣，现场报道、录音报道、连续报道、系列报道、现场直播等新闻报道形式，已经远远超出了"倒金字塔"式结构包含的范畴。

到了 20 世纪 40 年代，电视的诞生促使新闻文体出现更加多样化的特点，电视视听的兼容性特点，体现了声音、影像、文字、图片等多维传播的逼真性、现场感强的特点，特别是主持人的专访式、对话式报道，拉近了传播者与观众的心理距离。深度调查、解释性报道等许多电视新闻报道的新品种应运而生。

20 世纪 90 年代网络的诞生给新闻文体带来了历史性的变革，传统新闻文本的体裁面临解构和重构的冲击：其一，网络的即时传播带来新闻报道的连续性；其二，网络的交互性、平等性带来传统新闻文体的解构；其三，网络的超文本特性带来新闻表现手法的复合化。

进入 21 世纪第一个 10 年，在移动互联传播环境下，新闻文体走向更加直观、随意、简洁的样态，彻底解构了新闻文体的传统样式。"微博"话语类型除了具有超文本和"互文性"等网络传播特征之外，在140个字以内表现不同新闻体裁的交融特征，此外它的文字、图片、表情符号、网页、音频和视频等超链接形式，都很难用传统体裁形式予以界定，这种文体的类型是一种典型的包括颜色、图像、声音、动作等其他形式的多模态文体形式。

美国传播学者梅罗维茨于20世纪90年代提出著名的"媒介三喻"，即媒介是"容器"、媒介是"语法"、媒介是"环境"，这里梅罗维茨比喻的"容器"，是说媒介技术的飞跃必然颠覆媒介使用方式，新的媒介形式也必然带来对内容和表述方式的偏好。媒介是"语法"说明媒介的不同表述方式造成了受众对内容产生的不同理解，媒介的技术传播特征决定了内容的风格差异。媒介是"环境"比喻媒介的传播带来舆论层面、心理层面等社会层面的"拟态环境"。移动互联时代信息的"嵌入式"传播，带来传播者与受众之间便捷的即时交互性，传播者和受众的距离因而被大大缩小，显然使得传播组织化语境、新闻文本的专业化语境和受众的私人化语境之间更为接近，三者之间的间距大为缩短，但是可能产生的新情况是新闻文本间距不仅仅有四种类型，而且仍然会有许多细微的差异引起意义的间隔。

综上所述，政治因素的显性控制、经济因素的隐性影响、科技因素的替代变换，这些少数民族新闻传播的宏观语境因素，是少数民族新闻文本间距形成和变化的外因。只有达到语境的共通才能促使意义在间距之间生成流动，"复杂的语境在新闻传播活动中相互作用，使得新闻文本间距复杂化成为间距网络，新闻意义在复杂语境构成的间距网络中变化"①。

---

① 陈秀云：《新闻误解——论新闻文本间距》，中国书籍出版社2011年版，第134页。

第三节　国家认同层面的间距反思

一　新闻的主体性与"主体间性"

话语是主体对现实感知后的描述，话语的主体性被认为是关于感知、认识和判断的一种主观表达。新闻的主体性是传播者在选择事实、加工和制作报道时，自觉或不自觉表现出的个人意志、情感等主观倾向。巴赫金在其早期探讨主体对于自我的认识问题时，已蕴含着较为宝贵的关于主体的对话交流的思想，他把主体的建构看作一种"我者"与"他者"的交流关系，换句话说，主体的建构只有通过与"他者"的对话和互动来实现，建立在对于"他者"价值认知的基础之上。"我者"的主体建构占据着唯一的、不可替代的重要位置，但这种存在又是不完整的、片面和局限的。正如每个自我的自身观察无法脱离盲区，但是这个盲区却可能被其余"他者"发现，"我者"视野的自身局限决定了主体的建构不可能是完善和全面的，只有通过与"他者"的互动才能够认知自我和表达自我。"他者"在巴赫金看来，并非其他人作为实体意义的存在，而是特指精神层面，意指他人的意识和思想领域。"异质性是'他者'的典型特征，它代表个性的真实声音，'他者'是对话的基石，没有他人的意识，对话就不可能存在，一切就只剩下一个声音。"①

（一）新闻"主体性"解读

新闻文本的"主体性"呈现，在新闻话语中的表现是通过新闻标题的设置，对宏观主题进行表达和暗示，标题就是新闻文本的简介和

---

① 赖彦：《新闻话语的复调与对话研究》，中国广播电视出版社 2011 年版，第 69 页。

概述。例如 2015 年 2 月 20 日"新华网"发布一则春节期间的新闻消息《西藏：多民族共度双节迎新春》，内容如下：

西藏：多民族共度双节迎新春

新华网拉萨 2 月 20 日电（记者王守宝 黄兴）1300 多年前，文成公主进藏，书写了汉藏一家亲的历史佳话。今年，喜逢藏历新年和农历春节重合，西藏各地藏、汉、回等各族群众欢度双节。

藏历新年初一，古城拉萨万里晴空，新年的藏文歌曲从各个社区、角落传来，伴随喜悦的歌声来到拉萨策门林小区，只见人们身着节日盛装，藏汉各族群众正将水果、青稞酒、干果摆放到社区活动室的桌子上，准备共庆藏历新年和春节。

青稞酒碗端起，藏汉群众把酒互敬，歌声、笑声交织。

这时，只见一对 60 岁上下的夫妇相互依偎，略显安静，时而相互低声说笑，男方头戴鸭舌帽，黑色消瘦的脸颊显得慈祥，身旁的阿妈笑脸上绽放美丽的高原红。采访得知，原来他们是藏汉团结家庭。男方叫安家银，来自四川大邑，阿妈是拉萨本地藏族人。

"我 1992 年进藏，陆续在西藏待了 15 个年头。"今年 58 岁的安家银说。据了解，安家银原先生活在四川，后来妻子去世，他独自来到西藏，以打零工维持生计。那时候，安家银生活穷困潦倒。"刚到拉萨的时候，生活异常艰辛，我记得当时连最便宜的烟都抽不起。"安家银回忆说。

就在那个时候，安家银遇到了在拉萨的次旦央金，她只身带有两个男孩子，生活也很清贫，但岁月的艰辛并没有打消他们对美好爱情的追求，他们走到了一起，开启了藏汉家庭的幸福生活。

"从结婚到现在，我们从来没有红过脸、吵过架。"安家银笑道。他们的结合不仅是简单组成一个家庭，也体现了民族间文化和情感的融合。

"我教他说藏语，他教我说汉语。"次旦央金用一口流利的汉语说道："在家里，我们轮流做饭，川菜、藏餐都会做，吃得很习惯。"

安家银和次旦央金组成家庭后，有一段时间也感受到生活的压力，但他们没有屈服。安家银为了支撑起这个家庭并负担起孩子读书的费用，去了工地打工，次旦央金为了照顾丈夫也跟着来到工地给工人做饭。这让他们的生活慢慢好了起来。

"孩子慢慢长大，孩子想学什么，我都大力支持，他想学开车我就掏钱让他去学。"安家银说，"现在两个孩子对我如亲生父亲一样。"安家银说。

现在，次旦央金的两个孩子已经有了工作和家庭，大儿子当了警察，小儿子给一家报社开车。岁月流逝，这对夫妇相互扶持走了十几个年头。由于安家银患有老年白内障，每次走楼梯或逛街，次旦央金都会搀扶着他，两人缓慢幸福的脚步就这样一直走下去。

像安家银和次旦央金这样结合的家庭在西藏并不少见。据策门林社区工作人员边巴旺杰介绍，在西藏各民族之间相互杂居，藏汉通婚、藏回通婚、汉回通婚等现象很普遍。

边巴旺杰说，每逢藏历新年或春节，没有回家的各族群众都会相聚一堂，共度新年，就像暖暖的一家人。

这则消息体现了较为典型的新闻文本"主体性"特征，也就是说从新闻文本推导主题时，宏观主题和作者的认知再现共同发挥作用，文本内部的信息并不是完全的，尤其是其中含有许多预设的信息。新闻文本的"主体性"鲜明，它的优势在于主题先行、语言明确，但是它的刻板化结构千篇一律，程式化的语言令读者觉得缺乏新意。新闻"主体性"模式的确立，意味着不同记者所采写的报道，遵循着大致相同的叙事手法，尽管新闻事件的过程、新闻人物等报道主体不尽相同，但是新闻文本的结构和语言却表现出高度的同一性。

新闻文本的"主体性"是新闻传媒通过对象征性事件的信息选择、加工报道所构建的强制推论模式，新闻文本中事实的组合排列，都是在传媒生产者价值观控制之下意义的输出，传播者期望受众看到的是一个事件或者一组事件、联想到的是整体感知。满足这种预期只能有一个前提，那就是传者设置的新闻框架与受众的"格式塔"心理效应相吻合。

受众的格式塔心理效应，强调的是受众对信息解读过程中通过一个有意义的个体而感知到的一组整体心理，应该说长期以来我国新闻媒体关于国家认同新闻框架的设置，已经培养建构了受众在这方面的"格式塔"心理效应，但是当传播者与受众之间关于国家认同的"格式塔"效应缺乏一定程度上对话交流的传播本质，而是固守陈旧空泛的程式化说辞，那么新闻"主体性"的套路越是力图建构意义的封闭性和恒定性，就越是可能遭遇无限开放的解构性。对于国家认同新闻"主体性"的解构，必然导致国家认同意义接受的隔阂。

总之，关于国家认同的意义建构，要改变由个别新闻事件过度引申整体意义的模式化手法，避免"主体性"支配新闻事件的牵强附会，具体处理好新闻"主体性"与受众的互动关系。

（二）"主体间性"的创新本质

"主体间性"就是主体之间的对话交流关系，20世纪德国哲学家胡塞尔提出交互主体性的概念，一方面，意指主体之间的交互关系，涉及自我作为"主体"认识另一"主体"（他我）的可能性以及"他者"的存在如何成为对"自我"的主体构建的有效存在；另一方面，涉及"自我"主体建构的相同性，使得客观世界的先验性成为一种可能。福柯的"话语间性思想"、米德等芝加哥学派的"符号互动"理论，哈贝马斯的"交往行为"理论都是基于传播互动的思想渊源。巴赫金的社会多声概念，为我们提供了一个在社会符号系统中建构话语声音的框架，强调社会意义生成的多因素本质。

"主体间性"在新闻文本的叙事话语层面主要体现了四种交流互动关系：第一，作者与读者之间；第二，虚构的叙述者与明确或者模糊的读者之间的关系；第三，新闻事件中的人物与人物之间的关系；第四，文本与文本之间的关系。其中第四种情况实质上涉及"互文性"的概念，任何一个文本都是与其他文本广为牵涉，相互交织在一起的，新闻文本中"互文"的意义潜势，始终与对话性紧密相连。例如，2015 年 2 月 22 日内蒙古新闻网转载来自新华网关于春节的另一则消息《异乡客在西藏"蹭年"中感受别样年味》，记者通过对新闻事实主体化的润饰，巧妙抹去了报道者思想的痕迹。

异乡客在西藏"蹭年"中感受别样年味

大年初三（21 日）这天，在拉萨仙足岛小区，藏族姑娘普巴拉姆和家人端着"切玛"（丰收吉祥斗）、哈达和青稞酒站在家门口，迎接留守在拉萨值班的江西朋友黄汉甫。

曾在重庆待了 4 年的普巴拉姆对黄汉甫的思乡之情感同身受。过去，由于藏历新年常常撞上学校开学的日子，她只能选择留在重庆过年。"那时重庆的同学老师纷纷邀请我去家里过年，他们给我做汤圆，我给他们做藏族人过年必吃的人参果米饭，非常温暖。"普巴拉姆说，回不了家乡过年的人，"蹭年"是一种感受温暖的别样途径。

为了让留守值班的黄汉甫过一个温暖的年，普巴拉姆和家人决定邀请他到家中过年。普巴拉姆的姐姐手捧盛满青稞酒的木质大碗，唱起一首在西藏广为传唱的歌曲《我们好好爱》。"琼吉啦琼吉，琼吉强巴，世界再大，我们好好爱……"一曲祝酒歌唱毕，按照藏族传统，客人必须 3 口一杯将青稞酒喝下，因为这寄托了主人一家最美好、真挚的祝福。

"要是年不蹭着过，那种滋味难以言语。"江西人黄汉甫在 2012 年大学毕业后选择到西藏工作。拉萨到他老家的距离超过 5000 公里，比北京到拉萨的距离还多出 1000 多公里。因为工作繁忙，加之路途遥远，黄汉甫连续两年都未回家。他记忆中，在江西老家，除夕下午，要用甑蒸上香喷喷的米饭，插上红红的筷子，并用煮饭后黏稠的米汤，将火红的对联贴上。如今身在异乡，黄汉甫只得将乡愁往心里压一压。善良淳朴的藏族同事生怕他独在异乡心中难受，拽着他到家中做客，今天走这家，明天又马不停蹄到另一家。

"没想到藏族同事纷纷邀请我到家中过年，这个年蹭得有滋有味，特别幸福。"黄汉甫说。

和江西人黄汉甫一样，尼泊尔人热特纳今年也留在拉萨过年。已经连续 10 来年没回过尼泊尔老家过年的热特纳告诉记者，尼泊尔的新年和藏历新年、农历春节都不一样。在尼泊尔，过年期间人们走到大街上，互相涂抹"提卡"（一种用朱砂、玫瑰、糯米制成的红色颜料），祝愿新年吉祥。在拉萨，人们初一当天前往各大寺庙朝拜，初二开始互相拜年。"大街小巷，人们手捧哈达，互敬青稞酒，互道'扎西德勒'，方式不一样，但是传递的新年祝福都是一样的。"热特纳说，虽然身在异乡，但是每年都能在朋友家中蹭年，一切都年味十足……

这则新闻"主体间性"的内涵表现得较为丰富，记者与三位新闻人物对话的扩展，都在于强调新闻框架话语的异质性。藏族女孩在重庆的老师同学家里过藏历新年的回忆，江西人黄汉甫在拉萨藏族女孩家受到的款待，一位尼泊尔商人感慨十年之久，与朋友在拉萨共度春节的独特体验及西藏与尼泊尔欢度藏历新年完全不同的民俗风情等。新闻话语呈现的是一个多声部合奏，新闻"主体性"处于与其他话语相互补充、相互比较、相互协调等呼应关系之中，做到意见与事实的分隔，话语的形态反映了"主体间性"对话互动的传播观。

"主体间性"的对话互动，强调在主体与主体之间是一个双向的、多声的，而不是单向的、独白的交流过程，在传播活动中，无论是传者还是受众通过体验"他我"的想法，去看待事物经验的多个侧面，由此在对话交流的空间里建构了关于世界观的多元化思维。

"主体间性"的对话交流策略主要体现在以下四个方面："相对与包容、互补与创新、平等与开放、真诚与合作。"① 第一，相对性和包容性意味着主体之间的对话，既保留各方独立的立场、观点之话语权，同时包容某些个性差异和意见的分歧；第二，互补与创新是主体之间对话的宗旨，对话交流创造了思想表达和沟通的平台，能够激发人们更多的想象力和创造力，对话中油然而生的情感交融和心灵碰撞，在深层次上创造并开阔了人们的认知空间；第三，平等与开放，对话交流中"自我"与"他我"理应被视为地位平等、价值相当的主体，新闻文本中不应体现独白，而是交流互动，不是封闭的自我言辞，而是开放的平等交流；第四，真诚与合作，新闻文本中对话交流体现沟通与传播的艺术，只有主体之间相互真诚合作，才能形成充分

---

① 赖彦：《新闻话语的复调与对话研究》，中国广播电视出版社 2011 年版，第 57 页。

的信任感，这种思想激荡和交融的和谐氛围，有助于社会远离对抗与分裂，形成协调性的社会文化。

总之，少数民族新闻报道中国家认同意义的阐发，需要把事实与观点分开，要做到"善发"和"巧发"议论，只顾通过单一事实程式化地引申意义，这种新闻主体刻板建构的模式，必然会加大传播者的组织语境、新闻文本的专业化语境和受众个体化语境三者之间的距离，导致意义生成和流通的障碍。

除了充分重视新闻主体性对于民族问题报道的重要性外，还要注意到新闻的主体性仍需体现于"主体间性"的对话交往中，赋予新闻框架更为丰富的异质内涵，对话交流的"主体间性"是对新闻主体性的完善和更深层次意义上呈现的主体性，"主体间性"是一个历史性存在的范畴，无论是新闻主体建构者还是受众理解的视域都是由特定历史的际遇所赋予的。社会不同阶段，新闻主体对国家认同内涵的理解与领悟，需要更好地超越自身的局限，在文本中激发更多的对话本质，新闻主体建构者与受众的意义相通才能达到更高的境界。

二　新闻报道"强化"与"掩饰"

（一）新闻叙事的断点

"断点"的概念指的是新闻叙事中的省略或者空缺部分，有叙事学家把"断点"分为"暂时断点"和"永久断点"[①] 两种。除了直接删略之外，巧妙运用悬念、倒叙、插叙等都是体现"暂时断点"的常用手法，"永久断点"则指依据常理永远无从推断的空缺内容。任何

---

① ［美］戴卫·赫尔曼：《新叙事学》，马海良译，北京大学出版社 2002 年版，第27 页。

一个宏观或微观叙事结构的普遍特征就是"断点"，通过无限的篇幅建构一个完整世界的可能性几乎并不存在。新闻断点的功能在宏观层面上体现了新闻主题、价值趋向，在中观层面上区分了消息、通讯、特写等报道体裁，在微观上实现了文本信息的强化或掩饰。新叙事学运用断点的概念来代替叙事时间等概念，揭示断点会掩饰某些重要信息，由此形成的推论是："对某些信息的遮蔽，必然会与之对应地突出或强化另一部分信息。"① 新闻叙事有意识地运用"断点"，在主题的构建过程中，传播者关于新闻事件的叙述顺序和新闻事件本身发生的次序并不相同，对于叙事断点的分析，实质是对媒体利用"断点"叙事效果的评判。表 6-1 以新华社 1991 年的一篇报道《朗嘎村的变迁》为例进行分析。

表 6-1　　　　　　　　　　《朗嘎村的变迁》②之文本"断点"分析

叙述顺序	新闻背景	"断点"呈现	"断点"揭示
1	陪同我们采访的镇干部告诉我们，民主改革以来，特别是改革开放以来，朗嘎人利用距离拉萨近的地理优势，冲破传统的单一农业生产结构，从事着种植、运输、加工、商业、建筑等多种产业，一部分农民已经进入新的经济领域，以运输工人、建筑工人、商贩、作坊主和菜农等身份活跃在商品经济舞台上	敲响村长强巴家的大门，紫红的门里探出一位中年妇女的笑脸。"哦，次仁央宗！"记得 1959 年见到她时，她还只是一个 14 岁的朗生（家奴），现在次仁央宗已经是村里有名的富户人家的女主人	这位中年妇女就是这家的女主人吗？或者还是临时到村长家做客的村民，似乎后一种的可能性较大。这位中年妇女为何碰巧就在村长家里做客？这里出现了一个"永久断点"

① 陈霖、陈一：《事实的魔方：新叙事学视野下的新闻文本》，中国书籍出版社 2011 年版，第 121 页。

② 新华社西藏分社编：《新西藏的历史回声——新华社 60 年西藏报道精品》，新华出版社 2011 年版，第 97 页。

叙述顺序	新 闻 背 景	"断点"呈现	"断点"揭示
2		她家有两幢房子共 10 来间屋,全部采用玻璃门窗,一辆半新的解放牌卡车停放在宽敞的院子里。见到我们,她那笑容满面的脸上已经掩饰不住内心的喜悦。她告诉我们,丈夫开卡车跑货运,难得在家,自己和儿媳种了半亩温室蔬菜和几亩地,全家一年纯收入 1 万多元	此刻的场景还是在村长家? 或者还是中途转道中年妇女的家? 文中并无明确的交代,这是第二个"暂时断点"
3		47 岁的曲扎是朗嘎村第一个从事种植业商品生产的人。我们找到他时,曲扎正在塑料棚里精心培土,眼前一垄垄西红柿、黄瓜、辣椒,长得叶青苗壮。"村里人都说,你的手比女人的还巧,心比女人还细。看来名不虚传啊!"参观了曲扎的菜圃,我们禁不住称赞道。曲扎淡淡一笑:"实际上,我是靠有点文化,技术员一点拨就会了。"	其他村民的文化程度如何,能否懂得技术员的点拨? 种菜收益怎样? 这是第三个"永久断点"
4		据了解,在这不到 200 人家的村庄里,农民共有卡车、越野车、面包车、大小拖拉机等机动车辆 18 辆。村民还办起了加工厂、商店、酒店,成立了建筑队,有些农民还成了蔬菜专业户。全年多种经营收入达到 14.4 万元,占年收入的四成多	记者仅走访了一位中年妇女和村里最能干的种菜专业户,采访人数比例大约为 1/100,最后文末总结了村里富裕程度的简要概况,避而不谈其他各户都有几亩地? 谁家是贫困户? 哪家还需什么帮助? 这是第四个"永久断点"

　　这则消息无法代表我国少数民族地区民生改善和脱贫致富报道的典型报道模式,从落后贫穷到发达致富,这个过程本身符合事情发展的常理,但是通过具体的分析考察可以发现类似这种经济发展和生活

富裕起来的报道模式，可以被归纳为"落后贫穷的低度叙事＋发达富裕的高度叙事＋删略现实困境问题＋积极的发展成就"的程式化套路。其中"落后""发达"构成了一组二元对立，而另一组二元对立就是"贫穷""富裕"，正是这两组二元对立推动了民生改善和发展成就的新闻叙事。昔日的"落后"和"贫穷"事实被弱化，少数民族群众亟待解决的现实问题被掩饰，发展成就和生活富裕事实被强化。

（二）"断点失当"的原因探讨

"断点失当"是"由于报道文本内容和结构的原因，在文本中出现的影响完整准确传达新闻事件内容的断点"[①]。这种报道模式导致了新闻传媒对现实环境的低度呈现，受众无法根据新闻事件的线索建构一个较为全面的整体认知。"断点失当"导致新闻报道的客观真实、媒介再现真实和受众认知相互间距的扩大甚至脱节，导致受众对新闻事件产生曲解。

造成少数民族地区发展成就报道"断点失当"的原因，不能简单归结为记者的不足和失误，因为这种结构性的"断点失当"往往带有某些普遍性和规律性的特点。归结其中的深刻原因：其一，模式化报道的滥用。关于少数民族地区发展成就的报道，记者采取同一手法选择事实并加工、制作信息，强化和掩饰的是同质化的内容，某些个性化的信息在不经意之间就被删略了，这种新闻写作的习惯和套路很容易导致报道的刻板化和模式化。

列维-斯特劳斯对神话叙事进行解构，他认为神话是人类的最基本叙事结构，普罗普把俄国的民间故事分为 31 种功能，正如某些二元对立成为所有的叙事基础，但是这种模式化的滥用必然导致媒介内

---

① 陈霖、陈一：《事实的魔方：新叙事学视野下的新闻文本》，中国书籍出版社 2011年版，第 131 页。

容和形式的僵硬死板,意义的生成和流动在狭窄的语境空间内陷入枯萎和沉滞。

其二,主流文化和意识形态的影响。霍克海默认为信仰、科学理论、法律、哲学、道德、宗教等活动皆具有意识形态功能,在社会生活中发挥普遍作用。意识形态的文本分析方法主要有二种:"第一,从文本的有序处探求有序的意识形态,即分析意识形态的内涵;第二,从文本的无序处探求有序的意识形态,这种分析方法注重探讨意识形态的结构性效应。"① 文本的"断点"即无序,从宣传的逻辑上看,彰显并弘扬事件的某一方面,而去掩盖事件的另一方面,新闻文本"断点"的产生是为了宣传效果,这样的做法往往不利于受众对新闻事件的合理解读。

少数民族新闻报道要能够有助于切实协调并解决民族地区人们的某些现实问题,帮助消除人们的负面情绪,增强人们生活的公正感和幸福感,只有真正从这个意义层面,才能增强各族群众对国家的认同感。对于发展成就浮光掠影式的"点赞",无助于促进人们对真实环境的全面认知,如果民族隔阂和民生问题多方叠加,可能会埋下和谐社会的一大隐患,不能不令人忧思。

三　典型报道的叙事功能危机

少数民族典型报道的社会影响较为深远,从 1988 年开始全国已经连续举办了六次全国民族团结进步表彰大会,就其政治传播的目的而言,是为了在统一多民族国家倡导民族团结进步、各民族共同繁荣发展的认同价值,挖掘社会现实中生动感人的事迹,这个大会是具有中国特色的弘扬民族团结进步的国家化仪式。就具体的内容而言,少

---

① 陈霖、陈一:《事实的魔方:新叙事学视野下的新闻文本》,中国书籍出版社 2011 年版,第 139 页。

数民族新闻的典型报道，能够为社会公众提供民族关系上的行为示范和象征意义，从而使得民族团结、共同繁荣进步的精神内化为社会公众的行动准则，所以，少数民族新闻典型报道的政治和社会示范功能意义重大。

（一）典型叙事的神话原型

典型人物叙事功能的背后，其实隐含着神话叙事的原型，"原型指的是具有一定稳定性、典型性、反复出现的意象、象征、人物、母题、思想或叙事情节，具有约定俗成的语义联想，是可以独立交际的单位，其根源既是社会心理的，又是历史文化的"[①]。无论对传播者还是受众，原型都是一种稳定的对外在事物的认知方式、认识视角和认知体验。

2014 年 9 月在全国第六届民族团结进步表彰大会召开之际，《中国民族》杂志以题目"那些值得我们铭记的普通人"为卷首语，讴歌了这些也许永远不被外人所知晓，更没有机会站在台上接受鲜花、赢得掌声和表彰的普通英雄。

那些值得我们铭记的普通人[②]

在云南省文山壮族苗族自治州的深山峡谷里，有个寒景镇么龙村，地处中越边境，山高路险，人均耕地不足 8 分。留守在家里的多是老人与孩子，村子对面就是越南。

有个名叫熊朝贵的老师，在这里的村小学坚守了近 30 年，这个身高仅仅 1.38 米的男人，却用大山一样的胸怀和慈爱，教育培养了一批批孩子。因为身体残疾，熊朝贵无法考大学，更不

---

① 曾庆香：《新闻叙事学》，中国广播电视出版社 2005 年版，第 226 页。
② 梁黎：《那些永远值得铭记的普通人》，《中国民族》2014 年第 9 期。

可能拥有正常的工作机会。他没有气馁，1985 年回到贫穷的乡村办学。1999 年他转为正式老师。50 岁的熊朝贵对学校里的每个孩子都视为己出，像保姆一样事无巨细地呵护他们。洗刷学生的饭碗，照看生病的学生，安排教学、检查就寝、上课开会，远远超出一名老师和校长的工作范围。难能可贵的是，么龙村 136 名学生，入学率达到 98%，帮助孩子们走出大山，是熊朝贵这辈子的使命……

在遥远的西藏有位被称为"门巴护梦人"的门巴族女教师格桑德吉，为了实现家乡门巴族孩子的求学梦想，她从河北师范大学毕业之后，放弃了在城里的工作机会，回到了大山。她用自己执着的信念引领着一批批孩子叩响求知的大门，用自己无私的付出成就了山里孩子的人生。还有"80 后"贵阳女孩钟晶，毅然离开条件优越的省城，用尽所学为当地苗族、布依族老百姓解除病痛。钟晶每天翻山越岭披星戴月，给乡亲们治病。她用自己的精湛医术和真挚情感，换来了几千名少数民族村民的身体健康。

文中介绍的熊朝贵、格桑德吉和钟晶等普通英雄的事迹，实际上可以理解为我国古代英雄神话《精卫填海》的当代复观，精卫口衔石头千年万年万万年，矢志不渝地渡海填石，消灭邪魔鬼怪，拯救人世间的苦难，这种精神象征与现实中的典型人物牺牲个人利益、甘愿无私奉献、付出无尽的爱心和挚诚的情怀，是何其的类似与相通。其他像孔繁森、牛玉儒等大众皆知的典型人物，也都包含神话英雄原型回归的过程，比如，在"大禹治水"的故事中大禹遵循帝舜的旨意整治水患，孔繁森接受上级的调遣任命，他们都是拯救民众于水火之中的英雄。这里英雄不仅指"力拔山兮"的勇士，而是为民请命、品德高尚，在一定的区域内赢得民心的归依和信赖。神话中的英雄和典型人物报道，同时在一定程度上发挥了社会教化和心理感召的作用，实现了宣传目标所要求的社会认同最大化。

"神话是人类语言发明之后的第一种意识形态，神话的深层结构中深刻体现着一个民族的早期文化，它积淀在民族精神的底层，转变为一种自律性的集体无意识，深刻影响着文化整体的全部发展。"① 神话中的"迷思"是思考事物的一种文化理解方式，原始神话的"迷思"主要关乎生与死、人与神、善与恶的阐释，"迷思"发挥作用的方式就是将历史自然化，但"迷思"实质是在特定的历史中获得主导地位的社会统治的产物。典型人物叙事原型越是被受众的认知结构所接纳，新闻话语的认同意义就越能激发和谐的共鸣感，这样"迷思"就获得一种非凡的外在力量，施加于受众的历史文化心理。如若"迷思"在受众深层历史文化心理的范畴内寻觅到被理解的契机，那么受众在历史文化心理的持续感召下，将会趋向并认同典型人物的精神象征内涵。

（二）典型人物叙事的危机

第一，典型人物叙事的危机与整体媒介形态变迁相关。

进入"后工业社会"，在高度信息化洪流之中，传统大众传播从"中心—边缘"的传播模式，从传播者和受众双方的隔绝形态转向信息传播的分享互动，人际传播与大众传播的双重整合，不仅秉承大众传播的诸多传统因素，又在大众传播基础上转变为一种全新的传播形态，即"后大众传播"形态，在许多方面构成对大众传播的瓦解、颠覆与重构。

追求信息属性与利益属性扩张是媒介发展的内在动因，宣传目标、经营目标以及公共性与公益性是新闻传媒的基本组织目标，这些组织目标从根本上决定了新闻传媒具备的信息属性、利益属性与社会控制属

---

① 曾庆香：《新闻叙事学》，中国广播电视出版社 2005 年版，第 226 页。

性。新闻传媒的信息属性联系着整个社会信息的发展，包括整个社会、受众对信息的需求，并且呈现不同的信息传播形态。新闻传媒的利益属性关涉整个社会经济的发展，媒介谋求盈利的行为促成了不同传媒体制的分野。新闻传媒的社会控制属性同时联系着生存空间中的政治、经济、文化等多种体制因素，它必须与整个社会系统的其他体制相协调而不是相背离。大众传媒的三重属性中，信息属性是最根本也是最具有决定性的特征，只有体现信息传播的基本属性，才可能追求经营目标、宣传目标以及体现公共性与公益性。

媒介发展形态的变迁，带来传统新闻价值标准的向现代新闻价值标准的转型，大量生活类新闻进入新闻传媒视野，消息来源多样化，构成新闻内涵的因素扩大，传媒必须解决一些现实问题的挑战才可能维系受众的需求。简而言之，"现代新闻价值，指受众在接受新闻活动中满足其需要所表现出的效用"[①]。典型报道所呈现的严肃、高尚的人物品格，它所承载着的意义主题指向单方面的社会宣教功能，典型报道本身的"一种标准""一种选择""一种思维"模式的刻板性和规范性，与社会转型期人们的多元开放心理相悖，在某种程度上可能坍塌于传媒变革的滔滔洪流中。

（三）来自大众文化草根话语的浸润与解构

"草根"译自英文的"grassroots"，草根文化在我国是伴随改革开放思想、意识观念革命、科技进步、市场经济发展、创新2.0逐步引发的社会创新形态在社会大众道德观念、爱好趣味、价值审美等方面的变化所出现的文化多样性发展趋势，进而在民间产生的大众平民文化现象。陆谷孙主编的《英汉大词典》中把"grassroots"单列为一个词条，其释义是群众的、基层的、乡村地区的、基础的、根本

[①]　刘建明：《当代新闻学原理》，清华大学出版社2003年版，第200页。

的。草根文化是由特殊群体形成的一种特殊文化潮流，是一种"副文化、亚文化"现象，这类平民文化现象没有既定规律和标准可循，而且处于动态的持续变化进程，它代表着社会民众的诉求表达，折射出社会民众的生活消费以及心理需求，是与主流、精英阶层相对应的大众阶层。

网络的多元开放性为根植于大众的草根文化提供了无限的传播空间，草根文化的表征之一是热衷于社会边缘化议题。这方面的社会深层原因在于社会性格边缘化的集体无意识。佛洛姆对社会性格的定义是："同属于一个文化时期绝大多数人所共同具有的性格结构核心，它不同于个人性格，也不一定是绝大多数人性格特征的简单相加。"[1]社会结构和人性的本质决定了社会性格的形成，它以非理性的反作用力量，影响着社会结构和人们的内心。

社会性格在网络时代的集体无意识体现，主要集中于音乐、情感、文学、体育、游戏等内容，它张扬了无厘头的个性风格，迎合了受众的娱乐需求。草根话语往往陷入具有争议性、人情味或奇观色彩事件之中，无视社会核心议题，偏离社会发展的战略中心及那些具有重要性、紧迫性的公共事务。对这种表象的合理解释之一就是社会性格的影响，即热衷于搬弄社会边缘议题，试图回避现实危机的一种有效策略，得以显示消极之中的积极心态。显而易见，大众草根文化体现出草根话语空间的被动盲从一面，它丧失了对主流文化、主流价值观的积极响应。草根话语的文化特征被比作"野草"，隐喻荒原上的野草生机勃发，野草当然永无可能与大树比肩，却因根植于大地而长盛不衰。健康积极的"草根文化"形成对主流文化的重要补充，但愚昧落后的"草根文化"无疑会对主流文化产生腐蚀和冲击。

---

[1] ［美］埃里希·佛洛姆：《在幻想锁链的彼岸》，张燕译，湖南人民出版社 1986 年版，第 83 页。

总之，脱胎于大众文化的草根话语，在一定程度上动摇了典型报道彰显的国家话语体系的内涵，网络和手机上流行的各种笑话、段子以最直接搞笑、最贴近生活的话语，体现了一部分受众对包括典型报道在内的主流价值观的一种"戏谑式"解构，曾经被无数大众顶礼膜拜的"社会楷模"，如今在很多人眼里无非就是疏离亲情且不顾自身健康的"工作狂"，或是不可理喻的"道德圣人"，应该说对于典型人物的敬佩力量依然无处不在，但是在个体行动上效仿的现实基础早已不复完整。

四 消费社会与感性文化形态

进入消费社会，整个经济、社会和文化制度被消费物质商品的欲望所支配和渗透，消费开始控制社会并成为人们极度追求的生活方式与目标。经济能力制约下形成的理性消费主要体现在质和量两个方面，当消费者重视购物时情感的满足与体验就上升到感性消费的阶段，这时候人们消费的是某种商品所代表的符号意义，也就是说，消费过程中消费者体验和经历所占的分量越来越重，消费社会从"拥有"到"体验"的转换在一定程度上改变了消费者的生活方式和价值观念。

传媒文化的生产很大程度上刺激了社会消费欲望，它在不断激发并且进一步膨胀着受众的消费欲望，而非满足受众的实际需要，当人们达到生活的温饱阶段之后，有时候人们沉迷的不是商品和服务的使用价值，而是产品的符号象征意义，消费主义产生的根源在经济领域，但它常常披上文化的魅惑外衣，到处传播和散布。

消费主义甚嚣尘上的年代，受众消费的物质性与传媒的功利性实现了完美的价值契合。内容奇观的生产、流动与消费早已俘获受众的注意力，如此一来，典型人物的报道虽然符合新闻宣传目标的要求，但在日常节目播出中它的新奇性、娱乐性和精彩性，远非电视剧、娱乐真人秀等其他节目形态所具有的吸引力，典型报道受到观众冷遇使其必须在内容和形式方面有所重构和创新，必须精心打造更加富有感染力的"仪式"场景。比如央视年度"十大感动中国人物"颁奖仪式、各个省份年度"十大感动当地人物"节目，还有全国民族团结模范集体和个人表彰大会的现场直播等，这些周期化的活动往往从"仪式"的象征性出发，形成庄严、神圣、尚美的仪式化过程，构建国家政治文化的良好氛围，培育社会公众的情操。

消费主义的流行与传媒文化的感性化密切相关，传媒文化朝向以影像为中心的感性文化形态，以影像为吸引力的符号传播系统正在向传统的语言符号传播系统发动强大冲击。现代文化正在脱离以语言为中心的理性主义特征，日益萦绕着"视觉奇观"的炫目光环。根据在甘肃省甘南藏族自治州与一些藏族受众的深度访谈，包括电视剧、综艺节目在内的各类电视娱乐内容的社会影响力，已经大大超过了政治、经济、科技、教育等其他内容，娱乐过度化倾向导致媒体充斥着生活的仿真形式，媒体提供了似乎愉快但实为支离破碎的表象，实质上媒体的建构流于空洞肤浅。受众的主体意识在一定程度上被分化，内化为个体片段的自我认同，个体与群体、群体与群体之间不再拥有深度性和一致性的社会认同感。

五　受众媒介接触行为的局限

（一）少数民族地区受众对大众传播媒介的接触方式比较单一

通过对甘肃省民族地区的调查，笔者发现少数民族地区受众的电视机拥有量、电视机的接触百分比、个案百分比均居于各类媒介之首，电视的接触百分比为 39.4％，其余媒介的接触比依次是报纸 18.7％、网络 12.1％、广播 6.7％、杂志 2.9％，不难看出，电视在受众文化素质相对较低的民族地区是最重要的舆论传播载体，少数民族受众已经形成了电视＞报纸＞网络＞广播＞杂志的媒介接触格局，尤其是受众的电视媒介接触量远大于其他媒介，受众的媒介接触方式较为单一，还未形成比较合理的媒介接触行为方式。此外，民族地区新闻媒介大多分布在县城附近，而周边农村和边远牧区则较为薄弱。县城的信息传播较为充足，而边远农牧区则比较匮乏，大众传播的信息分布极不均衡。总之，由于民族地区地理环境、受众生产、生活方式、对信息接受的特殊方式制约，尚未形成各种媒介传播功能互补、覆盖广泛的现代传播体系。

（二）少数民族地区受众媒介素养偏低

笔者通过在甘南藏族自治州走访调查发现，虽然14—25岁的藏族青少年几乎人人都有上网经历，但他们对网络的使用大多局限于聊天、交友、打游戏、看电视剧等娱乐活动，关注对自身有用的各类新闻信息的意识不够、参与相关网络"议题"讨论较少、对本地区政府门户网站、本民族网站知之不多。不难看出，像甘肃省这样社会经济、文化、教育的欠发达地区，尤其是在少数民族农村地区，少数民族受众对各种媒介信息的解读辨识能力以及使用媒介技术、信息为个人生活和社会发展服务的能力较低。

当前传统媒体与新媒体融合发展，传媒业不断发展变化，传播方式由传统媒体的单向传播转变为双向传播、多向传播，互联网传播信息的发布者与接受者的界限已不甚清晰的新形势下，在大众传媒格调平庸、内容媚俗等问题较为突出的社会背景下，提升少数民族受众的媒介素养，就是引导他们学会选择筛选信息，提高对负面信息、负面舆论的分辨能力，强化其道德自律意识，这是提高舆论引导、建构国家认同的一项现实、紧迫而又长期的任务。

六 民族地区基层传媒的困境

（一）制约少数民族语言媒体的局限因素

虽然从传播效果看，使用少数民族语言进行意义的建构，更容易获得少数民族受众在情感、心理或态度方面的认同，但是少数民族语言媒体的发展过程中遇到的障碍性制约问题也日益凸显。比如甘肃省少数民族语言传媒的专项资金难以充分保障，少数民族受众人数相对较少，利用少数民族语言采访的空间日益缩小，少数民族语言传媒人才匮乏等，导致少数民族语言传媒的发展空间日趋狭窄。甘肃肃南裕固族自治县自办的民族语言广播、电视节目已经被迫中断，肃北马鬃山地区一部分牧民群众由于看不懂汉语电视，听不懂汉语广播，只能收听收看蒙古和俄罗斯的广播电视节目。还有相当多的少数民族语言广播、电视、报纸的内容大都直接源自汉语翻译，缺乏鲜明生动的民族文化特色和民族语言风格的内容，难以形成对少数民族受众的吸引力、感染力和影响力。

（二）少数民族地州市新闻媒体舆论引导的针对性薄弱

（1）资金的制约。政府投入、靠项目带动仍然是像甘肃省这样的民族地区新闻事业发展的主动力，以甘肃天祝藏族自治县为例，每年的广告收入仅有 20 万元左右，其中藏语广告 3 万—4 万元。国家"西新工程"对藏语广播电视的译制经费每年拨款 140 万元左右，县财政对广播电视投入每年在 30 万元左右，广播、电视事业发展主要依靠国家资金。我国目前仍有相当多的少数民族地区尚未列入"西新工程"范围内，由于新闻事业发展所需资金较多，这些"老、少、边、穷"地区长期得不到资金投入，这种状况常常导致广播、电视基础设施建设与管理、设备更新改造、节目开发、专业人员培训等方面存在很大困难。

（2）覆盖范围的受限。受地域条件限制，全国存在相当多的少数民族区域，现有的广播电视传输网络远远不能满足民族地区农牧民群众的需求，少数民族地州市广播电视只能覆盖乡镇机关和定居点一部分地区，很多农牧民居住地地处山区而且高度分散。比如，在有些牧区还有一部分牧民逐水草而居流动放牧，尚未实现定居的生活方式，广播电视在高山和草场的有效覆盖难度较大，光缆入户率在有些地区一直偏低，依靠目前很多地区的县乡广播电视设施，肯定无法解决流动牧民收听、收看广播电视节目的问题（见表6-2）。

（3）信息来源的局限。少数民族地州市基层新闻媒体的信息来源渠道较少、在发挥区域性传媒的地理、文化等优势方面存在一些困难，中央电视台《新闻联播》节目占据绝对的收视优势，两者的收视率相差悬殊（见表6-3）。

表6-2　　　　　甘肃少数民族受众收看本地州、县新闻的调查

收视率		百分比（%）	有效百分比（%）
有效	不常看	80.1	81.3
	常看	18.4	18.7
	合计	98.5	100.0
缺失	系统	1.5	
合计		100.0	

表6-3　　　　　甘肃少数民族受众收看新闻联播的调查

收视率		百分比（%）	有效百分比（%）	累积百分比（%）
有效	不常看	14.2	14.4	14.4
	常看	84.4	85.6	100.0
	合计	98.6	100.0	
缺失	系统	1.4		
合计		100.0		

综上所述，无论是社会宏观文本语境的间隔，还是微观文本视角的间隔，少数民族的新闻建构存在诸多导致象征意义衰减的中介因素。认同涉及个体或者群体实现自身同一性的过程，在认同生成的意义上，认同是与能够形成区别的差异性相对立的，正所谓没有差异就没有认同，文化认同、民族认同和国家认同都是在差异化的场域中被界定的。面对全球化和现代化进程，少数民族新闻与国家认同的建构过程，正处在各种社会差异化层面并置和混杂竞争的局面，既然认同源于差异化的社会存在，现在人们的认同的动力已经大大转向消费领域。2015年春节媒体报道的两件事引人深思：其一，中国游客购物潮席卷全球，被戏称为"会走路的钱包"，中国游客在日本、新加坡、西班牙等国掀起购物狂潮，在一些商场的销售额创下了历史纪录，甚至连日本的马桶盖都卖断货了；其二，一些香港市民极力抵制大陆游客的"自由行"，在媒体的报道中有港人与大陆游客互相指责谩骂的镜头，双方的确缺少客观理智的态度，而此事的根源或许还在于认同的建立出现了问题。不同社会情境和发展阶段下生存的人们，本身并不具备相同的价值观，现代人的认同感在同一的、稳定的表象背后，是一种分裂的、游移的存在方式。

第七章　少数民族新闻话语创建认同策略

　　作为世界上最大的移民国家，美国在处理民族问题和国家认同方面的实践，对于当今世界的民族理论研究产生了很大影响。美国主流族群文化以欧洲白人及其后裔为主体，在殖民地时期就形成了以盎格鲁—撒克逊基督教新教徒构成的主流社会与其他白人群体之间的和谐共处。对于日益增多的急切地想加入美国的庞大移民群体而言，移民的核心权益是希望在法律上与其他族裔受到一视同仁的对待，同时在文化空间内能够仍然保持族群文化的独特性和自由度。美国的众多组成族群基本满足于作为亚文化群体在美国的生存状况，他们并不想对抗和分裂主流群体的主导性。美国各个族群形成国家认同的凝聚机制，就是强调各个族裔共同的美国公民身份，尽量淡化族群的政治色彩以及族群在社会公共政治生活中充当的角色。正是因为美国社会的这种做法，在世界民族学研究领域，学者们敏锐地认识到对于族裔群体的看法，从开始强调血统的"种族"称谓，到重视政治权利的"民族"概念，最终转变为强调"文化"族群含义的一种价值判断。美国社会"民族熔炉"既存在社会主体层面的协调性，体现整个社会随着时间的推移朝着文化的同一性状态聚合，同时也在某些方面暴露出族群之间不可调和的矛盾，不同族群之间的文化显示出尖锐的分歧性。世界上任何一个多民族国家的族群之间虽然尽量去尝试彼此理解，但结局始终无法达到尽善尽美。

第一节　少数民族新闻话语的"共义"空间

同质文化与异质文化相互杂糅的社会内部，"我者"与"他者"的共通意义空间，成为创造对话交流，构建国家认同最为广阔和最富有成效的活力地带，以文化认同作为国家认同的中介和纽带，文化间性的内涵需要日渐累积、延展和深化。

一　文化间性的历史性与时代感

文化间性作为跨文化认同理论的核心概念，来自西方社会文化的重要概念——主体间性。"文化间性是指文化之间复杂的联系，既涵盖文化的重叠、相似性与互补性，也包括文化的差异、矛盾和张力。"[①] 从文化间性的视域出发，我们应该认识到不同文化相互交织的协调或差异构成文化格局的常态，无数历史实践验证，社会管理者绞尽脑汁力图消弭文化之间的差异和冲突都是徒劳的，建构互惠互补、共生共赢的文化间性"场域"是形成文化认同、民族认同和国家认同的合理通路。

文化间性在跨文化"共义"空间的介入策略，一方面，要重视少数民族的地域化因素在跨文化"场域"中的基础支撑作用。少数民族文化需在地方社会的滋养和孕育中获得生长、成熟和传播的空间，跨文化的"共义"空间只有立足于地域文化才能获得稳固的资源和发展潜力；另一方面，地域性的意义框架是社会历史和文化交流的产物，虽然具有稳定性、客观性的特征，但是它

---

① 陈国明、安然编著：《跨文化传播学关键术语》，中国社会科学出版社 2010 年版，第 220 页。

的封闭性和局限性必须加以清除和变革，地域性的意义框架要通过扩展和更新的通道，呈现一定的开放和活力。地域化的社会系统需要通过源源不断的方式吸纳其他文化的个性、理念与价值观，丰富它的文化内容，创新它的价值判断，跨文化的"共义"空间才能建构起来。

文化间性的国家认同构建策略，首先要把少数民族文化的历史地域性和民族精神的时代感结合起来。少数民族文化的力量来源于它的地域性历史积淀，存在于每个民族的特性之中，民族主义强化了这种特性并将其定义为绝对性的范畴，民族主义脱胎于所依赖的地域、历史和文化环境。文化的交流和互动中，与"他者"的相遇使得民族文化得到强化，少数民族文化之间的差异在交流、碰撞中唤醒了个体的自我认同感，个体与文化"他者"源源不断的相遇，这本身体现了社会历史的纵深感。

民族精神的时代性就是其过往历史性的当今延续，"民族精神是由民族文化的叙述系统延续的，无论如何变化，它都会以某种形态继承始发起点的基因，是对民族现实的历史创造性活动的引领和反映"[1]。民族精神的时代性，要求民族精神符合理性思维不走极端褊狭的路径，它应具有主动的而非被动的、开放宽容、创新进取的时代特征。

下面以《兰州晚报》的一则报道作为个案，分析文化间性的历史性和时代性策略在国家认同意义构建中的具体应用（详见表7-1）。

---

① 韩震：《全球化时代的文化认同与国家认同》，北京师范大学出版社 2013 年版，第171 页。

表 7-1　　　　　　《本报牵线 800 年同根今朝连》①之文本分析

新闻标题	新闻背景	正　文
土库曼斯坦高层：愿来中国"寻亲"——撒拉族企业家韩国军邀请土库曼留学生踏上"寻亲"之路（上）	近期《兰州晚报》推出的"聚焦丝绸之路经济带"系列报道，不仅积极呼应了国家共建"丝绸之路经济带"的宏伟构想，也为甘肃打造丝绸之路经济带"黄金段"增温加热，在一篇《兰州高校加强和中亚国家的教育合作》的报道中，本报向外界透露了土库曼斯坦高层领导想来中国"寻亲"的报道，连接起了800 年来撒拉族同胞与土库曼人的同族情缘。上周末，撒拉族企业家韩国军通过本报，邀请两位在兰留学的土库曼斯坦学生"古琦"和"麦力斯"，来到他的家乡青海循化撒拉族自治县做客，这也是自撒拉族先祖嘎勒莽、阿哈莽率领族人从中亚来到这里之后，800 年来土库曼人又一次踏上这片土地	韩国军与古琦一见面便试探性地用撒拉语问好，而"古琦"的反应和回答着实带给韩国军无比的惊喜。随后他伸出手指用撒拉语数1、2，还没数到 3，"古琦"心领神会地附和他，一个讲土库曼语，一个讲撒拉语，两人却发出共同的声音数到了 10，他们欢笑着紧紧拉住了对方的手，显而易见他们对上了"暗号"。…… 由于韩国军的周到安排，当天中午抵达循化县街子镇时，当地撒拉族马千文阿訇率领乡亲们已经等候在那里，热情地接待了来自异国他乡的同胞。语言的相通消除了彼此的陌生感，一句问候，一个微笑，彼此拍拍肩膀；一次握手，一个拥抱，断裂了 800 年的同族情源在这一刹那弥合了
土库曼斯坦高层：愿来中国"寻亲"——撒拉族企业家韩国军邀请土库曼留学生踏上"寻亲"之路（下）	据介绍，撒拉族的先民撒拉尔人来自中亚，13 世纪历史舞台风云突变，蒙古旋风席卷半个世界，成吉思汗及其后裔铁骑征服中亚时，具有渊博知识和雄才大略的撒拉尔首领嘎勒莽、阿哈莽做出重大历史抉择，率领族人牵着骆驼，驮着故乡的水、土，还有一本《古兰经》，穿越茫茫沙漠，终于在中国的青海省循化撒拉族自治县和与之毗邻的甘肃积石山保安族东乡族撒拉族自治县停下脚步，这里就是他们心中的乐土。历史已经过去了 800 年，撒拉族先祖以伊斯兰文化为纽带，接受中华文化的熏陶，吸收周边许多民族成分，形成了一个新的民族撒拉族，语言融合了藏族、回族和保安族的语言特色	在《古兰经》珍藏展厅里，一张旧照片引起了古琦和麦力斯的注意，古琦费力地伸长胳膊指着玻璃框里的一位撒拉族姑娘说，"照片上的这个人和我们的长相很像，我要拍下来，回去告诉我的亲戚朋友，我看到了中国的土库曼人撒拉族人。"…… 远道而来的两位留学生听着先祖惊心动魄的东迁历史，看着一个雄伟的撒拉尔民族在这里展现，他们感慨不已。……这种历史渊源中不难看出中国撒拉族与土库曼族是同一族群，这种密切的关系也得到了现在土库曼人的认可。 马千文阿訇说："我们得知土库曼斯坦高层想来中国寻亲的消息，非常激动。我和我的家乡人都欢迎土库曼斯坦的朋友们来这里做客，希望我们能够继承历史的血脉亲缘，为丝绸之路经济带架起中国和土库曼斯坦在文化、教育、经贸等方面的桥梁。"

①　穆珺：《本报牵线 800 年同根今朝连》，《兰州晚报》2013 年 11 月 27 日 A06 版、A07 版。

在撒拉族文化的历史纵深中发现新闻，用新闻来回顾撒拉族的历史渊源，这则新闻为受众提供了非常开阔的跨文化认知空间。首先介绍了撒拉族的先祖浩荡东迁的背景资料，接着转入土库曼斯坦高层到中国"寻亲"的心声，他们期待以"寻亲"为契机，借此与中国建立"新丝绸经济带"文化、经贸、教育等方面的合作共赢。文化间性与国家认同意义的构建，具体表现为新闻与少数民族的历史文化意义融合，最终的"愿景"是在民族亲缘的认同基础上，促进中国与土库曼斯坦两国之间的广泛交流与合作。

通过上述报道范例我们看到，跨文化语境中新闻的主题是由差异化的统一性构成的。文化间性的历史纵深与时代精神的意义交织中，由于过去的历史变迁和未来将要达成的目标，都同时存在于当下的传播情境中，这样就为新闻主体增添了"复调内容"，同时受众被赋予极为丰富的想象和解读空间。文化的间性带来了异质民族文化的多样性和差异性，它不仅促进了反思性发展而且构造了共同性，在巩固历史地域化的民族意识的同时，激励具有反思和时代进取精神的人，能够冲破地域化的局限和族群的束缚，进入更广泛的社会公共领域。实际上，人们只有超越地域化、族群化的局限，认同现代公民意识，才可能形成具有时代精神的公民意识和国家认同感。

二　从分离建构到共享意义

我国是一个历来非常重视民族问题的国家，民族政策属于国家政策中的一个专门领域，已经形成了具有一定规模、自成体系的民族政策，政策机制在任何国家内部，都是处理民族问题时最为灵活和最富有成效的一种做法。

世界范围内的民族政策机制一般分为三种类型：其一，以国家为价值取向的民族政策。从国家的整体和长远利益出发，对族际关系进行协调整合。其二，以主体民族为价值取向的民族政策。从主体民族的利益出发，维系有利于主体民族的民族关系。其三，以少数民族的利益为取向。这种取向的民族政策，是以少数民族的利益为出发点，通过提升少数民族的地位，构建全社会对少数民族成员的身份认同和文化认同，促进少数民族区域发展的方式来协调民族关系。

世界上任何一个多民族国家制定民族政策的价值取向，都是围绕特定历史时期民族政策的针对性和时效性而展开。我国的民族政策是最为丰富和最富有成效的，它形成于中国共产党领导人民革命的历史背景下，将受压迫的弱小民族团结起来，动员一切积极的力量打破旧制度，争取革命的最终胜利，这样一种同情、扶助和支持处于弱势地位的少数民族的价值取向，是一种"民族主义的价值取向"①。

"民族主义"取向的一系列政策，在革命战争和新中国成立之初的历史阶段内都发挥过巨大作用，当时这一取向的着眼点是民族而非国家，与国家利益取向的民族政策还是有一定区别。中国共产党成为执政党以后，是从国家全局的高度出发看待和治理民族关系，这样的民族政策取向就是国家主义的取向。

民族主义价值倾向的政策机制影响，反映在新闻报道中就是关注各个民族的族裔区别和各个民族的自身利益，倡导族裔多样化发展和族际的文化意义，这种报道本身对于国家切实保障具有文化特殊性的少数族群，享有平等的公民权和发展权是非常必要的。但是需要特别强调的是，中华民族是由 56 个民族形成的文化共同体，"中华民族"不是汉族的代名词，"中华民族的文化"也不等同于汉

---

① 周平：《多民族国家的族际政治整合》，中央编译出版社 2012 年版，第 108 页。

族文化，历史上中华各个民族之间的文化交流、人口动迁、族际通婚、经济合作等方面源远流长，中华各个民族之间共享的文化特性很多，如何把这些文化的共同性发掘和展示出来，努力创造中华民族的文化认同性，这将成为今后我国少数民族新闻报道需要重点关注和耕耘的领域。中华民族的共同文化基础为世人有目共睹，假设在新闻报道领域只关注少数民族区域发展成就及各个民族自身的文化多样性和差异性，缺乏文化认同的社会基础，政治认同和国家认同将无法保持牢固和长久性。

2007 年荣获中国新闻奖系列报道二等奖的作品，由《光明日报》（集体）创作的通讯《珍藏西藏：叶星生抢救、保护西藏民间文化遗产成果》堪称这方面的优秀范例。本篇通讯分为四个部分：第一部分：藏族文化：豪放与细腻的奇妙平衡；第二部分：藏汉一家：文化融合点化艺术融合；第三部分：众星拱月：保护西藏文化感动常在；第四部分：展示西藏：宏大规划正扎实推进。其中第二部分描述藏汉文化融合的历史最为细致生动。

藏汉一家：文化融合点化艺术魅力[①]

"藏汉合一本大统，执着此生自一家"，置身展厅，很多参观者都感受到了藏汉文化融合、点化所带来的魅力。

在西藏乃琼寺，叶星生曾经抢救性地主持临摹了一大批壁画，其中的精品也在此次展览中亮相。"传统的藏族壁画，大多采用'铁线'勾画，它的特点是线条粗细匀称。你看，这幅画采用的则是内地绘画中常见的'柳叶描'——线条根粗梢细，宛如柳叶——明显受到内地画风的影响。"叶星生指着一幅《吹笛伎

---

① 中国新闻奖评选委员会办公室编：《2007 年度第十八届中国新闻奖作品选》，新华出版社 2008 年版，第 216 页。

乐天女图》说："再看其中的人物，采用了类似内地传统侍女图的表现手法；其身前芭蕉叶的处理，也有内地工笔重彩的感觉。其实，内地的亭台楼阁，甚至五台山的风光等元素，在很多藏族壁画、唐卡创作中都能见到。"

即便不是叶星生这样的专业人士，普通观众也能在展览中找到自己熟悉的东西——有一件唐卡，就算不看说明，观众也能一眼看出其中的主人公是大名鼎鼎的关羽，其身边关平、周仓的形象也是人们再熟悉不过的。这幅名为"伽蓝护法关云长"的唐卡下的说明写道：在汉藏两族的宗教文化交流中，关羽被视为战神格萨尔的化身。

"这好像是十二生肖啊？"在另一件唐卡前，一位观众凑近仔细辨认，有了新的发现。"这件唐卡名为《贡孜垂杰》，有学者认为'贡孜垂杰'意为'孔子神变之王'，画中右首这个白发老者，就是孔子。画下方环绕的，的确是人面兽身的十二生肖。画面下部有手写的二十一句藏文，上部分是对诸神的膜拜顶礼，下部分是对孔子及世间道的敬仰与吉祥的祝愿。"叶星生解释说，此件唐卡突破了宗教绘画中的严格界定，体现了画家丰富的想象力与创造性，也充分表现了藏汉文化的相互影响和相互融合。

在叶星生的收藏中，有一件令他最为难忘："那是一件合二为一的'碗套'，碗是汉地的古瓷碗，套是藏区的牛皮套。碗深深地放进套里面，套紧紧地包在碗口。碗离开套子容易破碎，套离开碗没有依靠，只有合成一个整体，才能千里跋涉，安然无恙。我觉得，这仿佛就是藏汉文化共荣发展的一个象征。"

这篇报道的出台源于2007年12月1日时任国家主席的胡锦涛参

观"叶星生抢救保护西藏民间文化遗产展"时指示，作为在知识界、文化界有影响的报纸，《光明日报》应该对这一展览多作宣传。该篇报道具体通过对绘画技法、唐卡内容、"碗套"形式等藏汉文化交融的分析，反映西藏文化是各族人民共同缔造的结晶，赞扬了藏汉人民合力保护西藏民间文化的极大热情。

少数民族新闻报道意义的共享，与面对特定受众群体追求同质化传播效果完全不同的是，它意味着异质文化融合的传播效果。探讨不同民族之间的共同性，事先预设一定数量的知识、信念和价值观是各民族大众所共享的，对于各民族大众不甚了解、不太熟悉的事物，记者要尽量构建共同的经验、兴趣和共识，进而转变为集体无意识心理，这样它就有可能上升为新闻主体支配性的力量，从而建构主流话语的权威性。

反之，单一介绍某个少数民族艺术文化的报道可能被限定在一个只能内群吸引的圈子里面。以 2014 年 9 月《中国民族》杂志登出的一篇《黎族织锦：一个美妙的符号世界》报道为例，主要介绍了黎族织锦线条流畅、构图简朴、色彩斑斓。体现黎族妇女杰出的纺织技术和丰富的艺术想象力。这篇报道文笔精妙、笔触入微，构思唯美，积极评价了黎族特有的高超织锦艺术。这种报道的主题和构思，在少数民族的报道中是相当普遍和典型的，这种报道的内容和视角可能对于黎族人士及其他对于黎族织锦特别喜爱或是感兴趣的读者具有一定影响，但是除此之外其他更为广泛的读者群体，对这种单一内容和视角的理解程度就会比较受限。因而，这种报道的新闻话语类型注重强化某一族群的价值导向，忽视了文本与读者交往语境的空缺，在内群成员范畴内可能是有效的，但一旦涉及与"他我"的外群受众交流，意义的沟通就无法实现共享。

三　解构群体之间语言异化

美国社会心理学家奥尔波特认为，语言能够微妙准确地反映不同群体交流时人们思维结构的变化，尤其在内群体成员对外群体成员进行语言描述时，可以从中发现内群体成员对于"内群体"本身的偏好和肯定，与之相反的则是对"外群体"的刻板印象。群体间语言的使用表明刻板印象无处不在，"当描述一个内群体成员的积极行为或外群体成员的消极行为，人们倾向于使用抽象的语言；而当提及内群体成员的消极行为或外群体成员的积极行为时，人们则倾向于使用具象化的语言"①。

语言的抽象程度从低到高依次为：具体的描述性动词、解释性行为动词、状态动词和最为抽象的形容词。抽象的语言是从可观察到的事物中抽取出来的本质和共同特征，如理想、信念、创造性、品质情操等；具象化的语言描述着具体的、可观察到的行为，如微笑、帮助、坚持等。

社会心理中的动机机制和认知机制促进了群体间语言的异化现象：第一，动机机制。人们都对自身所归属的内群体具备程度不一的熟悉和偏好，很容易产生认同的倾向性，而群体之间语言的异化恰恰保护或支持了这种认同感。第二，认知机制。人们在对与自身期待一致的行动进行描述时，更可能使用抽象化的语言，因为抽象化的语言更能表现事物稳定性和典型性的特征。但是另一方面，人们对外群体成员更可能倾向于使用具象化的语言进行描述，其原因在于，虽然人们常常感知到外群体成员的积极行为，但是刻板印象会使人们认为外群体成员消极行为的概率较大，于是"将非典型的积极行为与外群体的一般行为区分开来，或者将一个单独的行为从外群体的众多行为中

---

① 单波：《跨文化传播的问题与可能性》，武汉大学出版社 2010 年版，第 161 页。

剥离开来，以维护刻板行为的一致性"①。

群体之间语言异化的使用机制说明，语言往往通过更具有隐匿性、不为人所察觉的方式反映主导地位的文化价值观念，这一现象的深层根源在于人们心理普遍存在的动机机制和认知机制。打破群体之间语言使用的异化现象，其根本在于尝试解构这两种机制，改变对于外群成员身份认同的封闭结构，在与"他我"的对话中改变主体的单向度理解，因此，必须摆脱语言抽象性的偏见。

新闻报道"用事实说话"，这个事实的表现形式是记者对众多事实选择涵化的结果，语言是由概念组成的，事实首先通过许多表象被记者描述出来，语言使用的区别必然代表思想的分界。

把少数民族新闻报道放在具体的语境中进行，能够更好地引导受众理解遥远的地域和生疏情境之下发生的事件，同时尽量少用抽象化的语言，防止超出受众的知识储备与日常经验的理解和接受范畴，尤其是少数民族新闻的典型人物报道，使用更多具象化的词语才能得到更多的认同。

2013年第二十三届中国新闻奖二等奖获奖作品，《四川日报》2013年9月刊发的通讯《一个人的电站照亮两千藏族群众》，主要内容是记者来到高原之城四川藏区理塘县，连续翻越了两座5000米的雪山赶到达拉波乡采访，走村入户采访当地藏族群众，与汉族技术员王安全一起翻山越岭，一起拉着溜索过河。文中关于具体的情境主要有：18米长的溜索、黝黑的钢丝被双手磨亮；爬电杆、每月磨烂3双手套；舍得垫付电费、舍不得换把新锁等几个部分。整篇报道不拔高、不吹嘘，具象化的细节描述真实生动、文风质朴平实。文中关于溜索的一段情境描写，充分反映了汉族工人与少数民族群众心心相印的事迹（见表7-2）。

---

① 单波：《跨文化传播的问题与可能性》，武汉大学出版社2010年版，第161页。

表 7-2   《一个人的电站照亮两千藏族群众》①之文本分析

时间顺序	地 点	人 物	具体情境描述
1	拉波河畔	记者、王师傅、村民尼玛	王师傅带着记者走钢丝溜索,他伸出布满老茧的双手握住溜索,粗短的拇指紧扣住钢丝,站在一根饮水管道上向前迈步。记者紧紧抓住溜索,一步一晃动地向前挪动步子,脚下汹涌的拉波河水让人心里直发毛,走完后手心背上全是汗
2	扎扎村	记者、村支书、王师傅	为了村民用电安全,避免私拉乱接的偷电行为,电站把电表安在村民家门附近的电杆上,抄电表得爬上电杆,现在水泥电杆最低的都有 7 米高。村支书昂昂说,王师傅个子不到一米六,爬电杆特别辛苦,但哪怕是下雨天,他一样爬上爬下,从不叫一声辛苦
3	拉波村寨	记者、村民、王师傅	和王安全一起进村入寨,远远就有藏族村民热情招呼他进屋坐坐,拉起手他们就谈笑开来,在记者面前,王安全话语不多,甚至有些木讷,与拉波村的村民交谈,他们有说有笑,他的脸上就会出现难得的笑容,仿佛在说自己的家人

　　这是一篇记者用身临其境的体验写出的"走转改"优秀报道,由于报道产生的社会影响,拉波乡也建起了协中桥,王安全从此不用滑着溜索上下班了。这篇报道在"新华网""人民网"等网站迅速转发,文章刊发的当天,网友长篇评论达到 30 篇之多。

　　总之,少数民族新闻话语与国家认同,涉及不同民族群体互动的

① 陈建兵:《一个人的电站照亮两千藏族群众》,中华新闻传媒网(http://www.zgjx.cn),2013 年 9 月 23 日。

过程，国家认同的意义是在维护自我形象和寻求"他者"认同的过程中产生的，通过强化呈现新闻事件的具体情境，解构刻板形象主导的抽象话语，防止受众产生漠然和抗拒心理。

四　少数民族新闻伦理共识

少数民族新闻话语与国家认同的建构并不能止于抽象原则，任何价值和规则的认同都在变化和发展过程之中，都是在文化交流的具体语境中达成的。任何个体的价值观和伦理准则也并非一成不变，而是随着个体的认知不断发生变化，即使存在共同的价值观，个体之间的认同也必然会因人而异。所以，少数民族新闻伦理建构的前提，就是深入理解不同民族之间的文化差异，这个前提如果只停留在抽象的表面，就不会在报道中真正形成对文化"他我"的尊重与交流，超越"简单地尊重文化差异"① 是当务之急。

跨文化传播伦理交际的理论，某种程度上适用于少数民族新闻报道的伦理融合建构。

第一，记者与处于"他我"文化的采访对象，要展开深入的交流，寻找对话的共同基础，表现出一种对于少数民族文化的适应态度，在采访活动中，要尽量寻找"我者"文化与"他我"文化的共同之处，"我者"进而能够对最初的"他者"文化的适应进行协调。长期以来某些人们的习惯意识，固守线性社会进化论的思维模式，认为农耕文化具有超过和替代草原游牧文化的优越性，凡是不同于汉族农耕文化的"他我"文化，统统被视为落后的、原始的文化，这种观念在少数民族新闻的报道中是愚昧无知的表现。

第二，"我者"的主体建构应该能够充分意识到文化"他我"的生活空间分为个人领域和公共领域两部分，文化"他我"的个人领域

---

① 单波：《跨文化传播的问题与可能性》，武汉大学出版社 2010 年版，第 190 页。

由其固有的民族文化所主导，在公共领域由其所处的社会主流价值观所主导。少数民族新闻话语与认同意义的达成，要使两个领域不同主导文化处于和谐的动态演化之中。

第三，"我者"的报道如果采用积极的做法，有助于消弭文化的间距，创造文化的融合与认同，但消极做法导致文化的间距增大，引起文化的对抗与冲突。《中国民族》杂志著名的蒙古族女记者斯热歌，在 20 世纪 70 年代曾经到过当时被划入黑龙江省，现在归属内蒙古的敖鲁古雅民族乡，雅库特人原是鄂温克族的一支，在森林中以狩猎和饲养驯鹿为生，他们最初住在森林里定居的木克楞房。"文革"时期受到"极左"思潮的侵害，学生们被改造得只能讲汉语。当时的社会形势下连记者也无法接受这就是所谓的社会"进步"。20 多年之后《中国民族》又登出一篇雅库特人的文章，文中作者对"驯鹿文化"还能在现代文明的强势冲击下存活多久不无忧思，还有原始森林的生态环境保护等关注。

对于创建不同民族之间文化的和谐与认同，斯热歌作为一名非常资深的少数民族新闻工作者，她认为"从敏感处回应社会的敏感问题，需要尊重历史，同时也要尊重民族情感，不给追求稳定和统一的社会带来冲突和裂痕，这是一道慢工细作的复杂工程"[1]。

总之，少数民族新闻伦理的共识，就是尊重不同民族之间文化的差异性，但这并不意味着走向文化相对主义。寻求不同民族文化差异的基础上，构建中华民族文化的共性基础，并不排斥不同民族文化之间的可交叉性，但是其最终目标绝不可以降格为"混杂化"，而应以一种中华民族文化自信的品格，迈向主流意识形态的主导建构。少数民族新闻工作者，如能自如地行走于主流意识形态文化与少数民族文

---

① 《民族团结》杂志社编：《看，这一本杂志——〈中国民族〉杂志创刊 50 周年纪念典藏》，民族出版社 2007 年版，第 271 页。

化的交流地带，保持自我心灵的和谐性与同一性，就是建构少数民族新闻伦理的内在基础和保障。

第二节　少数民族新闻话语的价值取向

对于我国这样一个统一的多民族国家而言，调整和完善少数民族新闻报道的价值取向，不仅是民族国家和谐发展与长治久安的一项重要任务，而且是一项需要创新并且随着社会历史条件变革而不断调整视域内容的政治使命。这项政治使命与国家的民族政策、少数民族地区各项社会事业的发展相依相伴，而且必须持续创新推进。

从目前的情况来看，以下的一些趋向代表了我国少数民族新闻与国家认同的建构目标。

一　求同取向与国家认同

少数民族新闻话语必须确立明确的价值方向，并以此引领国家认同中各个相关环节。少数民族新闻话语价值取向的确立，必须以我国多民族国家的统一巩固的作为基本出发点，必须整合有利于国家统一和巩固的各个方面。这种价值取向理应是"求同"的趋向，在未来相当长的时间内，国内各个民族之间在各方面的差异仍将持续存在。在少数民族的新闻报道中不该刻意去扩大或者强化差异化的因素，同时要坚持反对差异固定化、永久化的观念，积极报道国家的民族政策，进而增强各个民族之间的共性，促进中华民族的国家和文化大发展、大繁荣。

少数民族新闻报道中坚持国家利益至上的价值倾向，"将对少数民族的照顾以及对少数民族地区的政策倾斜纳入对国家利益的考虑之中，置于国家利益之下，从国家整体利益的角度，统筹少数民族的利益和促进少数民族地区的发展"①。因而，这方面新闻报道的视角，切不能单一地从某些地区、某个少数民族的利益出发，要改变以往新闻报道中仅仅从某一个民族利益的角度，片面认识少数民族和国家、主体民族以及少数民族之间关系的视角，更好地探索少数民族与国家、主体民族以及各个少数民族之间的利益协调机制，形成中华各民族之间互惠互利的社会正能量，营造国家利益和中华民族整体利益至上的社会氛围。

从跨文化传播的角度来看，少数民族新闻价值求同与存异的趋向，体现了不同民族文化融合的实践理性，既要尊重不同民族文化伦理的历史性和差异性，又要积极促成不同民族文化的多样性互动。把"我"与"他"的主客体思维转换为"我"与"你"的主体间性思维。任何新闻传播活动都必须具有主体间性，才能积极建构生动的内容与流通的意义，传播意义不是在主体自身内闭的结构中形成的，而是存在于主体和客体之间的交流互动，新闻传播的主体间性依存于社会文化间性的互惠结构，对于文化"他我"的解读要存在社会语境层面的理解，揭示不同民族文化之间的冲突，在民族文化的融合中建立动态的交流机制。总之，不同民族文化之间的差异不再是消极因素，理应被视为对话交流和建构认同的积极因素。

二　平衡权利与义务关系

在中央政府的集中统一领导下，遵循国家宪法的规定，各少数民族以聚居区为基础，建立自治地方，设立自治机关并行使自治权利，享有当家做主，管理本地区本民族内部事务的自治制度，这是我国民族政策的基本制度。迄今为止我国一共建立了 155 个民族自治区域，全国范围内包括新疆、西藏、内蒙古、广西、宁夏 5 个自治区，全国

---

① 周平：《多民族国家的族际政治整合》，中央编译出版社 2012 年版，第 195 页。

一共 30 个民族自治州、120 个民族自治县（旗），实行区域自治的少数民族人口占全国少数民族总人口比例约为 71%，民族自治地方的国土面积占全国国土面积的 64%左右。

"区域自治作为少数民族地区的一项整体性的权利而存在，它并非由少数民族成员个体直接行使，而是由自治地方的自治机关统一行使。"① 民族政策的内容表明少数民族不仅拥有权利，同时也应该承担相应的义务。新中国建立以后，国家为了促进少数民族地区的发展，将长期以来采取的多种优惠和照顾政策，列入少数民族应当享有的权利之中，这方面的相关条款在法律层面有非常明确的规定。如果只讲权利不讲义务，或者对于各族民众关于义务方面宣传报道得不够充分，就会使一些人误解权利本身的含义。少数民族群众应当履行维护国家统一、自觉遵纪守法、个人利益和民族利益必须服从于国家利益的义务原则。在明确了义务的前提下，才能让少数民族群众真正意识到国家的优惠政策并不等于特权。

社会各界对于落实国家民族区域自治的基本国策已经形成共识，落实自治权的法规条例非常之多，各种执行自治权的经验和做法也常常见诸报端，但是关于民族自治地方责任和义务的报道却很少进入媒介的"议程设置"范畴，其中的缘由在于与权利相较，"民族区域自治的责任和义务处于某种虚置化的境地"②。

当前我国民族区域自治仍在完善和进一步落实的进程之中，对于少数民族地区进行权利和义务调控管理的必要性早已显现，对民族自治地方所享受的权利和所履行的义务进行调控非常重要。未来随着少数民族地区发展的程度不断提高，少数民族意识的进一步提升，民族自治区域要求进一步落实自治权的诉求将会日渐高涨。在

---

① 周平：《多民族国家的族际政治整合》，中央编译出版社 2012 年版，第 195 页。
② 同上书，第 196 页。

这种政策背景和社会背景之下，少数民族新闻中如何报道国有企业与少数民族的利益相结合，进而引领整个地区的发展？少数民族又应该怎样依法运用自治权当家做主，这是少数民族新闻报道中的一个长期主题。

我国各地的少数民族千百年间生活在草原戈壁森林之畔，他们就是大自然的"孩子"，这些为数众多的"孩子们"的生产和生活无不依赖大自然的馈赠，他们生活的习性和灵性总能使万物周而复始，大自然处于一派宁静和美的天地。但是，一旦工业化的采掘开发或者大规模的人口动迁开始摧毁原始生态，少数民族世居的安宁之家将再也无法回到从前。那么新闻报道中反映的此类理性的话语就是要把正确的舆论引导与针对性的舆论监督有机结合在一起，促成国家利益和少数民族当地的利益紧密地连接在一起，确立国家、集体和个人三方的利益协调机制，建立起国家认同的各方社会利益保证。

当现实的理性的话语无从到位，那么情感的话语就迸发出感人肺腑的至诚，意义的认同就像一股涓涓细流，从传播者主体悄然流入受众的心田，有时这种修辞手法能起到非常神奇的作用，令人叹服。

2011年新华社西藏分社张严平、边巴次仁等撰写的报道《玉麦的守望》一文，记述了中印边境上中国人口最少的行政乡，共8户藏族乡亲在玉麦生活的故事。玉麦本是一个与世隔绝而且无法耕作的地方，这里林木丰盛、雨水充沛，但是过量的降雨让这片土地长不出任何庄稼，从每年的11月到次年的6月大雪封山，这里的每一颗粮食都要花费巨大的人力和物力从山外运进来，运送粮食的过程实在艰辛，文中有这样的描述：

> 大雪封山之前，从山外采购回来半年的口粮，是玉麦人一年里最艰苦的劳动。2001年玉麦乡通公路前，他们必须赶着马队，

穿越一片沼泽遍地的原始森林，翻越海拔 5200 米高的日拉雪山，再跨过一个陡峭的峡谷，走完 47 公里的羊肠山道，才能把粮食运回家。①

正是在这片方圆 1987 平方公里的土地上，每一个玉麦人从出生在这一片土地的那一天起，就会产生一个比一般人更强烈的愿望："我是一个中国人，就要为祖国守边防。"这篇报道的构思并不复杂，第一部分记叙了在与世隔绝的天地里，玉麦人绽放出的生命顽强；第二部分赞叹了在方圆 1987 平方公里的土地上，每一个玉麦人都是国家的坐标；第三部分抒写大山跃动着新的生机，玉麦人编织着明天的梦想。支撑玉麦人坚守大山深处的现实逻辑，是政府每月给每个年满 18 岁以上的玉麦人 900 元生活费，为了回报政府的关爱，当地的藏族乡亲们觉得唯有守护好这片土地，才是尽了自己的本分。

每一个玉麦人是完全可以给自己好好算笔账的，为了能过上更好的日子随时有理由迁出这个寂寥贫瘠的地方，而为了拿到 900 元生活费的人就只得守在大山的深处。但是这篇报道本身并未从权利和义务的冷漠视角，去剖析迁出与存留的利弊之处，全篇令人感佩的倒是情感的铺陈和渲染。比如：

> 年年飘扬的国旗，让卓嘎姐妹开始懂得什么是国家，国家就是五星红旗，国家就是脚下的土地，她们懂得了守护土地，就是守护国家。②

对于少数民族权利和义务题材的触碰，不去"硬着陆"进行客观思辨的现实突破，而是另觅"软着陆"式情思悠悠的途径，倒也不失

---

① 新华社西藏分社编：《新西藏的历史回声——新华社 60 年西藏报道精品选》，新华出版社 2011 年版，第 388 页。

② 同上。

为打动受众并在情感上产生共鸣和认同的一种智语策略。

三　协调民族与国民意识

在统一的多民族国家内部，人心所向的国民意识的重要性远远超过各个民族意识的兴旺，过于明确旺盛的民族意识无益于民族关系的政治整合。新中国成立之后，在 20 世纪 50 年代，我国广泛开展了民族识别工作，各个少数民族都获得了由国家认定的族别名称，少数民族地区的政治、经济、教育等方面发展水平显著提升，少数民族文化得到发掘整理和进一步的保护，这样的措施有力促进了少数民族意识的觉醒。

民族意识的觉醒和推进，其积极意义在于促进该民族内部的团结，推动该民族自立自强和奋发有为，为民族发展和民族地区社会发展起到重要推动作用。但是，如果某种民族意识不能受到国家的合理调控，日趋膨胀的民族意识就会削弱该民族的国家认同。多民族国家对于民族意识的调控，必需建构合理的民族意识调控机制，包括一整套的民族意识评估和预警机制。

少数民族新闻报道中合理把握民族意识与国民意识，精确构建一个"举重若轻"的切入视角，智慧的话语体系实则蕴含了博大精深的象征意涵。比如，每四年一次的历届少数民族的传统体育运动会都是新闻传媒关注的热点，如果单一地介绍每个少数民族的传统体育特色，哪些少数民族获得多少奖项，各个赛场的胜负结局等内容，以"族别"单论输赢的报道并无太大必要性，弄不好还会导致社会的负面反响。《中国民族》杂志英文版采用了一个对东西方传统体育精神的比较视角，东方体育包含和谐共处、天人合一的哲学伦理思想，奥林匹克体育精神则倡导竞技对抗的精神，应该说东西方是完全对立的传统体育观念。比较的话语体系呈现之后，其他的报道内容涉及中国少数民族传统体育所受到的重视，弘扬少数民族传统体育对于中国体育所做出的贡献等主题。这样的报道议题设置将民族意识的敏感性和直觉性，巧妙地转化为生动丰富的人文叙事，应该说这是一个极具创意的报道思路。

再比如，《中国民族》杂志的另一个系列报道《汤因比的新疆》也相当出彩，这个系列报道是英文版"长期宣传新疆"的一个选题，经过编辑再三思量，决定不正面触及"东突"问题，采取迂回的叙事方式。报道的开始援引英国历史学家汤因比与日本哲学家池田大作在《展望21世纪》一书中的一段对话，池田大作问道："如果让你重新选择出生的年代和地区，你愿意生于何时何地?"汤因比回答："我愿意出生在公元一世纪佛教刚刚传入时期的新疆。"① 于是把"汤因比的新疆"这个题目精妙托出，接着在文中继续指出中国、印度、伊斯兰和古希腊罗马四个文化体系，在世界同时汇流的地方只有一个，这就是中国的新疆地区，这也许正是伟大的历史学家汤因比做出选择的真实原因。以"汤因比的新疆"作为立题，统领《龟兹故事》《十字路口的绿洲》等一系列报道，阐明一个世人共知的事实，中国新疆在历史上就是最有文化包容力的区域，是多民族共同生活的家园。

新闻报道中协调民族意识和国民意识，实现国家认同精神的归属感，应该通过国家认同促进并形成新的民族意识。为了国家的稳固统一和民族的团结，少数民族新闻报道中必须把国家认同置于首要的位置，民族平等的意识不是为了维系差异化，主要目标是为了建构社会共同性的平等。

国家认同促进并形成新的民族意识所包含的主要方面:

首先，必须把国民意识的培养放在首位，社会文化认同的基础建

---

① 民族团结杂志社编:《看，这一本杂志——〈中国民族〉杂志创刊50周年纪念典藏》，民族出版社2007年版，第284页。

立在公民文化而不是民族文化的基础之上。自 20 世纪 50 年代以来，我国各级政府先后制定了一系列促进少数民族发展的优惠政策，这些优惠政策对那些在新中国成立之前长期处于不利发展环境中的少数民族产生了很好的社会效果。新闻报道要以国家认同为最终标准，不该过分强调区别对待不同的民族，过多强化差异就是人为制造"他我"，刻意把不同民族群体人为地隔开。

其次，新闻报道中增加民族意识与国家认同的重叠内容，把少数民族文化更多地纳入中华民族文化的整体内涵中，形成统一的中华民族共同体。这方面构建文化象征符号极为重要，涉及历史记忆与民族认同感的培养。从 1999 年开始，国家民委相关机构联合中央主要新闻传媒，每年评选"中国少数民族十大新闻"，从文化象征符号的构建意义来看，这项评选活动就是一个历史记忆和国家认同感的培养过程。再比如，自 2009 年以后在天安门广场矗立的民族团结柱，宏观构图表现载歌载舞、各民族青年男女的同一和谐，微观构图只在民族服饰和民族名称存在差别，民族团结柱的文化象征意义气势如虹，艺术化地再现了民族团结与平等是国家话语永恒不变的主题。

四 深化"国族"精神构建

"国族是由民族国家造就的民族，即取得国家形式的民族。"① 世界上由多个民族构成的国家，通过把若干个不同历史文化共同体的民族整合为统一族体，从而得以构建民族国家，这个经过整合的统一"族体"就是国族。"中华民族"是我国 56 个民族构建而成的"多元一体"的国族形式。

任何一个国家内部经过构建的国族形式，都完全有待于深入地巩固和完善，如果我国进一步加强不同少数民族对于中华民族的认

---

① 周平：《多民族国家的族际政治整合》，中央编译出版社 2012 年版，第 103 页。

同，也就是说国族认同能够得到进一步的提高，那么就可以通过国族认同的方式整合强化各个少数民族对国家的认同，逐步压制个别少数民族无视国家认同而产生的民族分裂主义势力，为统一多民族国家的社会和谐奠定坚实的基础。当然，任何一个国家的国族文化和精神内涵的建构都是一个长期的艰巨的过程，中华民族精神内涵的丰富性和深入性仍然需要进一步提高，加强中华民族精神内涵的建设，就是以爱国主义为核心，深化和巩固中华民族团结统一、爱好和平、勤勉奋发、自强不息的精神，强调中华民族精神内涵在少数民族新闻报道中的体现，从总体上回答了少数民族新闻报道的价值观问题，整体判断少数民族新闻报道价值取向，必然具有社会主流价值观的基本特征。

少数民族新闻报道要积极倡导中华民族精神的建构，以正向的舆论引导并提升中华民族的凝聚力，加强少数民族社会成员对中华民族的认同度，这是少数民族新闻报道的总体价值观。如此宽宏的意识范畴，具体在少数民族新闻话语建构中的应用包括以下几方面：

第一，整合"广度"。把个体的命运与新时代国家发展的整体格局结合起来。在新闻标题中并不突出族裔的差异性，将少数民族个体传奇的命运转机，与其个人所具备的聪明才智结合在一起，放大到国家实施有利的民族政策，以及国家加大对民族地区投入所带来的致富机遇背景中解读，定位少数民族社会个体在中华民族进程中的微小坐标，于受众而言自然就不难理解国家认同的非凡力量。2004 年新华社西藏分社记者罗布次仁、尕玛多吉撰写的报道《西藏诞生首位农民亿万富翁》就是具备上述特点，把新闻人物的扎实苦干与中华民族勤劳勇敢的精神内涵结合起来，把个人命运的奇迹跃升与国家、地区的整体发展结合起来，呈现国家强大的发展动力为社会个体所带来的美好前景。

第二，梳理"长度"。在时间的长河里串联典型瞬间，弘扬中国人的拼搏进取精神。2010年新华社西藏分社记者多吉占堆、薛文献、顾涓等采写的报道《穿越时空不朽山魂——新华社记者笔下的中国人登山九大瞬间》，回顾从1960年到2008年近半个世纪以内，中国一代又一代登山勇士一次又一次登临地球之巅，用生命和意志、信念与勇气铸就一座座不朽的丰碑。这则报道表现了登山队员们强烈的责任感，无所畏惧的坚定决心，以及良好的团队合作精神，新一代的中国登山人终于实现了中华民族的梦想。

第三，扩展"国度"。塑造强有力的国族精神，即突出强调政治文化认同是国家认同的首要层面，少数民族新闻报道更应该融汇关于中华民族文化信仰的内容体系，包括国情、国史和国学的知识传播。以国情方面的知识完善公众对于国家与社会变迁的认知，以国史教育塑造公众形成中华民族的凝聚力和认同感，以国学内容弘扬中华民族博大精深的文化内涵。从社会文化认同的角度，整合不同少数民族社会成员的民族认同，最终归依到国家认同的最高层面，这是少数民族新闻话语整合社会、建构国民共识并致力于中国社会现代化转型的必由之路，同时也是抵御各种国内国外认同危机的首要策略。

第四，推动核心价值观的"认同度"。塑造强有力的"国族"精神应该推进国家的核心价值观认同，世界范围内大到像美国这样的多民族国家，小到像新加坡这样弹丸之地的多民族聚居之地，无论各个国家内部各种族群的现实状况如何不同，少数族群归依国家认同的主要原因都远非主体民族的文化吸纳和包容，关键是这个国家的核心价值观能否真正起到凝聚人心的作用。美国标榜的"美国精神"，包括自由、民主、平等、博爱等理念具有广泛的号召力，新加坡把华人、马来人及泰米尔人三个族裔，团结在新加坡国族的旗帜下，早在1991年就颁布了《共享价值白皮书》，确立了国家高于族群共同体，种族与宗教和谐等五大共享价值观。

"我国社会主义核心价值观作为中华民族的基本道德规范，是一种与民众日常生活紧密相连的世俗性价值。"[1] 富强、民主、文明、和谐的国家发展目标，自由、平等、公正、法治的社会转型理念，与爱国、敬业、诚信、友善的个人行为准则，都可以细化为社会个体要遵循或者为之所奋斗和憧憬的人生高度，但是在少数民族群众心目中树立这些价值理念，远非依靠新闻宣传就能达到预期目标。国家和各级政府必须以大力改善民生作为出发点，少数民族群众在就业、教育、医疗、住房等主要现实生存领域存在哪些迫切诉求，新闻报道在这些方面都应该表现出更多的关切。通过传媒的"解压阀"[2] 作用，积极化解一些"民怨"问题，有效疏导社会负面情绪，引导少数民族建构奋发前进、理性包容、平和开放的心态，总之少数民族对于社会主义核心价值观的认同体现了最重要和最根本的国家认同。

第三节　少数民族新闻话语的媒介记忆

1999—2014 年由国家民委文化宣传司和舆情中心承办，《民族团结》杂志社、《中国民族》报社、《民族画报》社共同协办的中国"少数民族十大新闻"评选活动，经中央部分新闻媒体代表、国家民委有关部门以及读者代表投票产生，最终结果由国家民委官方网站宣布。每个年度的岁末年初，这项评选不间断地回顾了我国少数民族地区重要社会影响事件，涵括少数民族领域年度重大政治、经济和文化信息，概述我国少数民族地区社会变迁的关键动态。

这项活动体现了新闻传媒建构媒介记忆话语，从而彰显少数民族

---

[1]　李朗、欧阳宏生：《社会主义核心价值观的大众化传播——基于民生新闻的视角》，《当代传播》2014 年第 4 期。

[2]　邵培仁：《媒介理论前瞻》，浙江大学出版社 2012 年版，第 178 页。

新闻话语的内容价值和现实价值，作为媒介研究和记忆研究交叉领域的概念，媒介记忆探讨传媒如何在"拟态环境"的建构过程中，扮演记忆代理角色来完成与社会的互动过程。无论回忆过去还是重现当下，媒介记忆首先是一项集体记忆活动，必须基于一定的事实基础，总是与一定的社会现实相联系。人们难免会有意识地放大对某些事实的回忆，也可能淡化或回避某些事实的存在，媒介记忆不可避免带有主观选择的痕迹，媒介空前发达的信息传播时代，媒介记忆已经成为社会记忆的重要组成部分。

一 媒介记忆与社会记忆

20世纪80年代以来，西方国家的某些学者认为社会记忆所关注的是人们的想法怎样在社会中整合在一起，并非出于简单的协商和调解，而是受到社会安排的结构性限制。社会记忆的概念由法国社会学家莫里斯·哈布瓦赫所提出的集体记忆概念演变而来。社会各阶层中人们所处的社会群体不同，集体记忆显然各不相同。集体记忆的内涵强调群体成员的心理归属感，即具有特定文化内聚性和同一性的群体对自身过去的回忆。这种群体可以是一个宗教集团、一个地域文化共同体，也可以是一个民族或是一个国家，记忆的形式可以是分散的、零碎的或口头的，也可以是集中的、官方的或文字的。

社会记忆与媒介记忆之间既有区分又相互联系，媒介记忆并不等同于社会记忆。媒介记忆是个人记忆的集合与凝聚，同时又是社会记忆的重要组成部分。媒介记忆在社会记忆与个人记忆之间建立了一种相互联系、相互影响的纽带关系。个人记忆通过媒介的传播效果形成社会记忆，具有社会认同功能的社会记忆会深刻影响着个人记忆，媒介记忆处于个人记忆与社会记忆之间的中介和桥梁位置。

二　媒介记忆与内容类别

媒介记忆也需要相应的编码过程，即媒介对于信息的采集和编制过程，与人脑的识记不同，媒介记忆不存在无意识的识记，所有的媒介都是有意识的识记，媒介记忆的功能在于搭建个人记忆与社会记忆之间的桥梁，达到个人与社会的认同。媒介记忆内容的选择，偏重于某些历史事件、重大事件、突发事件、纪念事件等，这都是有助于媒介记忆功能发挥的信息编码特征。1999—2013 年度入选中国"少数民族十大新闻"的重大事件，按照报道数量的比例，内容类别依次是：

（一）政策举措

党和国家在该年度新近出台的与少数民族地区社会变革息息相关，促进少数民族地区发展的战略举措和方针政策等。近 15 年共有 27 件入选，按时序包括：1999 年党中央和国务院明确提出的"西部大开发"战略；国务院新闻办公室发表的《中国的少数民族政策及其实践》白皮书；国家民委倡议发起的富民、兴边、强国、睦邻为宗旨的"兴边富民行动"。2001 年第九届全国人大常委会讨论修改《中华人民共和国民族区域自治法》，时任国家主席的江泽民同志签署第 48 号主席令。2002 年国务院做出关于深化改革加快发展民族教育的决定；颁布"中国农村扶贫开发纲要"。2003 年，时任国家主席的胡锦涛同志确定 21 世纪民族工作主题；国家在草原牧区全面启动退耕还草工程。2004 年国家民委、财政部出台《关于继续推进兴边富民行动的意见》。2005 年中国政府发布《中国的民族区域自治》白皮书；我国首次编制少数民族和民族地区发展专项计划。2006 年全国人大常委会将《民族区域自治法》列为全年执法检查重点，有力推动《民族区域自治法》的贯彻落实。2007 年国家十一部委联合发布切实加强民族医药事业发展的指导意见；国务院正式发布少数民族事业和兴边富民行动"十一五"规划。2008年国家出台扶持民族地区发展重大政策措施；"5·12"汶川特大地震后羌族文化保护备受瞩目。2009年国务院新闻办发表三份与少数民族和民族地区有关的白皮书；国务院发布《关于进一步繁荣发展少数民族文化事业的若干意见》。

2010年党中央、国务院大力推进新疆跨越式发展；我国首次建立草原生态保护补助奖励机制。2011年国务院出台促进牧区又好又快发展的若干意见；中央将集中连片特困民族地区定位为新一轮扶贫攻坚主战场，武陵山片区区域发展与扶贫攻坚试点率先启动。2012年国务院常务会议讨论通过《全国游牧定居工程建设"十二五"规划》；国务院批复同意《西部大开发"十二五"规划》。2013年第十个以西藏为主题的白皮书发表；国家加大开发性金融支持助推武陵山片区发展。2014年中共中央、国务院印发《关于加强和改进新形势下民族工作的意见》，旨在切实加强和改进新形势下民族工作，团结带领全国各族人民共同推进全面建成小康社会、努力实现中华民族伟大复兴的中国梦。当年6月国家民委、中国证监会联合召开支持民族地区资本市场发展工作座谈会。中国证监会募集捐赠资金1亿元，用于在5个自治区设立资本市场培训基金，大力培养金融证券人才，对符合条件的西部企业股票发行上市实施优先审核制度，支持民族地区利用资本市场发展经济。

（二）文体事件

国家传承与促进少数民族文化和体育事业发展的关键动态，近15年一共有24件入选，按时序包括：1999年，全国第六届少数民族传统体育运动会在北京和拉萨分别举行。2000年，藏族作家阿来所著《尘埃落定》获第五届茅盾文学奖；中国第一个藏文网站"同元藏文网"在兰州开通。2001年，第二届全国少数民族文艺会演在京举行。

2002 年，"全国民族知识电视竞赛"举行；少数民族文学、影视"骏马奖"颁奖。2003 年，《中国民族》英文版在北京创刊；第七届全国少数民族传统体育运动会在宁夏举办；中法文化年"中国少数民族服饰展演"获成功。2004 年，十部中国民族民间文艺集成志书完成编纂。2005 年，我国少数民族传统艺术形式首次入选"人类口头和非物质遗产代表作"。2007 年，统一平台的少数民族文字文档识别系统研制成功；首届"中华民族文化周"在中国香港举办；中国人类学民族学研究会在京成立；第八届全国少数民族传统体育运动会在广州举办。2008 年，海峡两岸各民族中秋联欢活动在中国台湾举办。2009 年，《中国民族民间十部文艺集成志书》出版。2010 年，我国少数民族古籍抢救性保护成果喜人。2011 年，第九届全国少数民族传统体育运动会成功举办，"首届向全国推荐百种优秀民族图书"揭晓。2012 年，民族语文辅助翻译软件填补相关领域空白；第四届全国少数民族文艺会演成功举办；第十届少数民族文学创作"骏马奖"颁奖。2013 年，中国少数民族电影工程启动。2014 年，国家民委命名的首批 340 个"中国少数民族特色村寨"挂牌，我国少数民族特色村寨保护与发展试点工作开展 5 年来，涌现了一大批民居特色鲜明、产业经济发达、民族文化深厚、人居环境优美、民族关系和谐的少数民族特色村寨。2014 年 12 月 30 日，中国网络电视台（CNTV）少数民族语言新媒体传播平台正式上线，这是弘扬少数民族优秀传统文化，助推中国少数民族文化走向世界的重要举措。

（三）民生经济

致力于改善少数民族群众生活水准的新闻，一共有 14 件入选，按时序包括：1999 年新疆南疆铁路全线通车，对我国西部区域经济社会的发展起到重要作用。2000 年起北京、上海、天津等 12 个内地城市开设新疆高中班。2001 年，青藏铁路全线开工；国家民委研究部署新时期民族贸易和民族特需用品生产工作。2002 年，国务院做出关于深化改革加快民族教育的决定。2003 年，国家民委在民族地区全面开展电脑农业推广工程；国家出台扶持清真食品产业发展的优惠政策。2004 年，清真食品正式列入少数民族特需用品目录；国家投资百亿元实施西部"两基"攻坚计划。2005 年，党中央、国务院高度重视 22 个人口较少民族发展；青藏铁路全线铺通。2012 年，"十二五"期间全国将重点保护和改造 1000 个少数民族特色村寨。2013 年，国家把就业、教育、人才培养等方面作为援疆工作重点；全国唯一不通公路的西藏墨脱县终于正式通车。2014 年，第二次中央新疆工作座谈会召开，习近平同志强调，要围绕社会稳定和长治久安这个总目标，坚持依法治疆、团结稳疆、长期建设新疆的方针。

（四）民族团结

弘扬民族团结主题的鲜明旗帜，表彰民族团结先进地区和个人的报道，近 15 年共有 11 件入选，按时序包括：1999 年，《民族大团结》邮票在北京首发，这套 56 枚邮票汇集了 56 个民族的形象，创下了世界邮票史的"第一"。2001 年，全国各地百名民族少年儿童代表进京参加第一批各民族少年"手拉手"主题教育活动。2005 年，中央民族工作会议暨国务院第四次全国民族团结进步表彰大会在京召开。2006 年，国家民委将孔繁森同志纪念馆等 27 个纪念馆命名为全国民族团结进步教育基地。2008 年，教育部、国家民委联合印发《学校民族团结教育指导纲要》，要求全国中小学设置专门的民族团结教育课程。2009 年，民族团结纳入我国基础教育体系，国务院表彰全国民族团结进步模范。2010 年，中宣部、统战部、国家民委在全国开展民族团结进步创建活动；国家民委向全国推广北京市牛街构建多民族和谐社区的经验。2012 年，国家积极推进民族团结进步创建活动进社区、进国企。2013 年，民族团结进步模范表彰活动走上规范化轨道。2014 年，

《关于推动民族团结进步创建活动进机关、企业、社区、乡镇、学校、寺庙的实施意见》印发，明确"六进"测评指标，积极构建活动长效机制，推动民族团结的创建活动不断向基层推进。

（五）纪念事件

针对少数民族重大的节日、纪念日等进行的一系列庆典活动。纪念事件的发生通常形成一定时间周期规律，英国学者康纳顿认为，"社会记忆的传递或多或少是通过仪式性的操演来传达和维持的"①。媒介通过对纪念仪式的记忆与放大，强化了社会记忆的形成。近15年一共有10件入选，按时序包括：2001年，中央民族大学、西南民族学院、中南民族学院分别隆重庆祝建校50周年，时任国家主席的江泽民同志为民族院校题词"努力发展民族教育，促进各民族共同繁荣"，时任国务院总理的朱镕基同志到中央民族大学视察；为庆祝西藏自治区和平解放50周年，中央人民政府向西藏自治区赠送由时任国家主席的江泽民同志题词的"民族团结宝鼎"。2005年，西藏自治区成立40周年，新疆维吾尔自治区成立50周年庆典活动受到党中央、国务院高度重视，并取得圆满成功。2007年，隆重庆祝内蒙古自治区成立60周年。2008年，宁夏和广西隆重庆祝自治区成立50周年；时任国家主席的胡锦涛同志致信西藏民族学院祝贺建校50周年。2009年，拉萨举行了西藏百万农奴解放纪念日庆祝大会；新中国成立60周年内蒙古广西宁夏新疆西藏成就展在京举办。2011年，西藏迎来和平解放60周年，国家主席习近平同志出席庆祝大会并讲话。2013年中央民族大学附属中学百年校庆，习近平主席回信、李克强总理批示。2014年，纪念《民族区域自治法》颁布实施30周年活动在民族文化宫举行，中央主要媒体开展了系列宣传，生动展示了民族自

---

① ［美］保罗·康纳顿：《社会如何记忆》，上海人民出版社2000年版，第40页。

治地方发展取得的辉煌成就和积累的宝贵经验及推进民族区域自治的新力度。当年中央民族工作会议暨国务院第六次全国民族团结进步表彰大会召开，9月28—29日，中央民族工作会议暨国务院第六次全国民族团结进步表彰大会在京召开。国家主席习近平同志全面分析了我国民族工作面临的国内外形势，深刻阐述当前和今后一个时期我国民族工作的大政方针，会议对1496个全国民族团结进步模范集体和模范个人进行了表彰。

上述针对年度中国"少数民族十大新闻事件"的内容分类，还未涉及典型人物、会议表彰、督导检查、突发事件等其他重要动态报道，这些内容反映了评选组织专业化的"把关"机制，绝大多数入选的新闻围绕着少数民族区域化发展主题展开，体现了近十五年中国社会经济处于快速转型期间，以国家战略思想为基础的政府重大决策，促进了少数民族地区各项事业的长足进步。一系列围绕党和国家的战略部署和重要决策，尤其是经过相关机构的周密安排、时效性强且属于各方意见一致的报道领域，受到评选者的广泛认同而优先入选。

三　媒介记忆与国家认同

不同媒介记忆建构的运作机制有别，蕴含不同的信息编码模式，由此体现迥异的新闻专业主义精神和国家认同愿景。年度"少数民族十大新闻事件"的编辑模式，体现着新闻文本的宏观社会构成特点。

比如：第一，标题。反映报道中的最重要的议题或关键事实，确立了社会公众认同报道内容的主流价值标准。第二，新闻导语。新闻开篇的第一段或者前几段内容，彰显了新闻价值"大写意"的方式，回顾与再现了我国少数民族新闻报道的宏观景象和某些重要事件。第三，新闻语汇。年度"少数民族十大新闻"几乎很少使用修辞技巧，比如隐喻、术语、委婉语、双关语等，一般采用了高度概述的模式，符合重大新闻事件权威性和客观性的报道要求。第四，时空顺序。新闻事件一般按照年度时间顺序展开，新闻事件发生的地点，仅仅作为新闻场景稍带提及，并无具体描绘。第五，默认读者。对读者的构想必然体现了一系列与阶层、民族、文化背景等与受众相关社会属性的预设，年度"少数民族十大新闻事件"的默认读者，主要是与我国少数民族各项事业发展相关的一些党政干部、公务人员及其他国内外一般社会公众。这项活动的信息编辑模式，总体上采用凸显新闻价值和重要事实的方法，回顾和概述每一年度我国少数民族地区发生的重大新闻事件。

"人们只有以宏观的和历史的眼光，观照新闻传播和新闻内容时，才能发现新闻是呈现一定社会历史演变过程的一条主线。"① 年度"少数民族十大新闻"所关注的不是特定时刻某家媒介报道的具体内容，而是主流媒体在一定社会历史时期的特别关注、全局反映和重要报道，构建了一定历史年代媒介记忆中的国家认同感。换句话说，媒介记忆的认同感存在于它与历史的关系中，只有在历史如何影响它，它又如何铭刻于历史的关联中，才能体现新闻话语的影响力和价值感。

年度"少数民族十大新闻"宏观信息含义包括：

其一，弘扬与社会时代精神的一致性。时代的发展趋向决定新闻内容的主题，"平等团结互助和谐"体现了社会主义新型民族关系的时代精神，决定了我国少数民族新闻传播的宏观主题，反映了媒介记忆与国家认同寻求同一性的整体新闻图景。

其二，反映与媒介生态的关联性。"少数民族十大新闻"主要反映新闻制度化活动，这种媒介记忆的品质，在一定程度上与我国媒介内容的数量和质量高度相关，当前存在什么样的媒介生态和宣传报道，就会呈现什么样的媒介记忆样式。

---

① 杨保军：《新闻本体论》，中国人民大学出版社 2008 年版，第 160 页。

其三，建构与国家认同的高度一致性。国家认同的五个层面，从高到低为政治认同、文化认同、经济认同、社会认同和地域认同，"少数民族十大新闻"的宏观信息构成，关于政策纲领和文体事件的报道数量最多，新闻文本一旦进入社会传播语境，就意味着更深层次的信息延伸，"少数民族十大新闻事件"作为媒介的一种记忆形式，突出国家认同最为重要的两个方面，即政治认同和文化认同，建构社会公众对于国家的政治和文化形象的心理认同。

四　媒介记忆与形塑共识

媒介对于重大事件的记录与传播，能够影响公众的集体感知和记忆，潜移默化影响了公众长期的社会记忆，社会记忆有助于公众达成共识，共识是社会作为统一整体存在和发展的首要前提，塑造公众的社会共识感，是新闻传媒的一项重要社会任务。

媒介记忆的深层领域具有长期性，年度"少数民族十大新闻"的评选，是对每一年度不胜枚举的媒介浅层记忆信息的积淀化、档案化和历史化，从这个意义来看，媒介信息已不再是一种即时消费的传媒产品，已经转化成具有社会价值、历史价值和研究意义的文献资料，即时消费的信息产品一下子跃迁为媒介历史的存储品，媒介新记忆与旧记忆的交结与互动，由媒介组织勾勒为一幅幅高度凝练的社会"共识"图景。

从意义的精神层面来讲，"媒介周而复始的短期记忆生产和处理过程，逐渐沉淀进入媒介深层记忆之中，于是零散的浅层记忆信息被有组织地排列起来，形成了某种经验的或理论的复杂概念，或者说构建了一种图式和框架"①，新闻图式和框架建构的背景前提正是社会"共识性"，只有当一个事件被放置于社会'意义地图'的宏观语境之

①　邵鹏：《论媒介记忆的维度、机制及镜像》，《新闻前哨》2012 年第 6 期。

中，它的意义才得以被建构，才有可能被世人所公认。

年度"十大少数民族新闻"评选活动，评选的框架并非新闻主体纯粹主观的结果，因为新闻事件的报道要来自真实的客观世界，它被限定于社会主流价值取向范畴。总之，"媒介的深层长期记忆无论是物质层面的档案化还是精神意义的建构化，都会对今后媒介浅层记忆的激活、生产和创建构成影响"①。浅层记忆与深层记忆的互动过程，主要形成当代社会主流的现实观，超越了受众差异的社会阶层、民族和文化属性，全社会范围内广泛积聚促进少数民族地区发展的正能量，为在全社会构建认同提供了积极的舆论保障。

五　媒介记忆与文化象征

记忆建构作为一种象征形式，如同社会领域其他象征形式一样，大都是在文化分析的范畴内展开，从最广泛的意义来说文化的象征性探讨是针对存在于"社会—历史"领域中的人们生产、构建和接受各种各样有意义表述方式的研究。文化的象征性内涵可归纳为：文化体现于象征形式，包括行动、语言中的意义形式，人们借此相互交流并共同具有一些经验、概念与信仰。一切文化现象都是象征现象，文化的象征性概念把重心转换到关注象征性。

汤普森深化了对文化的象征性分析，进一步延展到"结构性"范畴，他具体阐释为五个层面：象征形式是一个主体为了同另一个主体之间的表述，象征形式的生产和构建及被接受的过程中典型包含各种规则、规章或常规惯例，象征形式典型包含相互具有决定性关系的要素。象征形式是一些构建，突出了某些关联方面，典型地代表和指称某些内容，总是存在于具体的社会背景进程之中，存在于产生、传输和接收象征形式的体制化范畴。

① 邵鹏：《论媒介记忆的维度、机制及镜像》，《新闻前哨》2012年第6期。

　　年度"少数民族十大新闻"评选活动体现了一种文化象征的整合模式，这种模式以独特的方式整合了一种媒介技术——国家民委网站，一个机构部门——国家民委相关部门及广域的传播时空——超越传受双方共处的地域限制。互联网技术传输的优势赋予媒介文化象征的信息储存效能，国家权威部门是媒介记忆和意义象征得以实施的权力机构，这种选择性的传播渠道恰恰成为对年度"少数民族十大新闻"评价的关键机制，文化的象征形式在互联网的传播时空内，不仅超离了其生产的背景，而是有可能嵌入不同时空的新的社会背景，所以文化的象征形式产生了时间与空间上的效能拓展。此外，媒介记忆建构与认同的实质程度，还需要媒介与受众积极互动的开展，这是年度"少数民族十大新闻"评选活动，仍有待深入提升和扩展社会影响力不可忽略的因素。

　　综上所述，年度"少数民族十大新闻"评选活动是我国正处于一定的社会转型背景下，媒介记忆表征文化象征的一种输出模式，以及建构国家认同的社会互动领域。借鉴汤普森深度解释学的方法论，我们不仅要关注媒介记忆的文化象征形式和手段，还要剖析文化象征的生产和接收条件，否则将会陷入内在主义和简单主义的谬误。因此，在媒介记忆的具体程序中继续探索国家认同和意义建构的有效机制，促进少数民族新闻传播事业的深入发展，将会积极推动中国社会历史和文化记忆的传承进步。

结　　语

我国少数民族新闻话语的建构与国家认同的议题研究，目前国内的学术界鲜有涉及，本项研究基于对少数民族新闻文本的研究证实，我国少数民族新闻话语的建构与国家认同之间存在正向的效应关系。

一　研究的主要结论

（一）自 1978 年以来新时期少数民族新闻话语建构的表征

从 1978 年到 1990 年少数民族新闻话语的变迁，在整个社会以改革整顿为背景的基调下，党报和各级各类少数民族语言广播成为主要的话语载体，少数民族新闻话语的信息内涵日渐丰富，表现出平和且富有亲和力的语态。从 1991 年到 2000 年的少数民族新闻话语，在国家对新闻媒介进行宏观调控管理为主的背景下，多类别多语种系统化的话语载体繁荣发展，经济话语显著成为新闻报道的核心导向。少数民族新闻话语的建构向"大众化"话语转型的主要表征是：新闻口语化的表达成为一种风尚；平民化的报道视角得到一定程度的推广；报道的组合式和系列式等多样化手法的运用等。

这一时期我国少数民族新闻话语变迁的动因，更加直接地体现了国家意识形态机制对于新闻政策、民族政策和民族事务工作管理和影响的结果。少数民族新闻话语在内容上向信息化、经济化、服务化、民生化转型，在新闻语态上向大众化转型的特征非常鲜明，语态朝向亲切平等、易于受众接受的方向转变。

从 2001 年到 2009 年少数民族新闻话语的建构进入网络化时期，国家对于少数民族地区新闻媒介投入大量资金以及对媒介产业化进行弹性管理的背景下，传统话语载体开始转型网络化空间，少数民族新闻话语的建构理念日益贴近实际、贴近百姓、贴近生活，话语类型体现为超文本特征，少数民族新闻话语的导向化语态引领社会舆论。2010 年到 2014 年是少数民族新闻话语的"微传播"时期，轻型便捷交互的话语载体日益深入人心，聚合话语理念包括主题建构、情感交际、参考评述、身份认同等各个层面，话语类型向多模态和更为亲融的方向转变。

总体来看，我国少数民族新闻话语形态的变迁，对应了国家长期构建的少数民族新闻事业体制的演变，体现了国家传播与区域传播双重架构互相协作，国家话语与贴近少数民族生活的大众化话语互相并置而且不断交融的双重特征，国家意识形态机制对少数民族新闻话语的支配，表现为既统一又分散，宏观与中观、微观相互协作、整体递进的特点。

（二）对于《中国民族》杂志的研究结论

纵观《中国民族》杂志在"国族"意识的建构方面，符合并体现了我国的实际国情，体现了民族政策实施的结果。就《中国民族》杂志具体的样本分析而言，新闻话语中更多强调了组成中华民族的各个民族的特性，突出少数民族的族裔意义和区域社会生态发展和进步。在少数民族新闻话语中完善和重构"国族"意识的传播意义，不断倡导民族融合的价值，既要报道已经充分显现的历史价值的融合，也要彰显未来的社会发展前景，大力弘扬中华民族文化和中华民族精神，增强中华民族的国族意识，这是新闻主体建构少数民族新闻话语与国家认同所面临的一项重要使命。

（三）少数民族新闻话语建构与文化认同、民族认同和国家认同

国内外研究者对于文化认同的看法通常包括两个方面：其一，从社会个体层面而言，是指社会个体的自我意识与其具有归属感的文化族群相联系；其二，从社会层面而言，文化认同是社会认同的构成方面，是个体与社会宏观文化情境相互作用的结果。推而论之，国内外学者对于文化认同所形成的共识是：文化认同从宏观层面来讲，包括了民族认同和国家认同。从微观层面来讲，文化认同具有多维的内涵属性，它涉及对待特定群体的认知、态度等心理和行为过程。所以，文化认同的概念既存在于社会层面，也存在于个体层面，它是个体在不同的社会情境中进行文化归属感的自我定位，从而适应社会环境的必经之路。

在一个统一的多民族国家内部，少数民族群体的民族认同与国家认同是存在一定差异的，因而有些研究者持有单向观点，认为民族认同水平的提升会削弱国家认同，反之亦然。在有些多民族国家内部，由于历史传统、民族文化和血缘种族差异较大的族群并没有完全形成一个超民族的共同体，或者说这种共同体的基础不够坚实，民族关系失调与民族矛盾出现的时候，就会出现个体在民族认同和国家认同之间的冲突。但是近年来有更多的研究者在实证调查中发现，个体的民族认同和国家认同并非只存在冲突，民族认同和国家认同两方面互相独立，个体能够同时建立民族认同和国家认同，民族认同的提升并不会降低国家认同感。

个体的文化认同何以与社会宏观文化体系产生联系？一方面，个体的文化认同具有历史性、持续性和稳定性内涵；另一方面，又具有建构性、变化性规律，它是历史、文化和权力相互影响的结果。社会传播系统建构、维系并改变着文化认同，传播的社会影响力在文化认同建构和形成的过程中起到不可或缺的作用，尤其是新闻传播提供了

一种社会宏观语境，为个体在宏观和微观层面文化认同的形成提供了可能的途径。

当今中国文化认同的建构，就是对改革开放以来现代化发展之路的肯定，在日常生活层面主要由意识形态机制主导下的大众文化构成，固守精英文化过度指责大众文化的态度是有失偏颇的，但是也应该理性地看待大众文化伴随全球化席卷而来的诸多问题，中国社会的文化认同理应与时俱进、不断创新，从而创造出既有中华民族特性，又具有普世价值的现代新文化。

文化认同是民族认同的基础，与文化认同内含的两个层面相对应，民族认同包括的两个层次是：其一，民族成员对于自身民族范畴和民族特征的归属感和认同感；其二，民族成员对于自身所属的国家民族共同体的归属感和认同感，我国的民族共同体即指"中华民族"。在一个统一的多民族国家内部，只存在对血缘和种族地域因素影响之下的某个族裔的忠诚感，这种情况将会导致相当大的风险，其消极作用远远大于积极作用，因为当某些个体对自身的状况和既得利益不满之时，就会利用自身的"民族"标签发泄不满，并将之扩散到自身的族裔范畴之内，并进一步延伸到社会各个方面，引致社会的冲突和动乱。要破解民族认同可能带来的消极后果，在社会传播领域建构少数民族新闻话语，要深化基于"中华民族"的民族共同性认同，以及相互融合、共同发展的公民国家认同理念。

（四）少数民族新闻话语如何重构国家认同

面对少数民族群体建构国家认同的目标，新闻主体要首先认识到，这是一个具有相当大差异化的认知与接受的过程，当传播者与受众基本不处于一个相似的社会时空内时，要想传播"致效"并达成共识，需要传者深入思考，积极建构一个"智语"的交流互动空间。

民族文化是维系一个民族的归属感、民族情感和民族意识的内在核心，以民族文化作为交流途径促进不同民族文化的融合，能够促进社会文化的演进交融，容易达成社会共识和认同。同质文化与异质文化相互杂糅的社会内部，"我者"与"他我"的共通意义空间，成为创造对话交流、构建国家认同最为广阔和最富有成效的活力地带，以文化认同作为国家认同的中介和纽带，文化间性的内涵需要日渐累积、延展和深化。建构互惠互补、共生共赢的文化间性"场域"是形成文化认同、民族认同和国家认同的合理通路。

创建文化"共义"空间与国家认同策略。

第一，要把少数民族文化的历史地域性和民族精神的时代感结合起来。

第二，要从分离建构走向意义的共享，中华民族的共同文化基础为世人有目共睹，假设在新闻报道领域只关注某些少数民族区域发展成就，只注重某些少数民族自身的文化多样性和差异性，就会缺乏文化融合与认同的社会基础，那么政治认同和国家认同将无法保持牢固和长久。

第三，解构群体语言之间的异化现象，群体之间语言异化的使用机制说明，语言往往通过更具有隐匿性，不为人所察觉的方式反映主导力量的文化价值观念，这一现象的深层根源在于人们心理普遍存在的动机机制和认知机制。打破群体之间语言使用的异化现象，必须解构人们普遍存在的动机和认知机制，改变对于"外群"成员身份认同的封闭结构，在与"他我"的对话中，主体必须改变单向度的臆测和先决因素，摆脱语言抽象性的偏见。

第四，少数民族新闻伦理的共识，就是尊重不同民族之间文化的差异性，但这并不意味着走向文化相对主义。在寻求不同民族文化差异的基础上，构建中华民族文化的共性基础，它并不排斥不同民族文化之间的可交叉性，但是它的最终目标绝不可以降格为"混杂化"，而是以一种中华民族文化自信的品格，迈向主流意识形态的主导建构。

第五，少数民族新闻的总体价值观建构，除了具备新闻共性的规律和要求，它在新闻价值取向方面也存在一定的特殊性，以"求同"表征建构国家认同，协调民族问题牵涉权利与义务的报道内容，合理把握民族意识的新闻呈现，深化中华民族精神的建构。

总之，合理建构跨文化的"共义"空间，区别对待少数民族新闻价值的特殊性因素，这是少数民族新闻话语建构国家认同最为特殊和重要的两个方面。

（五）受众媒介接触是形成国家认同的中介变量

少数民族新闻话语的建构与国家认同，不仅影响受众认知的形成，最终还要着重考察的是受众态度的形成过程。美国社会心理学家凯尔曼曾于1958年提出态度改变的三个阶段是："服从—同化—内化。"[①] 个体对于事实或者事件的态度是在经历了一个经验过程之后才出现的，建立在对于事实的认知和经验事实的累积之上，也就是说个体以往所积累的经验会影响当前的看法。从态度形成的内部过程来看，每一种知觉都以经验的形式积累于个体的内部。受众的同化是指对媒介信息的接受和吸收，内化是把接收来的观念纳入自我价值体系，没有同化和内化的心理过程，任何社会影响都不足以导致个体态度的改变。

总之，个体的生活经验累积在态度形成过程中起到首要的内参照系作用，因而，受众媒介接触只是影响文化认同、民族认同和国家认同的中介变量因素，这就意味着新闻媒介的建构与国家认同之间并非决定性的因素，受众的国家认同感往往是社会多方力量相互作用的结果，新闻媒介与其他社会因素共同作用于文化认同、民族认同和国家认同，媒介本身的力量并非具有绝对的排他性，当然这一切都并非否定少数民族新闻话语的建构在国家认同中的重要意义，而是我们全面

---

① 沙莲香：《社会心理学》，中国人民大学出版社1987年版，第250页。

看待国家认同问题的必要的认识逻辑。

二　研究的局限与未来展望

本书的一个局限是：作为一个汉族研究者，自我本身的文化和生活"他我"的身份，使笔者几乎不可能与少数民族基层群众直接探讨国家认同这样敏感和重要的问题。笔者担心这样宏大的问题猛地一下冒出来会显得非常唐突，造成访谈效果的隔阂和无意义。笔者参加的历次田野调查及委派少数民族学生深入少数民族地区做的一些问卷调查，均发现被访问的许多人几乎都不会认真回答设定的问题，原因在于接受访谈的人一般都会怀有一定的戒备心理。如果能够进一步深入少数民族社会实践，从细微之处体察少数民族人士的认知、认同与民族意识、国民意识的表征，那么研究的过程和感受一定更为深刻真切。

综上所述，新闻传媒为构建国家认同的想象共同体，提供了广域的传播空间，国家认同是全球化时代国家主体性的立足点，少数民族新闻话语的传播效果重在异质融合，以社会文化认同作为出发点，扩大文化认同与民族认同、国家认同的重叠领域，这是有效实现新闻传播构建国家认同重要目标的切实通路。

回望历史的进程，"文革"结束后中国社会经历了第一次国家认同的危机，之后凝聚国家认同的是中国经济复苏和快速飞跃的进步力量，社会各项事业的快速发展，人民生活水平的提升，为各族民众形成国家认同奠定了深厚的社会基础。中国正处于现代化社会转型的巨大"场域"之中，社会各方面所存在的不尽如人意之处，都说明改革的深化势在必行，所以中国社会现代化的转型进程，构建了整合国家认同的非凡力量。唯有建设富强、公平、正义的社会机制，才能构筑国家认同最为深厚的社会基础，各族人民才能够众志成城地迈向中华民族的伟大复兴之路。

参考文献

一 国内著作

1. 白润生主编：《中国少数民族新闻传播史》，民族出版社 2008 年版。

2. 陈力丹：《新闻理论十讲》，复旦大学出版社 2011 年版。

3. 陈力丹：《马克思主义新闻观思想体系》，中国人民大学出版社 2006 年版。

4. 陈龙：《传媒文化研究》，中国人民大学出版社 2009 年版。

5. 陈月明：《使命与主体：〈人民日报〉社论（1949—2008）的话语呈现》，复旦大学出版社 2013 年版。

6. 陈霖、陈一：《事实的魔方：新叙事学视野下的新闻文本》，中国书籍出版社 2011 年版。

7. 陈秀云：《新闻误解——论新闻文本间距》，中国书籍出版社 2011 年版。

8. 戴元光：《20 世纪中国新闻学与传播学》（传播学卷），复旦大学出版社 2001 年版。

9. 窦卫霖：《中美官方话语的比较研究》，上海外语教育出版社 2011 年版。

10. 郭庆光：《传播学教程》，中国人民大学出版社 2011 年版。

11. 郝时远：《中国共产党怎样解决民族问题》，江西人民出版社 2011 年版。

12. 韩震：《全球化时代的文化认同与国家认同》，北京师范大学
    出版社 2013 年版。

13. 黄敏：《新闻话语中的言语表征研究》，华东师范大学出版社
    2012 年版。

14. 金炳镐：《民族理论概论》，中央民族大学出版社 2005 年版。

15. 蒋晓丽：《传媒宣导抚慰功能》，四川大学出版社 2008 年版。

16. 孔明安：《物·象征·仿真——鲍德里亚哲学思想研究》，安
    徽师范大学出版社 2010 年版。

17. 林青主编：《中国少数民族广播电视发展史》，北京广播学院
    出版社 2000 年版。

18. 李彬：《全球新闻传播史》，清华大学出版社 2009 年版。

19. 李彬：《符号透视：传播内容的本体诠释》，复旦大学出版社
    2003 年版。

20. 刘京林：《大众传播心理学》，中国传媒大学出版社 2005 年版。

21. 刘建明编著：《当代新闻学原理》，清华大学出版社 2003 年版。

22. 刘海龙：《宣传：观念、话语及其正当化》，中国大百科全书
    出版社 2013 年版。

23. 刘建明、纪忠慧、王莉丽：《舆论学概论》，中国传媒大学出
    版社 2009 年版。

24. 刘学义：《话语权转移——转型时期媒体言论话语权实践的社
    会路径分析》，中国传媒大学出版社 2008 年版。

25. 赖彦：《新闻话语的复调与对话研究》，中国广播电视出版社
    2011 年版。

26. 林晖：《断裂与共识：网络时代的中国主流媒体与主流价值观
    构建》，复旦大学出版社 2013 年版。

27. 李美霞：《话语类型理论的延展与实践》，光明日报出版社
    2010 年版。

28. 龙小农：《从形象到认同——社会传播与国家认同建构》，中国传媒大学出版社 2012 年版。

29. 黎明洁：《新闻写作与新闻叙述：视角·主体·结构》，复旦大学出版社 2007 年版。

30. 马戎：《中国少数民族地区社会发展与族际交往》，社会科学文献出版社 2012 年版。

31. 马戎：《族群、民族与国家构建》，社会科学文献出版社 2012 年版。

32. 蒙应、白克信：《民族新闻导论》，广西师范大学出版社 1997 年版

33. 马少华：《什么影响着新闻评论——观点表达和说服方法的案例分析》，人民日报出版社 2013 年版。

34. 《民族团结》杂志社编：《看，这一本杂志——〈中国民族〉杂志创刊 50 周年纪念典藏》，民族出版社 2007 年版。

35. 南长森：《西北地区少数民族新闻传播与国家认同研究》，陕西师范大学出版社 2014 年版。

36. 欧阳宏生：《电视传播核心价值论》，北京大学出版社 2010 年版。

37. 欧阳宏生：《电视文化学》，四川大学出版社 2006 年版。

38. 沙莲香：《社会心理学》，中国人民大学出版社 1987 年版。

39. 邵培仁：《传播学》，高等教育出版社 2000 年版。

40. 单波：《跨文化传播的问题与可能性》，武汉大学出版社 2010 年版。

41. 单波、石义彬、刘学主编：《新闻传播学的跨文化转向》，上海交通大学出版社 2011 年版。

42. 孙发友：《新闻文本与文化生态——媒介话语的框架性解读》，人民出版社 2009 年版。

43. 沈晓静、陈文育、胡兴波：《中国新闻话语的变迁》，河海大学出版社 2011 年版。

44. 童兵、林涵：《20 世纪中国新闻学与传播学》（理论新闻学卷），复旦大学出版社 2001 年版。

45. 陶渝苏、戴庆中、王良范：《边界漂移与意义播撒——后现代视域下的地方族群文化变迁》，中国社会科学出版社 2011 年版。

46. 王红梅：《传播文化与信息社会》，内蒙古教育出版社 2003 年版。

47. 吴越民：《文化语境中的西方新闻话语》，浙江大学出版社 2013 年版。

48. 新华社西藏分社编：《新西藏的历史回声——新华社 60 年西藏报道精品选》，新华出版社 2011 年版。

49. 谢立中主编：《理解民族关系的新思路：少数族群问题的去政治化》，社会科学文献出版社 2010 年版。

50. 杨保军：《新闻本体论》，中国人民大学出版社 2008 年版。

51. 姚福申：《新时期中国新闻传播评述》，复旦大学出版社 2002 年版。

52. 尹鸿、李彬主编：《全球化与大众传媒：冲突·融合·互动》，清华大学出版社 2002 年版。

53. 杨琴：《新闻叙事与文化记忆——史态类新闻研究》，华夏出版社 2008 年版。

54. 郑保卫主编：《中国少数民族地区新闻传播发展报告》，人民日报出版社 2012 年版。

55. 张昆：《政治传播与历史思维》，华中科技大学出版社 2010 年版。

56. 张国良主编：《20 世纪传播学经典文本》，复旦大学出版社 2003 年版。

57. 周平：《多民族国家的族际政治整合》，中央编译出版社 2012

年版。

58. 赵月枝：《传播与社会：政治经济与文化分析》，中国传媒大学出版社 2011 年版。

59. 周德仓：《西藏新闻传播史》，中央民族大学出版社 2005 年版。

60. 周明莆、金星华主编：《中国少数民族文化简论》，民族出版社 2006 年版。

61. 张咏华：《大众传播社会学》，上海外语教育出版社 1997 年版。

62. 张军华：《影像 话语 文本——叙事分析视野中电视新闻传播》，湖南师范大学出版社 2012 年版。

63. 赵毅衡：《当说者被说的时候》，中国人民大学出版社 2013 年版。

64. 曾庆香：《新闻叙事学》，中国广播电视出版社 2005 年版。

二　论文

1. 董莉、李庆安、林崇德：《心理学视野中的文化认同》，《北京师范大学学报》（社会科学版）2014 年第 1 期。

2. 郝亚明：《建立各民族相互嵌入型社会结构》，《中国社会科学报》2014 年第 9 期。

3. 郝时远：《Ethnos（民族）和 Ethnic Group（族群）的早期含义与应用》，《民族研究》2002 年第 4 期。

4. 侯敏、滕永林：《话题型微博语言特点及其情感分析策略研究》，《语言文字研究》2013 年第 2 期。

5. 季中扬：《当代文化认同的思维误区》，《学术论坛》2008 年第 8 期。

6. 金太军、姚虎：《国家认同：全球化视野下的结构分析》，《中国社会科学》2014 年第 6 期。

7. 荆学民、刘胜君：《政治传播研究中的几个核心命题辩证》，

《现代传播》2013年第7期。

8. 陆晔、潘忠党：《成名的想象：社会转型过程中新闻从业者的专业主义话语建构》，《新闻学研究》2002年总第71期。

9. 李德洙：《当代世界民族问题的基本特点和发展趋势》，《中国民族》2000年第10期。

10. 李朗、欧阳宏生：《社会主义核心价值观的大众化传播——基于民生新闻的视角》，《当代传播》2014年第4期。

11. 梁黎：《那些永远值得铭记的普通人》，《中国民族》2014年第9期。

12. 庞井君：《融合、转型、飞跃——从传统广播影视到现代视听传媒》，《中国广播》2013年第8期。

13. 曲卫国：《人文学科的修辞转向和修辞学的批判性转向》，《浙江大学学报》（人文社会科学版）2008年第1期。

14. 任勇：《国家治理视野中的认同序列：基于西南民族地区研究》，《学术论坛》2014年第5期。

15. 邵鹏：《论媒介记忆的维度、极致及镜像》，《新闻前哨》2012年第6期。

16. 王建娥：《主体互动：多民族国家政治发展的内在动力》，《学术界》2013年第9期。

17. 王宗礼：《国家建构、族际政治整合与公民教育》，《西北师范大学学报》（社会科学版）2013年第6期。

18. 王鹏、林聚任：《话语分析与社会研究方法论变革》，《天津社会科学》2012年第5期。

19. 王铁志：《新中国民族政策发展的历史轨迹和时代特点》，《民族研究》1999年第5期。

20. 杨芳秀：《新闻当有色彩——王退访谈录》，《新闻战线》2012年第11期。

21. 邹建达：《多维视野下的新闻话语分析》，《云南民族大学学报》2008 年第 3 期。

22. 朱伦：《西方的"族体"概念系统——从"族群"概念在中国的应用错位说起》，《中国社会科学》2005 年第 4 期。

23. 张德禄：《多模态话语分析综合理论框架探索》，《中国外语》2009 年第 1 期。

24. 张阳阳、徐平：《西藏自治区国家认同状况调查研究》，《中国藏学》2013 年第 4 期。

三　国外著作

1. ［美］艾尔·巴比：《社会研究方法基础》，邱泽奇译，华夏出版社 2002 年版。

2. ［英］格雷姆·伯顿：《媒体与社会批判的视角》，史安斌译，清华大学出版社 2007 年版。

3. ［美］约瑟夫·R. 多米尼克：《大众传播动力学》，蔡骐译，中国人民大学出版社 2004 年版。

4. ［澳］约翰·多克尔：《后现代与大众文化》，王敬慧等译，北京大学出版社 2011 年版。

5. ［法］米歇尔·福柯：《知识考古学》，谢强等译，生活·读书·新知三联书店 1998 年版。

6. ［英］约翰·费斯克：《传播研究导论：过程与符号》，许静译，北京大学出版社 2008 年版。

7. ［荷］托伊恩·A. 梵迪克：《作为话语的新闻》，曾庆香译，华夏出版社 2003 年版。

8. ［美］肯尼斯·J. 格根：《语境中的社会建构》，郭慧玲等译，中国人民大学出版社 2011 年版。

9. ［澳］迈克尔·A. 豪格、［英］多米尼克·阿布拉姆斯：《社会认同过程》，高明华译，中国人民大学出版社 2011 年版。

10. ［美］詹姆斯·保罗·吉：《话语分析导论：理论与方法》，杨炳均译，重庆大学出版社 2011 年版。

11. ［澳］丹芬妮·M. 基茨：《交流访谈及其互动沟通技巧》，王曙光、张胜康译，四川科学技术出版社 2004 年版。

12. ［美］曼纽尔·卡斯特：《认同的力量》，曹荣湘译，社会科学文献出版社 2006 年版。

13. ［美］丹尼尔·里夫、斯蒂文·赖斯、弗雷德里克：《内容分析法——媒介信息量化研究技巧》，嵇美云译，清华大学出版社 2010 年版。

14. ［美］詹姆斯·罗尔：《媒介、传播、文化》，周宪、许均编译，商务印书馆 2012 年版。

15. ［美］保罗·利文森：《信息革命的历史与未来》，熊澄宇译，清华大学出版社 2002 年版。

16. ［英］吉姆·麦奎根：《文化研究方法论》，李朝阳译，北京大学出版社 2011 年版。

17. ［英］丹尼斯·麦奎尔：《麦奎尔大众传播理论》，崔保国等译，清华大学出版社 2010 年版。

18. ［加］埃里克·麦克卢汉：《麦克卢汉精粹》，何道宽译，南京大学出版社 2000 年版。

19. ［美］罗伯特·E. 帕克：《移民报刊及其控制》，陈静静等译，中国人民大学出版社 2011 年版。

20. ［美］卡琳·沃尔-乔根森、托马斯·哈尼奇：《当代新闻学核心》，张小娅译，清华大学出版社 2014 年版。

21. ［英］史密斯、［加拿大］彭迈克、［土耳其］库查巴莎：《跨文化社会心理学》，严文华、权大勇等译，人民邮电出版社 2009 年版。

22. ［美］戴维·斯沃茨：《文化与权力——布尔迪厄的社会学》，陶东风译，上海世纪出版集团 2012 年版。

23. ［美］沃纳·赛佛林、詹姆斯·坦卡德：《传播理论——起源、方法与应用》，郭镇之译，华夏出版社 2000 年版。

24. ［美］迈克尔·舒德森：《新闻社会学》，徐桂权译，华夏出版社 2010 年版。

25. ［英］约翰·斯道雷：《文化理论与大众文化导论》，常江译，北京大学出版社 2010 年版。

26. ［英］利萨·泰勒、安德鲁·威利斯：《媒介研究：文本、机构与受众》，吴靖等译，北京大学出版社 2005 年版。

后　记

2011 年 9 月初，我有幸获得了去四川大学访学的机会，置身于川大古朴美丽的校园，感悟老师们的诸多启迪。与老师和同学们相处的时光里，我早已有些沉闷的内心不知何时终于苏醒了，重新焕发了向往知识海洋的激情和斗志。

考博前的一个半月复习时间里，每天都要集中复习 8—10 小时，至今无法忘记早春成都宿舍的冰寒，我手里握着一杯热水，等手暖和了再提笔写字，望着冰冷的窗户和清寂的屋子，再一次深切体会到了"寒窗苦读"的真正滋味，这时候我的同事们给了我热切和温暖的鼓励，坚持，坚持，坚持就是胜利！此话至今犹在耳畔。

有时人生之路就是你咬牙走着、走着，花就开了，我顺利地考取了欧阳宏生教授的博士研究生，曾经在甘肃人民广播电台从事广播新闻和文艺编播工作所积累的一些经验，有幸得到导师的鼓励和启悟，读博的第一年在导师的指导下我撰写了一部专著《类型化广播的中国式道路》。

博士论文的题目源于我校组织的"大众传媒与西北少数民族地区发展"学术研讨会，综观"点多线长"，但又比较缺乏深入社会文化视域的研究现状，欧阳宏生教授提出，拓宽并延展少数民族新闻理论的内涵，应该成为当下这个研究领域的创新高地。由于我多年在民族高校从事相关的教学和科研工作，已经积累了一定的经验和研究思路，所以欣然接受了导师的建议，论文的题目大体得以确立。

本书的全文是在我的博士学位论文基础上修订而成，在论文写作的过程中，我必须沉下心来，还要再沉静踏实一些，回想摒弃浮躁和专注于思路深化的写作过程，既是枯燥辛苦难以持续的，同时也是强大自己、令人欣慰的过程。论文收尾之后，我好似一个攀登者终于登上山峰，心中纵有万千疲惫之感，但无比庆幸自己有过坚定学习与充实完善的一段求学经历。博士阶段的学习于我而言，最大的收获莫过于这几年坚持认真做事，独守内心对于学术的执着，经受住了又一次心智成长的历练，面对未来我想自己应该更加自信和洒脱。回想从访学到博士毕业这四年的时间，于我而言是奋发前行的日日夜夜，也是一段充实快乐的美好回忆。

我的导师欧阳宏生教授，对学业的指导严格规范而又不失耐心鼓励，作为导师，他在许多方面启迪并开阔了我的研究思路；生活中，他也常常宽慰学生要乐观豁达，要做一个热爱生活的智者。深深感谢我的导师欧阳宏生教授对我的指导、帮助和教诲！

我的努力也离不开所在工作单位——西北民族大学的领导和同仁的支持与鼓励！

没有我的母亲、我的爱人和女儿对我无微不至的关怀和支持，无论如何我也不会获得今天的些许成绩。我的亲人就是我生活中的太阳，永远无私地散发着光和热！博士学业的完成终究可以告慰我九泉之下的父亲，他老人家在十多年前就曾勉励我继续读博，多年来自己认认真真做事，如今终于成就了自己的学业，也是对父亲的一种莫大告慰！

知识的海洋仍需扬帆搏击，不忘初心砥砺前行！

书中如有不妥之处，敬请各位专家、学者指正！

李　欣

2016 年 6 月 6 日于兰州